教育部 重庆市高等院校特色专业建设重点规划项目·教育学（小学教育学系列）

主编 朱德全　　副主编 王牧华 唐智松 李 静 张家琼

小学心理学

XIAOXUE XINLIXUE
JIAOCHENG

教程

（第2版）

主　编　冯　维
副主编　王云峰

西南大学出版社
SWUP
国家一级出版社 全国百佳图书出版单位

图书在版编目(CIP)数据

小学心理学教程 / 冯维 主编. — 2 版. — 重庆 ：西南师范大学出版社，2019.7

ISBN 978-7-5621-6780-8

Ⅰ.①小… Ⅱ.①冯… Ⅲ.①小学生－教育心理学－教材 Ⅳ.①G444

中国版本图书馆 CIP 数据核字(2019)第 125144 号

小学心理学教程(第 2 版)

XIAOXUE XINLIXUE JIAOCHENG

冯　维　主　编

王云峰　副主编

责任编辑：雷　兮

责任校对：郑先俐

封面设计：尚品视觉 周　娟　尹　恒

排　　版：王　兴

出版发行：西南大学出版社（原西南师范大学出版社）

地址：重庆市北碚区天生路 2 号

邮编：400715　市场营销部电话：023-68868624

http：//www.xdcbs.com

经　　销：新华书店

印　　刷：重庆市正前方彩色印刷有限公司

幅面尺寸：185mm×260mm

印　　张：17.75

字　　数：474 千字

版　　次：2019 年 8 月　第 2 版

印　　次：2022 年 8 月　第 5 次

书　　号：ISBN 978-7-5621-6780-8

定　　价：48.00 元

前　言

《小学心理学教程》(第2版)是在2014年9月第1版基础上,根据近5年来小学心理学的研究进展及发展状况修订的。修订的原则是:吸收小学心理学的一些新的研究成果,注意从学科的交叉与融合来阐述小学心理学的研究进展,借鉴了发展心理学、教育心理学、心理健康教育、社会心理学、教育管理学等学科关于小学心理学的研究成果,从多元的视野来阐述小学心理学的基本理论与原理,分析小学师生的心理现状与问题,在此基础上,提出解决问题的教育对策。本书在修订后保留了教材的可读性、形式比较活泼的特点,便于读者更好地理解和掌握小学心理学。

全书共分为五编共十三章。

第一编,小学心理学的基本理论。包括第一章导论和第二章小学生心理发展的原理。本编着重阐述小学心理学的研究对象、研究原则、研究路径、研究方法;阐述与分析小学生心理发展的特点、心理发展的理论以及影响小学生心理发展的诸多因素,使读者对小学心理学有初步的认识和理解。

第二编,小学生的发展心理。包括第三章小学生的认知发展、第四章小学生的个性发展、第五章小学生的社会性发展。本编着重从发展心理学的角度,阐述小学生在教育的影响下,他们的认知发展、个性发展和社会性发展的特点及趋势,并有针对性地提出教育对策。

第三编,小学生的学习心理。包括第六章小学生的学习动机、第七章小学生知识的学习、第八章小学生的学习策略。本编着重从学习心理的角度,阐述小学生在学习活动中的心理活动与心理规律,分析小学生的学习动机、知识学习、学习策略对小学生学习的影响,并提出有关的教育对策,使读者明确小学生的学习具有重要地位,增强对小学生学习的科学认识。

第四编,小学生的品德心理。包括第九章小学生的品德心理和第十章小学生的心理健康。本编着重从德育的角度,阐述小学生的品德培养、心理健康教育的原理及教育对策,使读者了解小学生的品德培养、心理健康的重要性。

第五编,小学教育管理心理。包括第十一章小学教师心理、第十二章小学生的差异心理、第十三章小学班级心理。本编着重从教育管理角度,阐述小学教师的心理素质、心理健康、教学能力、小学教师的成长与发展的基本原理、小学教师如何针对学生的差异心理因材施教、如何搞好小学班级建设与管理的问题,使读者了解小学教师工作的重要性与全面性。

本书由本人构建教材的结构并进行全书统稿,王云峰同志参与了辅助性工作。参加本书撰写的同志来自西南大学、重庆医科大学、鲁东大学、红河学院、中国民用航空飞行学院、成都工业学院、成都职业技术学院、重庆机电职业技术学院、铜仁幼儿师范高等专科学校、云南保山市第三人民医院等单位,各章执笔人是:第一章、第二章,冯维;第三章,张美峰;第四章,乔莉莉、陈姣;第五章,赵海钧;第六章,王梦晗;第七章,冯维;第八章,赵斌;第九章,王云峰;第十章,李游;第十一章,李丹;第十二章,李秋燕、任可雨;第十三章,王云峰。

　　本书是在借鉴、参考和引用国内外大量文献资料的基础上完成的。限于篇幅,我们只列出了有关的主要参考文献,谨此向有关作者表示衷心感谢。由于我们的水平有限,书中难免存在疏漏和错误,诚恳地欢迎同行专家和广大读者提出宝贵的批评意见,以便我们能够不断改进和提高。

西南大学教授 冯维

2019 年 3 月 1 日

于重庆北碚北泉花园

目 录

第一编

小学心理学的基本理论

第一章　导论

【学习问题】

什么是小学心理学？小学心理学的研究内容有哪些？小学心理学的研究原则是什么？小学心理学的研究路径有哪些？如何进行小学心理学研究？有哪些主要的研究变量与研究方法？

【学习目标】

了解小学心理学的研究对象及内容，理解小学心理学的研究原则和研究路径，掌握小学心理学的研究变量与研究方法，能够运用这些研究方法从事小学心理学的研究。

【学习方法】

认真通读全文，查阅有关小学心理学的参考书籍和教育科学研究方法方面的资料，以便能够更好地理解和掌握所学的内容。

第一节　小学心理学的研究内容

小学心理学是高等师范院校学生及小学教师必修的一门课程。学习小学心理学对丰富和完善师范生及小学教师的知识结构、提高其专业素质水平、更好地从事小学教育教学工作与科学研究具有十分重要的意义。小学心理学是心理科学与小学教育相结合发展而形成的一门独立学科，小学心理学在发展过程中形成了自己特定的研究对象、研究内容和研究任务。

一、小学心理学的研究对象

小学心理学是研究小学教育过程中，师生各种心理现象与心理活动规律的科学。小学教育是使受教育者打下文化知识基础和做好初步生活准备的基础教育。小学教育的对象是 6～12 岁的小学生。在小学教育中，教师与学生根据自己的社会地位与社会身份，分别承担着不同的社会责任和社会义务，按照不同的社会期望扮演各自的社会角色。从学生方面看，学生要以学为主，发挥学习的主动性、积极性和创造性，不断追求和掌握新知识、形成技能、发展能力、培养良好的道德品质；从教师方面看，教师要以教为主，按照学生身心发展规律，将知识技能传授给学生，并根据社会的道德价值规范去教育学生、管理学生，使学生的身心得到健康发展。在这个教与学的过程中，师生双方的活动必然引起并被表征为各种心理现象与心理活动。教育活动中的心理现象虽在教师与学生身上发生，但涉及小学教育情境的许多方面，影响着教育的质量与效果。所以，小学心理学是主要研究小学教育情境中,师生各种心理现象与心理活动规律的科学。具体表现为以下几方面。

(一)小学生的心理发展特点与规律

儿童进入小学后,学习活动代替游戏活动成为儿童的主导活动。这在儿童的心理发展方面是一个非常重要的转折。学习活动与游戏活动相比较起来,具有一定的社会性、规范性和强制性,学习活动对小学生的心理发展有着十分重要的影响。

学习活动不仅使小学生的智力从具体形象思维过渡到抽象逻辑思维,而且也使他们的个性与社会化得到了迅速的发展,他们的心理面貌与心理发展水平表现出前所未有的崭新变化,表现出较大的协调性、可塑性与开放性的特点。例如,在学习活动的推动下,小学生的神经系统发育,特别是脑的发育进入加速时期,神经系统的兴奋与抑制的功能进一步增强,他们感知、注意、记忆等认知心理机能逐步深化,这些为保证小学生能学习更多的知识和进行更高水平的行为训练奠定了基础。在思维发展方面,小学生通过学习掌握了越来越多的概念、原理与规则,思维水平逐渐提高,开始从以具体形象思维为主要形式逐步向抽象逻辑思维能力过渡;与此同时,与思维密切联系的口头语言能力,特别是书面语言能力得到了很大提高。在个性发展方面,小学生初步的自我意识逐渐开始形成,情感体验日益丰富和深刻,意志的控制能力有所增强;在社会性发展方面,小学生通过与教师、同学的接触交往,扩大了自己的生活社交圈,进一步意识到了自己与他人的关系,增强了人际交往的能力。同时,通过参加学校的各种集体活动,他们逐渐意识到了自己在集体中的角色、权利与义务,自觉纪律开始逐步形成与发展,这些都增强了他们的社会性。小学生的这些心理发展特点,既表现在他们的学习活动中,又影响着他们的学习活动甚至整个学校生活,并在很大程度上制约着小学教育活动的开展,决定着小学教师的教学内容、教学方法的选择与应用,影响着教师的教育活动。因此,小学心理学首先要研究小学生的心理发展特点,弄清影响小学生心理发展的内、外部因素的各种变化与联系,探讨小学生的心理发展规律,为小学教师富有成效地进行小学教育、教学活动提供有关学生心理方面的知识。

(二)小学生的心理活动规律

在小学教育过程中,教师对学生施加的一切影响都成为心理刺激物,会引起学生的心理活动和心理反应。我国小学教育的目标是使小学生在德、智、体、美等几方面得到全面发展,这就使得学生的心理活动复杂而多样。为了保证教育质量,教师必须分析小学生在教育过程中的心理活动,掌握其活动规律。具体而言,小学心理学从两个方面探求教育过程中小学生的心理活动规律。一方面,分析小学生学习的性质、基本过程与结果,从而揭示其一般的心理活动规律。即着重分析小学生在理解知识、应用知识、形成技能及其迁移、培养品德等学习过程中的各种心理活动及规律。另一方面,分析制约小学生学习的内外因素以及之间的相互关系,进而揭示小学生学习的一般心理学规律。即着重分析小学生的学习动机的特点及培养激发的规律;研究小学生在能力培养和智力开发中的规律性问题;探讨小学生品德的形成与培养,以及学习策略的特点及形成规律;影响小学生心理健康的各种因素及教育对策,阐述小学班级群体的心理等问题。总之,小学心理学对于小学生在教育过程中,特别是学习活动中所表现出的心理现象都要做深入的分析与考察,并揭示其心理学规律。

(三)小学教师的心理特征和规律

小学教育涉及师生的双边活动。教师作为教育活动中的主导者,有其独特的心理特征。所以,小学心理学要研究教师角色对教师心理的影响,以及教师角色对教师心理素质、心理健康等方面的要求。此外,由于师生双方的交往、沟通蕴含着丰富的心理内容,以鲜明的情感色彩与心理倾向性影响着教育过程,表现在学校教育的各个方面。因此,对师生关系的特点及形成因素的分析和探讨,也是小学心理学的重要内容。

总之,小学心理学不仅要系统探讨小学生的心理特点及其受教育过程中的心理活动规律,还必须系统探讨教师的职业心理特征与施教活动中的心理活动规律。所有这些,共同构成小学心理学的研究内容。

二、小学心理学的研究任务

(一)测量与描述学生的心理与发展水平

小学心理学的研究任务总是同具体的研究对象产生联系。小学心理学不允许在没有任何具体研究对象的情况下,对小学生的心理状况做任意、主观的说明。任何科学研究,都必须建立在提出假设、收集资料、分析资料和推演结论的基础上。由于小学生的心理发展状况是小学教育必须依据的前提条件,因此小学生的心理状况以及发展特点与发展趋势等就是小学心理学研究的主要内容。为了理解与说明小学生在学校教育过程中出现的心理与行为,小学心理学应当运用有关心理测量工具,对小学生的学习动机、智能水平、知识掌握、技能形成、个性特征、品德发展、心理健康状况等进行测量与定量分析,从而较全面地把握小学生的心理状况、发展特点与发展水平,以及在教育过程中容易反复出现并经常起作用的心理特征,并且正确认识教育情境中小学生的心理反应与其外部刺激之间的关系。同时,小学心理学还要对小学生的各种心理特征与发展状况进行科学描述,把定量研究与定性研究结合起来,以获得有关小学生心理发展较全面的实证事实、材料,形成具有较强逻辑性和解释力的理论,从而使教师对小学生的心理发展特点和规律的把握达到一种较完善的理想程度。因此,小学心理学必须测量与描述小学生的心理活动特点与发展状况,形成有关的理论和规律性认识,帮助教师加深对小学生心理的认识,从而指导教师的教育实践活动。

(二)解释与说明小学教育中的心理现象

科学研究的基本任务是必须解释和说明客观存在的并可以检验的现象。所以,小学心理学必须正确地解释和说明小学教育情境中存在的诸多心理现象。小学生的心理现象是一种内隐、多变的精神现象,因此解释并说明它并非易事。解释与说明心理现象的最基本的方法,是找出所观察到的心理现象产生的基本原因,找出它们与可能事件之间存在的因果关系或相关关系,以及发生、发展和变化的规律。

在小学教育中有些现象教师司空见惯。例如,一个离异家庭的学生,通常在集体生活中沉默寡言、冷漠、孤僻;一个天资聪慧的学生,因迷恋游戏而学习成绩很差;一个后进生因受到了教师的关注和表扬,学习成绩有了很大的提高,等等。教师对这些现象或事件的对待与处理,必然涉及对学生心理活动的分析和内在心理原因的探讨。小学心理学应当为教师提供解释与说明这些事件或现象的心理学知识,并从心理学角度恰当地解释与说明这些现象或事件产生的原因,并提出解决问题的思路。如将离异家庭学生的行为,解释为由于父母离异使其归属感、安全感的需要没有得到满足而导致自卑等心理问题;对聪慧但学习成绩不佳的学生的行为,归纳为缺乏学习动机、学习兴趣转移;后进生的变化是由于教师的关心和期望,激活了学生的内在动机,促使了其智力的发展而产生的结果。

对于上述小学教育中存在的诸多心理现象,小学心理学必须使用自己的专门术语去解释和说明,以便为教师认识小学教育中的各种心理现象、处理各种教育事件提供有关理论与方法,这正是小学心理学的价值所在。

(三)预测与控制师生的心理活动与行为反应

科学研究的另一重要任务是对尚未发生的事物提出有根据的预测,在预测的基础上,通过操纵某一事物的某些决定要素或条件,使事物朝着预期方向发展。在教育中,教师必须依据所获得的对学生心理发展规律或个性特点的知识与数据,预测教育对学生的可能心理影响、学生的未来发展,并学会控制学生个体或学生班级的活动。如教师可以根据小学心理学所提供的强化理论和方法,对不同的学生实施不同的奖励与惩罚,以控制并改变他们的学习行为。教育管理人员为了提高学校管理水平,也需要对学校中师生的心理活动与行为进行预测和控制,以保证教育活动的有效进行。如教育管理工作者可以通过对教师的言语能力、智能水平、人格特征的测量与分析,预测教师在课堂上的教学行为,以及在教学上的工作成就。

鉴于此,小学心理学应该把预测和控制小学师生在教育情境中的心理活动与行为反应作为研究的重要任务之一。

第二节　小学心理学的研究原则

小学心理学的研究原则是指导小学心理学研究的指南。小学心理学的研究必须遵从下面的一些原则,才能达到科学研究的目的。

一、客观性原则

客观性原则是指小学心理学研究要贯彻实事求是的精神,即根据心理现象的本来面貌来研究小学心理的本质、规律与机制。在心理学研究中,对心理现象的客观研究是完全可能和应该的,因为任何心理现象都是由客观刺激所引起,通过个体内部的一系列中介过程而最终反映到行为。我们通过对客观刺激、中介过程和最终的行为反应之间的关系的综合考察,探索出各种心理现象的本质。

然而,在实际研究中,研究者却易于把自己的主观体验同客观观察到的事实混淆起来,或者因自己的喜好而影响到对客观事实的观察和数据的采集,使研究失去客观性。为了避免这种情况的发生,研究者应注意,在收集资料时,应根据事先研究的内容,如实详尽地记录作用于被试身上的各种刺激及行为反应,以此来判断被试的客观心理过程;

要尽量采用访谈法、口头报告法、文献法等多种方法,确保收集的第一手资料的客观真实性;对资料的处理和对结果的分析与整理,应根据客观的事实和材料来进行,特别是在处理与自己的假设、理论不一致的数据资料时,应谨慎处理;在做结论时,应根据所收集的资料,在允许的范围内做出判断,而不应该做过分的推论。

二、系统性原则

系统性原则指在研究小学师生的心理现象时应把他们的心理作为一个开放的、动态的、整体的系统加以综合考虑,这样才有可能把握各种心理现象之间的本质及它们的必然联系。系统性原则主要体现在以下几方面。

第一,师生的心理现象虽然是丰富多变的,但这些心理现象不是孤立出现的,而是在其生理、环境刺激、行为变化的交互作用下形成的。若采用孤立分离的方式来研究师生的心理现象,便无法理解这些心理现象的特征及其相互影响和相互制约的关系。因此,对待小学教育中的各种心理现象,必须放在宏观的背景下进行综合考虑。

第二,师生的心理是一种有序的、有组织结构的系统。例如,小学生的学习动机一般是复合性动机,有若干的类型和层次,受家庭、学校、社会及本人身心等多种因素的影响和制约。在研究中应该区分各种心理现象的结构层次及其相互关系,找到相应心理现象之间的结构层次网络,揭示出支配师生心理的各种规律。

第三,师生的心理总是呈现一种相对稳定而非绝对动态的过程。在学校教育、个体实践和各种输入信息的作用下,师生的心理经常处于运动变化之中,表现为旧的心理结构变为新的心理结构。因此,我们应对小学学与教的过程中出现的心理现象做动态的分析,弄清其产生的原因、过程、发展转变的机制等。

三、理论联系实际的原则

理论联系实际的原则是指小学心理学的研究应从小学教育的实际出发,解决小学教育中的实际问题。如研究新生入学的适应问题、研究学习困难问题、教师的职业倦怠等问题。

小学心理学研究的首要任务是为基础教育实践服务。因此,它的研究课题必须来源于基础教育实践,研究成果也必须能够付诸基础教育实践,并且保证科研成果的实践应用效能。小学心理学的研究只有理论联系实际,才能解决心理发展理论研究中必要性与局限性之间的矛盾,解决实验室研究过程中精密性、严格性与自然性、客观性之间的矛盾,才能积累大量有价值的科学资料,以便提高基础教育的教学质量和管理水平。

四、生态化原则

生态化原则是指小学心理学的研究要在自然与社会的真实生态环境中研究师生的心理活动与特点。小学师生总是生活在一定的社会环境中,他们是在真实的自然与社会生态环境中生活与发展的,因此他们的心理活动不可避免地受到家庭环境、多元的社会文化、大众传播媒介等多种社会因素的影响与制约。小学师生的心理现象都是各种社会因素相互作用、相互影响的综合结果,是对社会生活的反映。因此,在小学心理学研究中，应该把师生的心理活动、心理发展水平、心理特点与变化等放到社会环境中考察与研究，只有到社会生活的真实情境中才能更好地发现和揭示小学师生心理活动的特点、心理发展变化的规律，才能使研究结果有更好的效度，能广泛地应用于不同的生活情境。

第三节　小学心理学的研究路径

要对小学心理学进行研究，应该搞清楚研究的思路是什么、从哪些方面对其进行研究、它的研究路径有哪些这些基本的问题。小学心理学的研究路径主要有下面三种。

一、现象揭示研究

现象揭示研究的目的是对小学师生发生的心理现象或行为进行科学、客观、精确的描述，回答"是什么"和"怎么样"等问题。现象揭示研究往往是进一步研究的前提和条件。在现象揭示研究中，研究者必须搞清楚研究的对象、研究的内容及研究的核心概念。例如，《农村小学高年级学生感受到的师爱现状调查及对策研究——以广东省中山市东凤镇农村小学高年级学生的研究为例》[①]，就要回答什么是农村小学高年级学生感受到的师爱，并对它进行操作性定义。所谓操作性定义即将抽象的概念转换成可观测、可检验的项目。从本质上说，操作性定义就是详细描述研究变量的操作程序和测量指标。

许多心理学概念都没有统一固定的操作性定义，一般需要研究者根据自己的研究目的、研究要求去界定。上述农村小学高年级学生感受到的师爱，研究者把它定义为：农村小学高年级学生感受到教师对他们的关心、爱护、尊重和信任而产生的一种内心体验，并把它划分为教师对学生的理解、教师对学生的关心、教师对学生的尊重、教师对学生的信任、教师对学生的负责五个维度进行具体研究。在现象揭示研究中，操作性定义非常重要，它是衡量研究是否有价值的重要前提。

二、关系解释研究

关系解释研究又称相关研究，是考察两个或更多变量（现象）的相互关系，揭示一个变量是否受到其他变量的影响，它们之间的影响性质如何，影响的程度有多大，进而用一个变量预测另外一个变量的研究方法。例如，《视障小学生心理健康与社交焦虑的特征及其关系研究》[②]。研究者首先分别对视障小学生的心理健康与社交焦虑的现状进行调查，了解它们的基本状况及特征，进而探讨视障小学生的心理健康与社交焦虑之间的关系，确定两者之间的相关程度，最后研究他们的心理健康对社交焦虑的预测水平。

相关研究一般是通过问卷调查，对收集的资料和数据进行统计分析，抽取出规律性的信息，进而使研究者能够深刻理解、全面地描述、准确地推断和预测研究对象的特点及

---

① 陈名胜.农村小学高年级学生感受到的师爱现状调查及对策研究——以广东省中山市东凤镇农村小学高年级学生的研究为例[D].西南大学硕士学位论文,2017.
② 邓晓红,朱乙艺,曹艳.视障小学生心理健康与社交焦虑的特征及其关系研究[J].中国特殊教育,2012(11):42—46.

变化。相关研究的优点是可以在较短时间内,花费较小的人力、物力,发现变量之间的关系,对许多现象做出预测。但大部分相关研究不能发现相互关系的因素之间的因果关系。上述研究虽然能够发现视障小学生的心理健康与社交焦虑具有相关关系,却无法确定两者之间孰因孰果,是视障小学生心理健康水平影响其社交焦虑,还是他们的社交焦虑影响其心理健康,这些问题值得进一步研究。

三、因果联系的实证研究

因果关系的实证研究的目的是通过验证事先设想的不同变量之间的假设,发现它们之间的因果关系。认识小学师生心理产生的内外原因,找出其心理现象背后错综复杂的因果关系,是科学研究的重要任务,也是研究者普遍感兴趣的问题。通常因果关系的揭示,需要使用实验法来完成。例如,张红平的《舞蹈啦啦操对小学生心理健康影响的实验研究》[1]分两方面对这个问题进行探讨:一是对实验班小学生的心理健康状况进行测量,了解其基本的情况,然后对实验班小学生进行 16 周的舞蹈啦啦操教学实验,再进行实验前后的比较研究,发现实验班通过舞蹈啦啦操的教学实验后,他们的心理健康水平比没有实验前有较大提高;二是对实验班小学生与对照班小学生的心理健康状况进行测量,了解两组学生的基本情况,对实验班小学生进行为期 16 周的舞蹈啦啦操的教学实验,而对照班进行为期 16 周的传统体育教学实验,然后对实验班与对照班进行比较研究,结果发现实验班小学生的心理健康水平比对照班的小学生要高。

第四节　小学心理学的研究方法

小学心理学的研究方法与其他心理学的研究方法有许多共同之处,但在具体的研究过程中,要考虑小学心理学研究对象的特点、研究课题的不同而选择不同的研究方法。

一、小学心理学的研究变量

小学心理学的研究变量是在小学心理学研究中必须考虑的研究因素,这些研究因素对搞好小学心理学研究非常重要。

任何心理现象都是由客观刺激引起的,并通过个体内部的一系列生理、心理的变化而表现在行为上。因而,考察心理现象,可以从客观刺激、个体内部的心理过程和反应三者之间的关系来进行。这三者分别被称为刺激变量、机体变量和反应变量。由于刺激变量和机体变量从性质上可以看作一类,即自变量,将反应变量作为因变量,所以在小学生心理学研究中实际上主要有两类变量,即自变量和因变量。

(一)自变量

自变量是指研究者在实验中要操纵、改变以引起被试的心理状态变化和反应变化的条件或因素。只有具备下列条件的因素才能作为自变量:(1)自变量本身能变化。例如,

---

① 张红平.舞蹈啦啦操对小学生心理健康影响的实验研究[D].成都体育学院硕士学位论文,2017.

不同的学习方法、刺激呈现的时间长短等。（2）自变量能由研究者直接控制操纵。对于一些不能直接控制操纵的心理学概念,研究者可通过下"操作性定义"的方式使这些概念成为自变量。许多心理学概念都没有统一固定的操作性定义,一般需要研究者根据研究目的、要求,自己去规定。规定操作性定义的原则是把心理量与所操作的物理量统一起来,把心理过程用"如何操作"的物质过程定下来。例如要研究"疲劳对小学生识记的影响",就可以按"学习效率"的降低来定义"疲劳"。（3）自变量能引起所要研究的被试的心理状况的变化。如教给小学生记忆的策略,小学生的记忆能力会有所提高。

小学心理学研究中自变量的来源很广,主要分为以下几种:（1）外部刺激。即来源于个体之外的刺激,如光线、声音、他人的言行等。（2）被试的固有特性。如性别、年龄、智力、健康状况等。（3）被试的暂时特征。它是由实验操纵的外部刺激所引起的,并影响到被试行为的中介心理变量,如动机、疲劳等因素。

(二)因变量

因变量又称反应变量,它是由自变量变化引起的行为上的变化,是研究者力图测量、记录的行为指标。如研究不同年龄小学生的学习策略的特点,其中年龄是自变量,学习策略的特点是因变量。因变量最重要的特征是可以通过直接或间接的方式被观察、测量和转化成数据进行处理。因变量具有以下特点:（1）有效性。指内部效度,即因变量的变化确实是自变量变化而引起的;二是外部效度,即从部分被试那里测得的结果,能代表此类被试的总体中的其他被试测得的结果。（2）可靠性,指在所有的条件都不变化的情况下,重复测量的结果是否相似。可靠性的好坏可由计算两次测量结果之间的相关系数的大小来加以衡量。相关系数大,可靠性好,反之,则可靠性差。（3）灵敏度,是指因变量对自变量的变化是否敏感,是否能精确地度量出因变量的变化。（4）数量化。因变量的指标应该是能数量化的。

(三)干扰变量

干扰变量又称为无关变量,是指除自变量外还可能对因变量产生影响,而研究者不感兴趣或不易把握而将其排除在研究外的因素。干扰变量会妨碍研究者对自变量与因变量之间关系的探讨,因而在研究中应加以识别和控制。对干扰变量的控制主要有以下几种方法:（1）随机化,这是控制干扰变量最有效的方法。（2）消除,它是选择在某个维度上尽量使用同质的被试,以消除干扰变量。（3）匹配,即对被试在某个与因变量有关的变量上进行匹配。（4）增加变量,即把可能影响因变量的、不感兴趣的因素作为一个自变量,进行多因素实验设计。（5）统计控制,就是通过实验设计与统计分析相结合的办法使干扰变量得到控制。

二、小学心理学的具体研究方法

(一)观察法

观察法是指在自然情境下,研究者直接观察被试的行为和行为特征,并予以记录,以便提供可用作分析的素材的一种方法。教师常常通过观察法来了解小学生上课是否认真听讲,他们在集体活动中的表现如何。例如,武丽丽等人采用观察法,观察了小学生在课堂上的问题行为(包括攻击教师、破坏性行为、干扰行为、消极回应教师、不服从教师的指令、不集中于手边的工作、对同伴进行语言和身体攻击等），并对这些问题行为进行详细认真的记录分析，了解学生课堂上的问题行为与其心理素质的关系，在此基础上，提出解决问题的对策①。

观察法的优点是在自然情景下研究小学生的心理，不影响他们的日常生活和正常行为，所得的资料比较真实。不过，使用观察法要求研究者具有敏锐的观察力，善于从纷繁的情境中捕捉所需要的行为表现，善于从记录资料中筛选有用的信息。为了取得良好的观察效果，在观察中应注意以下问题：(1)明确规定观察的对象、内容和标准。(2)随时做观察的详细记录，有条件时可利用一定的录音、录像器材。(3)观察时间不宜过长，对同一类行为可采用重复观察的方法。(4)在自然状态下观察，以免影响被观察者的正常行为。

(二)调查法

调查法是以提问的方式搜集资料以确定各种事实间的联系或关系的方法。调查法主要包括访谈法和问卷法两种形式。访谈法是通过与被访谈者面对面交流、讨论而搜集资料的一种方法。访谈的对象既可以是集体，也可以是个人。集体访谈是由访谈者召集一些人就需要研究的问题发表意见。如召开座谈会了解小学生心目中的理想教师形象，从中发现小学生对教师学识、品格等多方面的要求。个别访谈是由研究者对某个访谈对象进行单独访谈。如对学困生进行访谈，了解其学习困难的原因。访谈法的优点在于灵活性大，在访谈题目基本相同的情况下，访谈者可以根据被访谈者回答的具体特点进行不同的提问，谈话过程因人而异，适用范围广；缺点在于费时费力、费用开支大、访谈者由于心存顾虑，访谈可能不真实，易产生偏差等。减少或克服这些缺点需要研究者注意：访谈事先要有准备，要根据研究目的和研究对象拟定谈话的话题和内容；要掌握熟练的谈话技巧和灵活的谈话方式；要详细地记录谈话过程和内容。

问卷法是通过书面形式，以严格设计的问题或表格，向被研究对象收集资料和数据的方法。如使用问卷调查小学生的个性、气质、心理健康、学习动机等心理现象。编制问卷时应注意：问卷题目不宜过多；问卷编制的语言要通俗易懂，保证被调查对象能够理解，不会产生误解或歧义；问卷正式施测之前，应进行信度和效度的分析，保证问卷的有效性。问卷法的优点在于简便易行，可以在短时间内获得大量资料或数据，便于统计处理，较易得出结论。但如果研究者不善于掌握问卷的标准，加之被调查者如果隐藏自己的真实想法，或迎合研究者的意图填写问卷，所得数据就缺乏真实性，从而影响这一方法的科学性。

(三)个案法

个案法是对一个人或一组人的问题进行研究的方法。如对某个智力超常学生、某个学习困难学生的研究，或对少年犯罪团伙的研究等。个案法有时也与纵向的追踪研究相结合，系统记载被研究者某些心理活动的发展状况，某些心理问题产生与发展的原因，提出相应的解决措施。例如，我国著名儿童心理学家陈鹤琴以自己的子女为研究对象，进

---

① 武丽丽，张大均，程刚，等. 小学生课堂问题行为与心理素质的关系：一项观察研究[J]. 心理与行为研究，2017(1)：12—19.

行了 3 年的纵向追踪研究,记录了儿童身心发展的特点,归纳了 101 条教育总结,于 1925 年出版了《儿童心理之研究》《家庭教育》两书。

在进行个案研究的过程中,研究者除深入了解被研究者的各种情况外,还应与他们多接近,建立良好的关系,树立研究者良好的形象,使被研究者充分信任研究者的帮助和关心,这样才能在个案研究中取得较为真实的第一手材料。此外,对个案的材料收集要尽量齐全和详尽,才能对所研究的问题提出中肯的意见,使个案研究顺利进行。

(四)口语报告法

口语报告法指被试在从事某种活动的同时或之后,如进行数学题运算时将头脑中进行的心理活动操作过程用口语表达出来,由研究者记录并根据有关结果对被试心理活动的规律进行研究。口语报告法的假设是:人的言语和思维密切相关,通过了解一个人的言语可以认识其思维特征。口语报告法包括问题设计、口语报告、录音与转译、数据编码和结果处理五个步骤。该方法适合于研究特殊学生、比较专家型教师与新手教师解决问题的差别等问题,也可用于对其他方法的补充研究,还可以用于检验假设并建立心理模型。口语报告对情境和变量控制较为严格,对研究过程记录较为翔实客观,但由于操作相对复杂,对研究者要求较高,费时费力,有时会由于被试不配合等而限制口语报告法的开展。

(五)作品分析法

作品分析法是有目的地确定一个主题,使研究对象完成一件作品,通过对作品进行分析,从而获得特定信息的方法。常见的有学生作业分析、作文分析、笔记分析及手工制品分析等。该研究具有深入性、隐蔽性、针对性的特点。作品分析法由于是在作品完成后才对被试进行分析,因此,被试通常不知道研究者要求他完成作品的真正意图,使注意力集中于作品的完成过程中,便于排除因防范心理所带来的信息失真。由于被试作品之间的差别较大,要想深入了解,需要对作品进行横向和纵向的比较分析,才能发现特殊性和规律性,同时还要避免分析解释的随意性和主观性,从多元、客观的角度对作品进行全面深入的分析。

(六)行动研究法

行动研究法是教育情景的参与者为提高对所从事的教育实践的理性认识,加深对实践活动及其依赖的背景的理解,所进行的一种自我反思的研究方法。主要特点是:研究者也是实际工作的参与者,兼具研究者与行动者两个角色;在研究过程中以实际工作为主导,以实际工作情境为研究情境,将研究过程与实际工作者的行动过程相结合,注重研究者的自我反思。该方法适合于教师研究教育中的实际问题,如教学情境的改变、课堂教学方法的改革、师生沟通状况等。使用该方法能及时反馈和修正所要研究的问题,但由于该研究具有特定研究对象与情境,是自行检验研究效果,因此研究结果可能会引起不同的理解或争论,推广运用有一定困难。

(七)实验法

实验是一种有控制的观察,是实验者人为地使被试的心理现象发生,对产生其心理现象的情境或影响现象的条件加以操纵、变化与控制的观察,进而揭示出特定条件与其心理现象之间的关系。实验法分为以下三种。

1. 实验室实验

实验室实验是在实验室内利用一定的仪器进行心理实验,通过实验获得人的心理现象的某些科学依据。采用该方法可以研究小学生高级神经活动发展的特点,以及感觉、知觉、记忆、思维等心理过程的发展特点。如用脑电图仪测定小学生思维活动时脑电波变化的情况;用眼动记录仪记录小学生阅读课文时眼动的过程。实验室实验的主要优点在于控制较严格,所获得的数据的可重复性高,数据比较可靠,结论经得起考验。但该实验也具有一定的局限性,主要在于实验室的情况与学生的实际生活有一定的差距,可能会使学生产生不自然的心理状态。因此,这种方法很难用于研究学生的道德认知、个性品质等复杂的心理特点。

2. 自然实验法

自然实验是指在日常生活和活动的自然条件下,引起或改变影响被试的某些条件来研究其心理特征的变化。例如,在《课外体育活动方案对小学生心理健康影响的实验研究》中,研究者根据小学生的心理发育特点,结合运动影响心理健康的 4 个因素,即运动项目、运动强度、运动频率和每次运动的持续时间,开发了武术操、篮球与软梯训练结合、轮滑与趣味游戏结合等 3 套不同的课外体育活动方案,对实验组与对照组的学生进行比较研究,结果发现,3 套课外体育活动的方案对实验组小学生的心理健康都有积极影响[①]。

自然实验法能较好地反映教育实际的情况,可以对变量进行一定的控制,使研究达到一定程度的精确。但该方法也存在一定的局限性,如在自然的活动条件下进行实验,难免出现种种不易控制的因素,给因果分析带来障碍;花费时间较多,所需技能也较复杂等。

3. 教育实验法

教育实验是自然实验的一种特殊形式。教育实验就是把对被试心理的研究与一定的教育和教学过程结合起来,从而研究学生在一定的教育和教学过程的影响下,某些心理过程或个性品质形成和发展的规律。例如,在《小学生快速阅读训练的实验研究》[②]中,研究者选择条件大致相同的小学四年级的两个教学班的学生为研究对象,一个作为实验班,一个作为对照班。实验班每周进行两次快速阅读训练,由任课的语文教师主持,每次训练 15 分钟左右。对照班不进行训练,按原来的方法上课。实验结束后,对两个班的学生都进行快速阅读测试,结果发现快速阅读训练在一定程度上可以提高小学生的阅读速度和学习成绩。

教育实验在小学心理学研究中占有重要的地位,因为教育实验把师生心理研究与教育实践密切联系起来,其研究结果可以直接为教育实践服务。当然,教育实验与一般自然实验一样,很难严格地控制实验变量,花费时间较长。此外,教育实验必须得到学校、教师的密切配合;进行教育实验必须遵守教育性原则,不允许对教育实验中的学生采取消极的措施。

① 潘家礼,史海燕.课外体育活动方案对小学生心理健康影响的实验研究[J].四川文理学院学报,2016(2):79—81.
② 吕勇,闫国利,陈连燕,等.小学生快速阅读训练的实验研究[J].心理学探新,2000(2):25—29,54.

综上所述,小学心理学的研究方法多种多样,这些方法各有利弊。采取何种方法进行研究比较恰当,必须考虑到研究的对象、研究的内容、研究的时间、研究的精力和物质保障等条件,然后进行选择。

【扩展性阅读】

小学心理学研究方法的新趋势

随着小学心理学研究的不断深入,小学心理学的研究方法有了较大的变化,出现了一些新的研究趋势。主要表现为:

1. 研究方法的综合化

由于小学心理学要研究的问题涉及多方面因素的影响与制约,每种单一的研究方法都有其优点与局限性,只能使研究者获得小部分信息,而大部分信息被忽视或遗漏,加之在研究中受到其他因素的影响会增加研究结果的误差,降低研究的科学性,使研究者难以得出准确的结论,因而出现了研究方法的综合化。综合化是指小学心理研究中尽可能地采用多种研究方法。例如,对小学生学习动机的研究可以采用问卷法、谈话法、观察法、实验法、活动产品分析法等多种方法。对小学生社会行为的研究可以将横向研究与纵向研究结合起来,并对不同方法取得的结果进行相互验证和比较,以提高研究的可靠性和科学性。

2. 跨学科与跨文化的研究

小学心理学的研究内容主要是师生在小学教育情境中的心理活动、心理发展、心理特点与变化,要从根本上搞清楚这些问题,需要多门学科的通力合作,如哲学、文化学、教育心理学、发展心理学、学科心理学、教育学、家庭学、社会学、社会心理学、生理学、神经解剖学等的共同探讨,才能更好地发现与揭示其特点与规律,找到更好地解决问题的对策。

小学师生的心理现象总是在一定的文化背景下产生的。跨文化研究主要是研究在不同国家、不同民族、不同地区文化中小学师生心理现象的共性与差异性等问题。通过跨文化研究可以借鉴国外研究的先进理念、先进方法,吸取其经验与成果,并检验、修正与完善在单一文化背景中所取得的研究结论,更好地解释小学师生心理现象的文化差异问题。

3. 采用现代研究仪器与数量化特征

随着科学技术的发展,各种现代的研究仪器被运用到小学心理学研究中,如核磁共振成像仪、计算机、摄像机、录音机等。在研究中采用多元统计分析,如验证性因素分析、建立模型,受到了一些研究者的青睐,这些对提高小学心理学的研究水平确实起到了重要的推动作用。但小学师生心理现象的复杂性不是单靠数量化研究就可以全部解决的,必须注意到定性与定量研究的结合。因而现在有的研究者强调行动研究、心理叙事研究等定性研究,以便能够进一步提高研究的科学性。

本章小结

1.小学心理学是研究小学教育过程中,师生各种心理现象与心理活动规律的科学。具体表现为:小学生的心理发展特点与规律、小学生的心理活动规律、小学教师的心理特征与规律。

2.小学心理学的研究任务是测量与描述学生的心理与发展水平,解释与说明小学教育中的心理现象,预测与控制师生的心理活动与行为反应。

3.小学心理学的研究要遵循客观性原则、系统性原则、理论联系实际原则和生态化原则。

4.小学心理学研究的变量主要有自变量、因变量与干扰变量。研究的方法主要有观察法、调查法、个案法、实验法、口语报告法、作品分析法和行动研究法。

复习思考题

1.概念解释

小学心理学　观察法　调查法　实验法　个案法　行动研究法

2.问题简答

(1)小学心理学的研究内容包括哪些?

(2)小学心理学的研究任务是什么?

(3)小学心理学的研究路径是什么?

(4)小学心理学的研究变量包括哪些?

3.理论论述

(1)论述小学心理学的研究原则。

(2)分析小学心理学各种研究方法的利弊。

4.实践探索

(1)运用观察法观察小学生上课的行为表现及特点。

(2)运用调查法了解小学生的家庭教育情况。

5.案例分析

黄老师从事小学教育多年,对教学工作认真负责,但对搞科研有畏难心理,害怕写论文。她总认为,自己的科研水平低,小学教师搞科研写论文,既没有科研经费保证,又浪费时间和精力,还不如认真搞好教学。你觉得黄老师的想法是否有道理,为什么?谈谈你的见解和看法。

第二章　小学生心理发展的原理

【学习问题】

什么是小学生的心理发展？小学生的心理发展有何特点？心理发展有哪些主要的理论？影响小学生心理发展的因素有哪些？

【学习目标】

了解小学生心理发展的特点,理解心理发展的各种理论的主要观点及它们之间的区别,掌握影响小学生心理发展的各种因素以及它们的作用。

【学习方法】

查阅有关发展心理学的参考书籍,拓宽自己的阅读视野,联系实际与同学讨论小学生心理发展的特点,全面理解心理发展的各种理论,以及影响小学生心理发展的各种因素的作用,以便能够更好地掌握所学的内容。

第一节　小学生的心理发展

心理发展是个体从出生经成年到老年的持续过程。心理发展是一个人终身的重要任务。小学生的心理发展不仅具有儿童的一般特征,而且具有自身的特点。

一、小学生心理发展的含义

关于个体的心理发展,不同的心理学家有不同的认识和理解。传统的心理学观点认为,个体的成熟是发展的终点,它通常在成年期达到。如霍尔(G. S. Hall)认为,个体心理发展是人类种族进化的复演过程。现代心理学提倡毕生发展观,认为个体的发展是一个在时间和顺序等方面不相同的各种变化范型的体系,毕生都在进行。个体的心理发展具有多维性和多向性,发展的方向因行为种类的不同而有所不同,有的心理并不在出生时开始发展,而有些心理现象也并非在中途达到终点。例如,荣格(C. G. Jung)、霍林沃思(H. L. Hollingworth)等心理学家认为,个体的心理发展是终身的事情,涉及个体心理发展的全貌。我国心理学家朱智贤(1981)认为,个体的心理发展,是个体从出生到成熟再到衰老的过程中心理发生、发展的历史。林崇德教授认为,个体心理发展的过程是社会化的过程,即个体掌握和积极再现社会经验、社会联系和社会关系的过程。通过社会化,个体获得在社会中进行正常活动所必需的品质、价值、信念以及社会所赞许的行为方式。

综合上述心理学家对个体心理发展的认识和研究,我们认为小学生的心理发展是指小学生从入学到小学毕业所发生的心理变化过程。

二、小学生心理发展的特点

小学生的心理发展，是以其生理的发展为基础的。儿童进入小学以后，他们的身高体重迅速增长，手臂和腿明显伸长，随着年龄增长，体形逐渐褪去"儿童"特征。他们的大脑重量达到了 1.4 千克，基本接近成人，心脏体积和脉搏跳动次数已接近成人水平，肺发育很快，运动量需求增加，骨骼生长迅速，手、脚、上下肢不断伸长，女生的身体发育超过男生。特别是脑和神经系统的均匀和平稳的发育，为他们的心理发展奠定了良好的基础。小学生的心理发展主要具有以下特点。

(一)连续性和阶段性

心理发展的连续性指小学生心理的发展在持续不断的量变到质变的过程中，后一阶段的发展总是依赖于前一阶段的基础，且后一阶段包含了前一阶段的因素，又为下一阶段做准备。例如，小学低年级学生以形象思维为主，他们需要借助生动形象的教具、动画、模型、教师栩栩如生的描述来理解和掌握所学的内容。随着学习活动的不断丰富与深入，以及在日益复杂的各种各样的实践活动中向小学生提出的新问题、新挑战，促使小学生逐渐运用抽象概念进行思维，促使他们的智力水平开始从以具体形象思维为主要形式逐步向以抽象逻辑思维为主要形式过渡。虽然小学高年级学生已经具备初步的抽象思维能力，但依然保持着形象思维的特征。这种小学生思维发展的连续性，使小学生的思维发展从量变到质变不断发展。

阶段性是指小学生心理每一时期具有相对共同的、一般的、典型的心理特征。例如，不同年龄的小学生其心理发展具有不同的色彩。一年级小学生虽然已经步入学校，却延续着幼儿时期的一些心理特征，他们依然很喜欢游戏，他们的学习、与同伴的交往等是在游戏活动中进行的；对是非善恶的判断往往以成人为标准，从幼儿期对父母的依赖转为对教师的依赖。中年级小学生已经脱离了幼儿时期的特点，开始全身心投入学校集体生活中，他们一边继续服从着教师、父母的权威，一边开始重视同伴间的友谊。高年级小学生的判断力开始理智地发展，对教师、父母不再那么唯命是从，而是试图发表自己的看法，试图摆脱父母的管束，从对成人的认同逐渐转为对朋友的认同，进入了伙伴规则时代，开始形成小团体，团体内的人际关系既有凝聚性又有一定的排他性。同时，由于青春期的开始，男女学生对各自所属的性别意识在强化，出现了疏远异性的现象，开始关注自己的内心世界，心理发展正开始一个崭新的质的飞跃。

(二)协调性与开放性

小学生的心理发展与初中生相比有较大的不同。初中阶段是学生情绪的"疾风暴雨"时期，是发展的"动荡期"。初中生的情绪不够稳定，起伏跌宕较大，考虑问题不够周全，做事比较冲动，逆反心理较强，容易产生各种心理困扰与矛盾，与教师、父母的冲突较多。而小学生的心理发展则是比较协调的。小学生的内心世界不太复杂，他们的心理活动显得纯真、直率，能将内心活动表露出来，心理具有开放性。他们崇拜教师与父母，愿意接受他们的教育与管理，与教师、父母的关系比较融洽，能够在他们面前畅所欲言。小学生不善于伪装修饰自己，其喜、怒、哀、乐等情绪或情感明显地表露出来，言与行、动机与行为比较一致，内心的冲突与矛盾相对较少，表现也不明显。小学生普遍能够自觉听从教师的领导与教诲,遵守学校的规章制度。小学时期是发展小学生和谐个性、培养其良好品行、促进社会性发展、了解他们真实心理活动的好时机。

(三)可塑性与不平衡性

可塑性指的是小学生的心理按照教育者所需要的方向变化和发展的潜在可能性。小学生具有强烈的好奇心与求知欲,喜欢接受新事物和新观念,他们容易受到外界环境因素,如教师、父母或同龄人的影响,具有很大的可塑性。无论是小学生的认知能力,还是社会性发展、个性特征、良好的品德,都易于培养。

一般而言,小学生的心理发展总是按照一定的规律和顺序进行。由于每个学生的遗传素质、生活经验、教育环境不尽相同,其心理过程和个性心理特点的发展进度和达到水平的时期并不完全相同。例如,有些小学生对学习有浓厚的兴趣,有比较强烈的学习动机,学习比较自觉,对学习认真负责,不怕学习困难和挫折,有较强的独立学习能力;而有些小学生学习的自觉性和主动性较差,独立学习能力不强,需要父母、教师的再三督促,甚至家长的"陪读",才能顺利完成学习任务。

第二节　心理发展的理论

关于个体的心理发展,不同的心理学家往往有不同的理解与解释。其中著名的心理发展理论主要有下面几种。

一、皮亚杰的心理发展理论

皮亚杰(J. Piaget)是瑞士著名的儿童心理学家,发生认识论的创始人。他着重研究了儿童心理的产生、发展以及影响的内外因素等问题,创立了影响巨大的儿童心理发展理论,其主要内容如下。

(一)儿童心理发展的动力

皮亚杰认为,儿童心理发展的动力是对环境的适应,主要表现为对环境的同化、顺应和平衡。同化(assimilation)是指刺激输入的过滤或改变。通过同化,儿童把新的刺激物整合到原来的图式中。皮亚杰认为,图式是动作的结构与组织,这些动作在相同或类似的环境中由于不断重复而得到迁移和概括。有的心理学家认为,图式实际上就是一种认知结构。图式能够帮助儿童对输入的刺激进行处理与鉴别,帮助儿童适应心理的发展并随心理的发展而变化。例如,儿童认识并了解了狗的特点,形成了狗的图式,当儿童第一次看到一头牛时,他试图把牛这个新的刺激物纳入狗的图式,把牛看成一只大狗。因此,图式是儿童把新的刺激物纳入已有的图式中的认知过程。同化不能引起儿童图式的改变,但能够影响儿童图式的生长。同化是比较保守的,它为儿童图式的生长创造了条件,但不是儿童图式变化的原因。

顺应(accommodation)指儿童内部图式的改变,以适应现实。皮亚杰认为,当儿童面临一个新的刺激物时,由于没有同化这个刺激物的图式,儿童必须做出两种反应:一是创造一个能够容纳这个刺激物的新图式;二是修改原来的图式以便这个刺激物符合这个图式。这两者就是顺应。顺应是新图式的创造或旧图式的改造,顺应导致儿童心理的变化与发展。例如,一个儿童已形成狗的图式,当他看见牛时,狗的图式不能同化这一信息,因此他就必须创建一个新的图式——牛,引起现有图式本质的变化,这就是顺应。

从上述可见,同化是儿童把原来的图式强加给正在处理的刺激物,即刺激物被迫去适应儿童的图式;顺应则是儿童被迫去改变自己的图式以适应新的刺激物。顺应导致儿童心理发展的质变,同化导致儿童心理发展的生长,即量变。同化与顺应的结合是促进儿童心理发展的原因。

平衡(equilibrium)是控制同化与顺应相互关系的更高级的调整程序。同化与顺应对于儿童的心理发展都是重要和必须的,但同化与顺应不是纯粹的。有的学习要求儿童的顺应多一些,如儿童把正方形拼成平行四边形;有的学习要求儿童的同化多一些,如儿童把正方形拼成矩形。如果儿童总是去同化刺激物而从不去顺应刺激物,其结果是儿童只能够得到少数几个粗略的图式而不能发现事物之间的差异,儿童会把许多事物看成类似的东西;相反,如果儿童总是去顺应刺激物而不去同化,其结果是儿童很少有概括性的图式,儿童会把许多事物都看成不同的,而不能发现类似事物的共性。这两个极端都将是灾难性的。因此,同化与顺应之间的均衡是必需的,我们把它们之间的均衡称为平衡。

平衡是同化与顺应中的一种均衡,不平衡是同化与顺应之间的不均衡。当儿童的心理产生不平衡时,儿童会寻求平衡的动机,即进一步同化与顺应。没有平衡,便没有儿童心理的发展。平衡不是静止的而是动态的,儿童的心理发展是从平衡到不平衡再到平衡的一个过程。儿童由较低水平的平衡,通过主体与客体相互作用而达到较高水平的平衡,从而使自己的心理得到不断的发展。

(二)影响儿童心理发展的因素

皮亚杰认为,影响儿童心理发展的因素有4个。

1.成熟

成熟指儿童脑和神经系统组织的发育。成熟在儿童发展次序不变的各个阶段起着必不可少的作用,它控制着儿童在一定时间内所具有的潜力,是儿童学习的必要条件。

2.练习与经验

皮亚杰认为儿童可以通过自己的练习或动作获得两种经验。一是物理经验。儿童能够识别物体的属性,即物体的轻重、大小等特性。当儿童用自己的感觉器官,如视觉、触摸觉等作用于客体时,就获得了这一客体的物理经验。例如,儿童通过玩弄沙子,发现了沙子的特性。而沙子的特性,儿童是不能通过单纯地阅读、观看图片或倾听大人讲解而获得的。儿童只有通过玩弄沙子,通过作用于客体的动作才能认识到沙子的特性。二是逻辑数学经验,指儿童作用于物体,从而理解动作之间的协调结果。皮亚杰认为,逻辑数学经验如同物理知识一样,只有当儿童作用于客体时才能形成。但数学经验不是客体所固有的,而是儿童通过对客体的动作而构造出来的。例如,儿童通过数小石头、蜡笔、筷子、瓶子等物体来形成"5"的数概念。

3.社会经验

社会经验指儿童获得的有关社会生活、法律、道德以及语言等方面的经验。这种经验儿童不可能通过作用于客体的动作获得,而是通过与他人的交往以及相互影响获得,即通过社会化的过程获得。例如，儿童通过与家长、教师的接触与交往，发展了言语，掌握了道德方面的知识。

4.平衡

平衡指不断成熟的内部组织和外部环境相互作用的过程。平衡是心理发展的最重要的决定因素。皮亚杰认为，上述任何单一的因素都不能成为儿童心理发展的原因，必须把这些因素进行综合。平衡是四个因素中最根本的，它协调上述三个因素。在平衡的过程中，儿童担当着积极的角色，是自身发展的主要动力。儿童的活动不仅使他们发现新问题，引起不平衡，还促使他们找到解决问题的方法，以达到更高水平的平衡。所以，平衡是儿童内部自我调节的过程。

(三)儿童心理发展的阶段

皮亚杰认为儿童的心理发展包括以下四个阶段。

1.感知运动阶段(0～2岁)

这是儿童心理发展的起始阶段。儿童主要靠感觉和动作来认识世界，逐步学会区分自己和外界物体，初步认识到动作与效果间的关系，获得了客体永久性(object permanence)概念。所谓客体永久性是指当物体从儿童视野中消失后，儿童能够知道这一客体并非真正不存在，而是被藏在某个地方。客体永久性是由于儿童动作的协调而形成的新的认知结构所导致的结果，是儿童感知运动阶段质的飞跃。

2.前运算阶段(2～7岁)

这一阶段儿童能将各种感知信息以心理符号的形式储存下来，由此积累了表象素材，促进了形象思维的发展。他们主要用象征(symbol)来表征世界。例如，用木棍代表手枪。随着儿童年龄的增长，他们越来越多地使用符号(sign)来表示外部世界。例如，用"羊"来代表真正的羊，用"牛"代表真正的牛。儿童还具有自我中心的特点，以自己的经验为中心，从自己的角度出发来观察和理解世界，不能将心比心、心理换位，从他人的角度去感受他人的情境与经验。儿童的思维具有局限性和单向性，只注意事物表面的、显著的、静止的特征，不能进行可逆运算，没有形成守恒概念。守恒是皮亚杰提出的一个重要的名词，指物体从一种形式转变为另一种形式时，它的物质含量既没有增加，也没有减少，是不变的。

3.具体运算阶段(7～12岁)

这一阶段儿童的思维具有了逻辑性，能进行简单推理。例如，儿童能够推理 A≥B、B≥C，那么 A≥C。但在很大程度上仍局限于具体事物以及过去经验，缺乏抽象性。儿童掌握了数量、重量、长度、体积、物质等守恒概念，能在某些事物的变化中抓住事物的本质特征。同时，儿童产生了群集运算，掌握了时间、比率等概念，具有了初步的对称关系、对等关系、逻辑运算关系，可以进行组合性、可逆性、同一性和重复性等群集运算，但这种运算只能运用于具体或观察所及的事物，不能把逻辑运算扩展到抽象概念之中。

4.形式运算阶段(12～15岁)

这一阶段儿童的思维可以离开具体事物，使用逻辑思维来解决许多问题，能够对抽象的假设和命题进行运算。例如，儿童能够解决"$a^2-b^2=?$"的数学题。皮亚杰认为，儿童的思维发展到这一阶段，表明儿童的思维能力已经发展到成熟水平。随着儿童年龄的增长,儿童的知识会变得越来越丰富,但思维方式不再发生变化。

上述儿童认知发展的四个阶段具有普遍性,几乎所有儿童都遵循这一规律。尽管儿童认知发展的四个阶段的顺序不变,但由于每个儿童的遗传、家庭环境、教育条件等方面的差异,他们通过这四个阶段的速度是不一样的。儿童认知发展的四个阶段彼此衔接,但不能超越。各阶段的关系不是直线式的彼此交替,而是以锥体层的方式相互连续发生,新的行为模式只不过是加入到原来的行为模式中,使之更完善、更正确或与原来的行为模式结合起来。

皮亚杰的儿童心理发展理论,是世界上第一个比较系统的儿童心理发展理论。他的开拓性的创新研究,对于教育者认识和理解儿童,搞好对儿童的教育具有重要的启发作用。

二、维果茨基的心理发展理论

维果茨基(L. S. Vygotsky)是苏联杰出的心理学家,社会文化历史学派的创始人之一。他着重研究人的高级心理机能、儿童的思维与言语、教学与发展等问题。他的心理发展理论主要表现为下面两点。

(一)心理发展观

维果茨基认为,个体的心理发展实质是在教育与环境的影响下,在低级心理机能的基础上,逐渐向高级心理机能的转化过程。低级心理机能主要指感觉、知觉、机械记忆、不随意注意以及形象思维、情绪、冲动性意志等心理过程;高级心理机能主要指理解记忆、随意注意、概念性思维、创造性想象、道德感之类的心理过程。

衡量儿童心理机能发展是否成熟,主要有下面几个指标:(1)心理活动的随意性、主动性程度;(2)心理活动反映的水平是概括的、抽象的;(3)各种心理机能之间的关系是否发生变化并重新组合,同时形成间接的、以符号和词为中介的高级心理结构;(4)心理活动的起源是社会文化历史发展的产物,受社会规律制约;(5)心理活动的个性化。个性的形成是高级心理机能发展的重要标志。

维果茨基认为,个体之所以能够从低级心理机能向高级心理机能发展,主要是受到社会文化、历史经验的影响。随着个体年龄的增长,他们的心理发展受生物进化规律的制约成分越来越小,而更多受到社会历史发展规律的影响或制约。儿童在与成人交往的过程中,掌握了人类特有的语言和符号,不仅影响着儿童的客观世界,也改变着他们的主观世界,使儿童的心理活动从直接的、不随意的、低级的机能转化为间接的、随意的、高级的、社会历史的机能,从外部形式逐渐内化为内部活动。

(二)最近发展区思想

维果茨基认为,儿童有两种心理发展水平:第一种是儿童现有、已经完成或具备的心理发展水平;第二种是儿童借助教师的教学或帮助才能达到的解决问题的心理发展水平。这两种心理发展水平之间存在着一定的差距,被称为儿童心理发展的"最近发展区"。

维果茨基认为,"最近发展区"是衡量儿童心理发展潜能的重要标志,也是衡量儿童能够接受多大教育程度的重要标志。儿童的"最近发展区"既有共性,也有差异性。通过教师的教学,儿童不断地消除第一种心理发展水平与第二种心理发展水平之间的差异,同时创造着新的"最近发展区"。因此,教师在教学中要关注并合理地利用儿童的"最近发展区",要以儿童的成熟和发育为教学的前提或条件,使教学走在儿童"最近发展区"的前面,能够开发儿童的智力,并通过教学帮助儿童形成新的"最近发展区"。

维果茨基的上述研究,对美国、欧洲、日本等国的心理学界产生了很大的影响,并且苏联根据他的理论进行了大量的教学实验,取得了积极的效果。

三、埃里克森的心理发展理论

埃里克森(E. H. Erikson)是美国著名的心理学家,是新精神分析学派的代表人物之一。他着重研究了人类心理的社会性问题,提出了自己的心理发展理论。

(一)心理发展的动力

埃里克森认为,在了解人的心理发展时,既要考虑到生物学因素对人的影响,也要考虑社会与文化因素对人的影响。人类的心理发展主要是个体与社会交互作用的结果。

在心理发展过程中,人类会遇到各种心理矛盾或危机,解决这些心理矛盾或危机既有积极的方法,也有消极的方法。积极的方法可以帮助人类更好地适应环境,解决问题,战胜困难与挫折,促进其发展;反之,则会阻碍人类的发展。人类的心理发展,就是不断地解决心理矛盾或危机的过程。

(二)心理社会发展的八阶段

埃里克森根据遗传与成熟,把人的心理发展分为八个阶段,认为在每一个阶段都有特定的心理矛盾或危机需要解决。这八个阶段的发展顺序是不可变更的。

第一阶段,学习信任阶段(0~1岁)。其主要心理矛盾是信任感对不信任感。由于婴儿没有生活自理能力,需要得到父母的悉心照顾才能长大。如果婴儿能够得到父母的悉心照顾,他们的需要能够得到满足,就会产生对父母的信任感,尤其是母亲的信任感;反之,则会产生不信任感。在这个阶段,父母不仅要重视育儿技术,更要重视育儿过程中与孩子的互动。父母对婴儿需要的满足与悉心照顾,会巧妙地传递给婴儿。父母心情愉悦、情绪稳定,充满了慈爱,婴儿就会产生愉悦、安静等情绪反应;反之,父母焦躁、担心、沮丧,婴儿也会受到感染产生类似的情绪反应。所以,在这个阶段,父母要重点帮助婴儿建立起信任感,克服他们的不信任感。

第二阶段,自主与羞怯、怀疑阶段(1~3岁)。其主要心理矛盾是自主性对羞怯和怀疑。这一阶段的儿童,具备了基本的独立能力,如爬、走、跑、推、拉及语言能力。父母对儿童的各种教育与训练,使孩子产生了一定的自信,认识到了自己的能力,产生了自主感;另一方面,儿童又对自己依赖父母过多而感到羞怯,对超出自身能力的事情感到怀疑或担心。在这一阶段,父母要利用儿童的自信心,给予儿童适当的自主性和自由活动空间,让儿童多锻炼,减少他们的怀疑心理。

第三阶段,主动与内疚阶段(3~6岁)。其主要心理矛盾是主动性对内疚感。这一阶段的儿童有了更多自由活动的空间和自主性,他们能组织一些活动,如游戏,在活动中表现出自己的智慧与好奇心。他们通过活动学习成人角色,并对父母产生了如弗洛伊德所描述的恋父或恋母情结。后来,他们逐渐认识到这是不现实和不可能的,转向主动寻求社会上的同伴关系。如果儿童在学习成人角色时出现了失败,与自己依赖的父母或教师发生冲突,会产生内疚感。埃里克森认为:游戏是这个阶段儿童最喜欢的活动,对于发展儿童的同伴交往能力,促进儿童的社会性发展具有重要意义。个人未来在社会中所能取得的工作、经济上的成就,都与儿童在本阶段的主动性有关。

第四阶段,勤奋与自卑阶段(6～12岁)。其主要心理矛盾是勤奋感对自卑感。此阶段的儿童进入学校,开始接受系统的学校教育,学习成为他们的主要任务。儿童意识到要在班级占有一席之地,得到父母、教师、同学的认可和肯定,必须勤奋学习。因此,这个时候儿童会表现出学习的积极性,以获得学习的成功。同时,儿童又担心自己的学习能力,害怕学习失败。如果儿童在学习上能够不断取得进步,经常受到重要他人的肯定与赞扬,会变得越来越勤奋;相反,如果儿童在学习上屡遭挫折或失败,经常受到重要他人的批评或否定,就容易产生自卑感。因此,埃里克森认为,教师应该多关心儿童,给予儿童积极的肯定与支持,帮助儿童学会学习,克服他们的自卑感。

第五阶段,同一性和角色混乱阶段(12～18岁)。其主要心理矛盾是同一性对角色混乱。此阶段是儿童期的结束,青春期的到来。这个时期的青少年开始思考我是谁,我将来会报考什么学校、学习什么专业、从事什么工作、建立什么样的家庭等一系列问题。同一性是指个体在特定环境中自我整合与适应之感,是个体寻求内在一致性和连续性的能力,是对"我是谁""我将来的发展方向"以及"我如何适应社会"等问题的主观感受和意识。青少年进入青春期后,如果对上述问题有认真的思考,加之父母、教师等的正确引导,他们的自觉性、主动性、勤奋与努力就会发挥出来,实现有意义的同一性的机会就会增多;反之,就可能出现角色混乱。角色混乱的青少年容易脱离社会,违背社会准则,藐视他人,挑战权威,缺乏自知之明。埃里克森认为,青少年同一性的形成与前面四个阶段发展任务的完成息息相关,以后还会遇到种种挑战或威胁。因而,发展同一性是一个人终身的任务。

第六个阶段,亲密与孤独阶段(18～25岁)。其主要心理矛盾是亲密感对孤独感。此阶段的青年人,渴望工作、爱情与友谊,他们努力将自己的同一性与其他人的同一性融合起来。他们具备了独立工作与学习、谈情说爱、成家立业的能力。如果他们能够胜任自己的工作,与别人建立友谊、获得爱情,就为婚姻打下了良好的基础,能够产生一种亲密感;反之,如果不能获得友谊与爱情,在婚恋中遭遇各种麻烦或困扰,就会因为被他人疏远而产生孤独感。青年的亲密感与孤独感的危机,如果能够得到积极的解决,他们就能够体验到爱情的力量。

第七个阶段,繁殖与停滞阶段(25～60岁)。其主要心理矛盾是繁殖感对停滞感。此阶段是人生的中年期,是最重要的发展时期。许多人已经生儿育女,上有老,下有小,事业上取得了一些成就,担负起了教育子女、赡养老人的责任。此时,他们既要照顾家庭,使家庭幸福;又要教育子女,使子女成才;在工作中挑大梁,发扬自己所开创的事业,由此获得了繁殖感。如果在这个阶段,没有获得家庭幸福、子女成才、工作的成就,就会感到碌碌无为,没有发展前途,出现停滞感,并对下一个阶段的发展产生不良的影响。

第八个阶段,自我整合与绝望感(60岁以后)。其主要心理矛盾是自我整合感对绝望感。这是人生的最后阶段。人到老年,回味自己经历的风风雨雨,总结自己的一生,会产生自我整合感。具有良好自我整合感的人,会根据自己丰富的人生阅历,形成独特的生活风格。他们关心并帮助下一代,热衷公益事业,发挥自己的余热,充分展现自己的风采,让人生过得有滋有味,善始善终;反之,则会觉得人生短促,厌倦老年生活的枯燥乏味,对社会与人际关系冷漠,并产生对死亡的恐惧,对生活的绝望感。如果个体的自我整合感与绝望感之间的心理矛盾能够得到积极的解决,就能体验到生活的意义与智慧。

总之,上述每个阶段都有独特的心理矛盾,能否顺利解决这些心理矛盾,将直接影响到后面阶段的心理发展。一个人在心理发展过程中,总是遵循着自身的内在规律,在自我的指导下,沿着一条"之"字道路不断前进,发展并完善着人格。

【扩展性阅读】

我国著名心理学家朱智贤的心理发展观

我国著名心理学家朱智贤坚持用辩证唯物主义的观点探讨儿童发展中的现象,形成了自己的独到见解。朱智贤的主要学术观点主要表现在:

批判了遗传决定论、环境决定论和调和论,认为遗传是儿童心理发展的生物前提,为儿童心理发展提供了潜在可能性。环境和教育在儿童心理发展上具有决定作用。环境和教育是儿童心理发展的外部原因,它不是机械地决定儿童的心理发展,而是以儿童心理发展的内因为前提条件。环境和教育将儿童心理发展的潜在可能性变成现实性,决定着儿童心理发展的方向和内容、速度和水平。

儿童的心理特征既有稳定性,又有可变性。稳定性是根据儿童发展的普遍性来说的,可变性指不同社会文化、教育和经济条件对儿童心理发展速度和程度的影响。儿童心理发展的动力,来自儿童在不断积极活动的过程中,产生的新需要与原有心理水平之间的矛盾。

朱智贤对儿童心理发展的探讨,为我国发展心理学的研究奠定了重要的理论基础,对中国心理学界产生了很大影响。

第三节 影响小学生心理发展的因素

影响小学生心理发展的因素非常多,既有来自遗传的因素,也有来自家庭学校等方面的因素。小学生的心理发展是多种因素综合作用的结果。

一、遗传因素

遗传是指亲代的某种特性通过基因在子代再表现的现象。关于遗传的作用长期以来争论不休。有的学者特别强调遗传的作用,甚至把它夸大到比任何因素都重要的地位,他们通过对一些遗传因素引起的精神性疾病的研究、对双生子的研究、家谱分析法等的研究,鼓吹遗传决定论。其中对双生子的研究尤为突出。研究者基于这样的假设:如果双生子之间的差异性很大,说明后天的教育和环境起主要作用;如果他们之间的差异很小,说明遗传起主要作用。他们一是把在相同环境下成长的同卵孪生(monozygtic twins[MZ])与异卵孪生(dizygotic twins[DZ])进行比较研究;二是把在不同环境下成长的同卵孪生或异卵孪生之间进行比较研究,看他们之间的相关程度,以此推测环境或遗传的作用。例如,明尼苏达的研究者不仅测查了在一起抚养的 217 对同卵孪生子和 114

对异卵孪生子,还测查了分开抚养的 44 对同卵孪生子和 27 对异卵孪生子。被研究的孪生子的平均年龄为 22 岁。结果发现,几乎在比较的每个项目上,不论是分养抚养还是在一起的抚养的同卵孪生子都较异卵孪生子的相关系数大,并且同卵孪生子之间在许多方面差异都较小。这在某种程度上证明,遗传对人的发展确实起着作用(Lellegen et al.,1988)。(见表 2-1)

表 2-1　合养或分养的孪生子的差异比较(表中数据为相关系数)

特质	分养		合养	
	同卵	异卵	同卵	异卵
健康	.48	.18	.58	.23
社会能力	.56	.27	.65	.08
成就	.36	.07	.51	.13
应急	.61	.27	.52	.24
自我障碍	.48	.18	.55	.38
侵犯性	.46	.06	.43	.14
控制性	.50	.03	.41	.06
保守性	.53	.39	.50	.47
亲和力	.29	.30	.57	.24

英国科学家高尔顿(F. Galton)曾采用家谱分析法,比较研究了英国在政治、经济、文学、艺术等领域的 977 名名人的后代与 977 名普通人的后代,发现名人后代中有 322 人成为名人,而普通人后代中只有 1 人成为名人。于是他认为:"一个人的能力是由遗传得来的,它受遗传决定的程度,正如一切有机体的形态及躯体组织受遗传决定一样。"英国心理学家艾森克(H. J. Eysenck)认为 60%～70%的天才是由遗传决定的,只有 30%的天才是由环境决定的。

遗传决定论强调遗传的决定作用,认为个体心理发展及其个性品质早在基因中就决定了,发展只是内在因素的自然展开,环境和教育只起到引发的作用。遗传决定论者因过分强调作为先天因素的遗传的决定作用,从而忽略了后天的环境和教育对个体心理发展的影响,由此容易抹杀后天环境和教育转变遗传可能性的客观事实。但不可否认的是,遗传造成的个体差异提供了人身心发展差异的物质基础。尽管后天的教育、社会文化、家庭环境等因素对个体的心理发展起着至关重要的作用,但作为身心兼备的一个人,遗传因素也是不可忽略的。遗传作用导致的个体心理发展差异是客观存在的。

二、家庭因素

家庭是以夫妻为主体,包括父母、子女等亲属在内的社会关系的组织形式。它是个体过群体生活的一种最普遍、最固定和最持久的社会生活的基本单位。虽然许多大学生离开父母和家人到千里之外的高校求学,但仍与家庭脱离不了各方面的关系,家庭对小学生心理发展的影响是非常直接和深远的。家庭中很多因素都可以影响到小学生的心理发展,例如,家庭结构、家庭心理气氛、亲子关系等。其中父母的教养方式对小学生的影响最大。

父母的教养方式概括起来大致分为四种类型。

1. 溺爱型

父母爱子心切,宁肯自己省吃少穿,也要想方设法满足子女的要求,对子女的事情大操大办,甚至偏袒护短,娇惯纵容,养成了子女任性、懦弱、依赖、被动、为所欲为、骄横、自私自利等不良心理品质。

2. 专制型

父母对子女缺少慈爱、温暖和同情,常用粗暴的态度,命令、苛求、禁止、威吓等手段教育子女,把自己的意志强加给子女,经常干涉子女的行动,从而使子女情绪不稳,缺乏安全感,产生逆反心理,使子女与父母感情疏远,难以感受家庭温暖,难以建立自尊自信,缺乏独立性与自主性。

3. 放任型

父母认为子女是"树大自然直","子女是靠学校和社会教育出来的"。因而他们对子女缺乏责任心,采取放任自流的态度,很少关心子女的需求和进步,对子女的奖惩往往随心所欲,甚至对子女的缺点,不合乎道德规范的行为也不教育,甚至纵容。父母的放任行为,使子女形成了冷漠、自我控制力差、易冲动、不遵守社会规范,具有攻击性、情绪不稳定等不良人格特征。

4. 民主型

父母尊重子女的独立人格与意愿,对子女既不娇惯,也不过于严厉,不随心所欲地支配子女,关心子女成长中的进步与问题,对子女有明确合理的期望要求,能够坚持自己的正确原则,对子女的缺点、错误能够采用耐心恰当的方法加以解决。生活在民主型家庭里的子女,一般具有独立性、自信心、能动性、开朗、乐观、情绪稳定、对人亲切、能够与人合作、有进取精神等良好心理品质。

三、学校因素

学校是由专职人员承担的有目的、有系统、有组织的,以影响受教育者的身心发展为直接目标的社会机构。相比家庭教育而言,学校教育更为严谨和规范,有着比较系统的教育思想和教育体系以及科学的教育方法。小学是小学生学习和生活的主要场所,小学生知识经验的获得、道德品质的培养、个性的形成等都是由小学的教育质量决定的。小学教育在小学生的心理发展中起着十分重要的作用,其影响主要表现在两个方面。

一是开发小学生智能。智能主要指个体的认识能力。主要包括认识客观事物的正确性、敏捷性、深刻性、宽阔性和完善性,思维的分析、抽象、概括的水平,以及运用知识经验解决问题的能力等。小学生智能的发展虽然与脑的机能、遗传、成熟有重大关系,但主要是在教育条件下实现的。教育一方面要考虑到小学生身心发展的水平,关注其学习准备状态和接受程度,这是教育的出发点,是实施有效教育的前提;另一方面,适宜的教育能促进小学生心理发展的进程,提高其心理发展的质量。例如,小学生的智能发展水平常常与小学教育的质量、教师的教学水平有很大的直接关系。如果小学教师学识渊博、见解丰富、独特、富有创新,就能够加快小学生思维能力的发展。

小学教育影响小学生智能的发展是以掌握知识和技能为中介的。掌握知识和技能是智能发展的主要和必要的条件,但智能发展不等于掌握知识和技能。智能的发展是指心智活动本身所发生的质的变化,它有其自身的特点和过程。从心理学的角度来说,知识以思想内容的形式为人所掌握,技能以行为方式的形式为人所掌握。小学生从知识、技能的掌握到智能的发展是一个复杂的过程。小学生必须不断吸收、领会教师所传授的知识和技能,才能使自己的智能水平得到提高。

二是塑造小学生的个性品质。小学生个性品质的发展过程也是在小学教育的影响下逐步实现的。小学教育对小学生自我意识的完善、良好性格的形成、道德规范的内化、都有着重要的影响。首先,小学生生活在班级群体中,班级群体的各种规章制度以及班级群体的各种社会心理,都会对他们个性品质的发展产生一定的影响;其次,教师特定的社会角色及在小学生心目中的特定地位,特别是教师的教育方式与师生关系对小学生的影响是比较深远的。研究发现,在民主型教师的教育和管理下,小学生与教师的关系比较融洽,更愿意与教师交流与沟通,学习刻苦,各方面表现都比较主动和积极、情绪稳定、性格乐观开朗。另外,教师的威信对小学生心理发展的影响不能低估。学识渊博、人品高尚、威信高的教师,小学生对他们十分钦佩和信服,愿意把这些教师作为人生学习的楷模,愿意接受他们的教诲和帮助。

教育对小学生心理发展的影响是比较复杂的。一方面,教育是一种教师与学生的双边活动,教师要激发学生的活动,使其积极主动地接受教育,就必须考虑学生的接受能力,充分考虑学生已有的身心发展水平和他们的个别差异而进行因材施教,这才是有效的教育;另一方面,如果教育不得法,违背了学生心理发展的规律,则可能对其心理发展产生不利的影响,成为发展的阻力。

四、社会环境因素

纵观小学生的心理发展,社会化是必然经历的过程。人是社会的产物,小学生要适应社会发展的要求,就必须掌握社会的文化知识和技能、道德规范和价值观念,按照社会的要求行事,做一个合格的公民。

政治和经济是社会得以运行的基础。我国现阶段的政治制度、针对教育出台的相关政策,能够积极地影响小学生的心理发展。文化是在一特定群体或社会的生活中形成的,并为其成员所共有的生存方式的总和,其中包括价值观、知识、信仰、艺术、法律、风俗习惯、风尚、生活态度及行为方式,以及相应的物质表现形式。[①] 任何文化一经形成和巩固,就影响到社会成员的心理发展,给其心理打上深刻的烙印,使其建构起相似的心理结构,形成类似的性格特征,并表现出相似的思维方式、情感体验、行为模式。我国传统文化提倡勤奋、节俭、求同、自抑、忍让、保守知礼、循规蹈矩、淡泊谦逊,这些对小学生的生活方式与性格的形成和发展都有一定的影响。

在现代社会,大众传播媒介如广播、影视、报纸、书籍、网络等在人们的社会生活中所

---

① 周晓虹.现代社会心理学——多维视野中的社会行为研究[M].上海:上海人民出版社,1997.

占的地位愈加重要，它们无所不在，无所不能，对小学生的个性塑造、社会认知、情感培养等方面都起着潜移默化的重要作用。大众传播媒介在丰富小学生课余生活、开阔小学生视野、促进小学生社会化的同时，媒介中一些色情、暴力、崇尚金钱、享乐至上的内容也对小学生产生了负面的影响，在某种程度上妨碍了他们心理的健康成长。总之，小学生的心理发展受到多种因素的综合影响。小学教师在促进小学生心理发展的时候，要充分考虑这些因素，并加以正确的引导。

本章小结

1.小学生的心理发展是指小学生从入学到小学毕业所发生的心理变化过程。小学生的心理发展主要具有连续性和阶段性、协调性与开放性、可塑性与不平衡性的特点。

2.皮亚杰认为，儿童心理发展的动力是儿童对环境的适应，主要表现为儿童对环境的同化、顺应和平衡。儿童的心理发展分为四个阶段，每个阶段有其不同的特点。维果茨基认为，心理发展的实质是在教育与环境的影响下，在低级心理机能的基础上，逐渐向高级心理机能的转化过程。埃里克森认为，人类的心理发展主要是个体与社会交互作用的结果，并提出了心理发展的八阶段理论，在每一个阶段都有特定的心理矛盾或心理危机需要解决。

3.小学生的心理发展受遗传和学校、家庭、社会环境等的影响。遗传造成的个体差异提供了人身心发展差异的物质基础。家庭中很多因素都可以影响到小学生的心理发展。学校教育在小学生的心理发展中起着十分重要的作用。

复习思考题

1.概念解释

小学生心理发展　同化　顺应　平衡　最近发展区

2.问题简答

(1)小学生的心理发展有何特点？

(2)皮亚杰把儿童心理发展分为哪几个阶段，每个阶段各有什么特点？

(3)埃里克森提出的心理发展的八阶段理论包括哪些主要内容？

3.理论论述

(1)论皮亚杰儿童心理发展理论的要点。

(2)论维果茨基的"最近发展区"思想对教师搞好教学的启示。

(3)论影响小学生心理发展各种因素的作用。

4.实践探索

（1）分析家庭中父母的教养方式对小学生心理发展的影响。

（2）探讨学校因素对小学生心理发展的影响。

5.案例分析

在生活中我们常常看到，小学生崇拜和喜欢教师，对教师比较服从，唯教师马首是瞻，与教师的关系比较和谐，而初中生则比较冲动、任性，逆反心理比较强，与教师的冲突与矛盾相对较多。为什么小学生的心理发展与初中生的心理发展区别比较大，是什么原因导致的？谈谈你的看法。

第二编

小学生的发展心理

第三章　小学生的认知发展

【学习问题】

什么是认知发展？小学生注意、记忆、思维及言语有哪些发展规律和特点？在教学中，教师如何依据小学生的认知发展规律和特点组织教学，以有效促进学生的学习？

【学习目标】

了解认知发展的含义，掌握认知发展理论，理解小学生注意、记忆、思维及言语的发展规律和特点，并能运用所学知识有效地组织教学。

【学习方法】

在学习本章时，要认真通读全文，对小学生的认知发展有全面的理解，若有不懂的地方，请自行查阅有关资料，并与其他学习者共同探讨。

第一节　概　述

小学生每天都生活在一个丰富多彩、瞬息万变的世界中。无论是生活还是学习，都需要小学生不断地感知、注意和记忆大量的外界信息，思考各种问题，所有这些都属于认知活动。认知活动是保证小学生能够顺利学习的必要条件，认知发展水平是影响小学生学习效果的关键因素。

一、认知发展的含义

认知（cognition）在心理学上是一个常用的概念，但对其确切含义的解释，却没有定论。随着信息加工理论的出现，心理学家倾向认为，认知是指那些能使个体获得知识、解决问题的操作和能力。这种对认知的解释，即包含了一种动态性的加工过程（认识），也包含了一种静态性的内容结构（知识）。而认知发展是指个体获得知识和解决问题的能力随时间的推移而发生变化的过程和现象。从信息加工的观点来看，认知发展就是人的信息加工系统不断改进的过程，既包括感知、注意、思维、记忆、言语等认知过程及其品质的发展，也包括认知结构的发展及解决问题等能力的发展。

二、认知发展的结构

认知发展的结构是指个体认知发展所包括的成分及这些成分之间的相互关系。认知发展应该包括哪些结构，不同的研究者往往有不同的理解。根据弗拉维尔（J. H. Flavell, P. H. Miller & S. A. Miller, 2001）以及陈英和（2013）等人的研究，我们认为认知发展主要包括以下内容。

（一）感知觉的发展

感知觉是个体认识世界和自我的手段。个体主要依靠感觉来探索世界、了解自我，形成关于客观世界的概念和自我概念。研究者主要关注个体感知能力的发生与发展。

（二）注意的发展

注意是对一定对象的指向和集中。注意始终伴随着人类的心理活动，是人类从事各种认知活动的必要条件。一切认知过程如果没有注意的参与，就会变成视而不见，听而不闻。研究者关注的是注意的特点、注意的品质以及提高注意力的途径与方法。

（三）记忆的发展

记忆是个体经验积累和心理发展的重要前提。研究者主要关注个体的记忆能力、记忆策略的发生与发展，并探讨影响记忆的各种因素。

（四）思维的发展

思维是个体对客观事物间接和概括性的反映。表征与概念是思维的主要形式。表征是指信息或知识在心理活动中的表现和记载的方式。人类有动作表征、肖像表征和符号表征三种表征系统，这三种表征系统的相互作用是认知发展的核心。概念反映客观事物一般的、本质的特征，是人类进行一切认知活动的基础。

推理是指从具体事物中归纳出一般规律，或者根据一般原理推出新结论的思维活动。问题解决是由一定的情景引起的，按照一定的目标，应用各种认知活动、技能等，经过一系列的思维操作，使问题得以解决的过程。推理是问题解决过程中重要的思维操作。推理的类型、推理的心理机制、问题解决的过程与策略都是认知发展研究的重要内容。

（五）言语的发展

言语是个体心理交流的重要工具和手段，对个体的认知和社会性的发生发展具有重大意义。研究者主要关注个体言语发生发展的心理机制及言语发展的规律和特点。

（六）社会认知的发展

社会认知以人类和社会事件为对象，指的是关于人们对其所作所为的认知。研究者主要关注的是个体对自己和别人各种心理活动及思想观点、个性品质等的认知，关于人与人之间的各种双边关系的认知，关于社团内部及社团之间各种社会关系的认知。

上述认知发展的结构是相互联系、相互影响的。在本章，我们根据小学生认知发展的特点及学习任务，着重探讨小学生的注意、记忆、思维和言语的发展，小学生的社会认知的发展则在第五章小学生的社会性发展一章中进行专门的阐述。

第二节　小学生的注意发展

小学生的主要任务是学习。小学生要想搞好学习，取得优异的学习成绩，在学习中就必须专心致志，全神贯注，因此教师会向小学生提出注意的要求与任务，这些要求与任务成为小学生注意发展的催化剂。

一、小学生注意品质的发展

注意品质是衡量小学生注意力发展的重要指标。注意品质包括注意广度、注意稳定性、注意的转移和注意的分配。总体来看，小学生的注意品质还不够完善，正处于发展中。

（一）注意广度的发展

注意的广度也称为注意范围，是指在单位时间内个体能清楚把握对象的数量，是注意在空间上的特征。小学生的注意广度相对较小，会随着年龄增长、知识经验的丰富而逐渐扩大。研究表明（伍新春，2004），小学生对散状排列图点的视觉注意广度，比横向排列图点的视觉注意广度大；对分组图点的视觉注意广度比散装图点的要大，其原因是分组图点中被感知的对象排列组合得有规律，相互之间能成为有机联系的整体，注意的范围就越大，反之注意范围就越小。这表明，学习材料的适当组织有利于小学生注意广度的提高。因此，教师在教学中，为提高小学生的注意广度，要板书规整，讲课条理清晰，语句抑扬顿挫，并善于把散乱的知识有规律地呈现给学生。注意广度的扩大，能提高小学生的学习效率。所谓一目十行，就是建立在较大注意广度的基础之上的。

（二）注意稳定性的发展

注意稳定性指注意保持在某种事物或某种活动上的时间长短，是注意在时间上的特征。保持的时间越长，注意的稳定性越高。

小学生注意的稳定性随年龄的增长而提高，其发展的速度超过幼儿期和中学阶段。这与小学生心理活动的有意性迅速发展有关。6～10岁期间，儿童的注意的定向与稳定性有显著提升（王伟平，苏彦捷，2007）。小学生与幼儿相比能更好地把注意集中在与其目标有关的那些事物上，并筛选掉无关的信息，避免环境噪声带来分心（Goldberg，Maurer & Lewis，2001；Tabibi & Pfeffer，2007）[1]。研究表明，7～10岁的小学生一般情况下能持续集中注意20分钟左右，10～12岁的学生约为25分钟，12岁以上的学生可以达到30分钟。张学民、申继亮、林崇德等人（2008）对小学一、三、五年级学生的视觉选择性注意的发展及其影响因素进行了研究，主要考察分心物数量、线索有效性和目标新异性对小学生注意发展的影响。结果表明：（1）小学三年级学生表现出显著的注意阶段性波动；（2）小学一年级到五年级学生在视觉选择注意的加工速度上要比成人慢300～1100毫秒，这表明他们的视觉选择注意加工速度仍然处于持续发展的过程；（3）有效线索提示的目标、新异刺激有助于提高小学生选择注意的加工速度。[2]

注意的稳定性是小学生从事学习活动所必需的，影响着学习的效果。小学教师只要把教学内容组织好，就能使学生在一堂课的时间内保持较稳定的注意而不出现疲倦的现象。因此，提高小学生的注意稳定性十分重要。小学生的注意稳定性受以下因素的影响。

---

① 雷雳.简明发展心理学[M].北京：开明出版社，2012.
② 张学民，申继亮，林崇德，等.小学生选择性注意能力发展的研究[J].心理发展与教育，2008（1）：19—24.

1.注意对象的特点

一般而言,内容丰富、活动的注意对象使小学生的注意力更加稳定和持久;反之,内容贫乏、单调而静止的注意对象,容易引起小学生的分心。例如,小学生会花更多时间关注一幅色彩丰富的图画而不是一个透明的玻璃茶杯。但过于复杂、变化莫测的注意对象容易使小学生产生疲劳感,导致注意的分散。

2.身体状况和精神状态

小学生只有在身体健康、情绪良好、精力充沛的情况下,才能在学习中全身心投入,注意稳定性最好。所以,教师要让小学生的学习动静相结合,并获得充足的课间休息时间,以确保他们在课堂教学中能全神贯注地学习。此外,小学生对学习的态度,对学习目的和意义的认识,是否有浓厚的学习兴趣等,都是影响注意稳定性的因素。

与注意稳定性相反的注意品质是注意的分散性,即"分心",是指注意离开当前应当完成的活动任务而被无关刺激所吸引,如学生在课堂上东张西望、与周围同学小声说话等。小学生自控能力较弱,很容易出现分心现象。

(三)注意分配能力的发展

注意的分配是指在同一时间内把注意分配到两种或两种以上不同对象上的能力。如学生边听讲边记笔记。刘景全、姜涛等人(1993)使用"注意分配仪"对小学生注意分配的发展做了研究,结果发现,小学生的注意分配能力在比较平缓地发展着。小学一年级学生明显地表现出不善于分配注意的现象,如让他们边抄写算术题边思考解题方法,会感觉很困难。到中高年级以后,小学生对书写熟练了,才能把注意同时分配到听讲、抄写或思考上。

影响注意分配的条件主要有两点。

1.必须有一种活动达到熟练的程度

要让小学生进行两种以上任务间的注意分配,必须让他们对其中一种任务达到熟练的程度。例如,小学生边唱歌边打拍子,就必须熟练所唱的歌曲。

2.同时进行的几种活动之间必须相互关联

小学生同时进行的几种活动通过练习能建立起一定的联系,形成统一的动作系统,才能较好地分配注意,完成这些活动。如小学生在听课的同时认真做好笔记,就符合此原理。

(四)注意转移能力的发展

注意的转移是指个体根据新的任务主动地将注意从一个对象转移到另一个对象。对学生而言,就是学生根据新的需要有目的地将注意转向新的对象,使一种活动为另一种活动所代替。如上完一节语文课后,主动把注意转移到下一节数学课的学习。林镜秋(1996)等人研究了小学生注意转移能力发展的情况,结果表明,小学生注意转移的综合反应时间随年龄的增长呈下降趋势。五年级学生注意转移时的综合反应时间比二年级学生平均少了2.17秒,差异非常显著(见表3-1)。这种差异表明五年级学生注意转移的速度比二年级学生明显变快。

表 3-1 小学二年级、五年级学生综合反应时间比较

年级	平均数（秒）	标准差
二年级	5.5150	1.9173
五年级	3.3400	1.0720

注意转移的快慢和难易程度受以下因素制约。

1.对原来活动的注意紧张程度

小学生对原来活动的兴趣越浓厚、活动吸引力越大、注意力越集中，注意转移就越困难；反之，对原来的活动缺乏兴趣、活动吸引力小，注意就越容易转移。

2.新对象的吸引程度

如果引起注意转移的新活动意义重大，符合小学生的需要和兴趣，那么即使先前的活动吸引力很强，他们也能顺利地实现注意的转移；反之，若学生对新活动的意义理解肤浅，或者不符合他们的兴趣，即使先前活动的吸引力不强，学生也不能顺利地实现注意的转移。

因此，小学教师要根据小学生注意转移的特点，有针对性地组织和设计好课堂教学，有效调动起学生的学习兴趣，让学生理解学习的重要意义，从而帮助学生及时把注意力转移到本课程的学习上，并帮助学生逐渐提高注意转移能力。

总之，小学生的各项注意品质都在急速发展，教师要抓住这一有利时机，通过课内外的各种活动，促进小学生注意的发展。

【扩展性阅读】

注意缺陷与多动障碍

注意缺陷与多动障碍（Attention deficit and hyperactivity disorder，ADHD），俗称多动症，指发生于儿童时期，与同龄儿童相比，以明显注意集中困难、注意持续时间短暂、活动过度或冲动为主要特征的一组综合征。多动症是在儿童中较为常见的一种障碍，其患病率一般报道为 3%～5%。

一、诊断标准

目前多采用《美国精神障碍诊断与统计手册（第 4 版）》（DSM-IV）中关于 ADHD 的诊断标准。

（一）症状标准

1.注意缺陷症状

符合下述注意缺陷症状中至少 6 项，持续至少 6 个月，达到适应不良的程度，并与发育水平不相称：①在学习、工作或其他活动中，常常不注意细节，容易出现粗心所致的错误；②在学习或游戏活动时，常常难以保持注意力；③与他说话时，常常心不在焉，似听非听；④往往不能按照指示完成作业、日常家务或工作（不是由于对抗行为或未能理解所致）；⑤常常难以完成有条理的任务或其他活动；⑥不喜欢、不愿意从事那些需要精力持久的事情（如作业或家务），常常设法逃避；⑦常常丢失学习、活动所必需的东西（如玩具、课本、铅笔、书或工具等）；⑧很容易受外界刺激而分心；⑨在日常活动中常常丢三落四。

2.多动/冲动症状

符合下述多动/冲动症状中至少6项,持续至少6个月,达到适应不良的程度,并与发育水平不相称:①常常手脚动个不停,或在座位上扭来扭去;②在教室或其他要求坐好的场合,常常擅自离开座位;③常常在不适当的场合过分地奔来奔去或爬上爬下(青少年或成人可能只有坐立不安的主观感受);④往往不能安静地游戏或参加业余活动;⑤常常一刻不停地活动,好像有个机器在驱动他;⑥常常话多;⑦常常别人问话未完即抢着回答;⑧在活动中常常不能耐心地排队等待轮换上场;⑨常常打断或干扰他人(如别人讲话时插嘴或干扰其他儿童游戏)。

二、病程标准

①某些造成损害的症状出现在7岁前;②某些症状造成的损害至少在两种环境(例如学校和家里)出现;③严重程度标准:在社交、学业或职业功能上具有临床意义损害的明显证据;④排除标准:症状不是出现在广泛发育障碍、精神分裂症或其他精神病性障碍的病程中,亦不能用其他精神障碍(例如心境障碍、焦虑障碍、分离障碍或人格障碍)来解释。

二、小学生注意的发展特点

(一)无意注意占优势,逐步发展到有意注意占主导

小学低年级学生无意注意仍起重要作用,而他们的有意注意基本上是被动的。这是因为他们神经系统活动的内抑制能力尚未发展起来。随着小学生年龄的增长,大脑不断成熟,以及教学提出的要求和教师的训练,会使小学生的有意注意逐步发展起来。到了四、五年级,小学生的有意注意基本上占主导地位。

(二)具体直观事物的注意占优势,对抽象材料的注意在发展

小学低年级学生的知识水平和言语水平很有限,具体形象思维占重要地位,因此,具体直观形象的事物容易引起他们的注意。教师在课堂上可利用一些教学模具来吸引小学生的注意力。随着小学生学习活动的发展和知识水平的提高以及抽象逻辑思维能力的发展,他们对具有一定抽象水平的材料的注意也逐步发展起来。

(三)注意有明显的情绪色彩

小学生由于大脑与神经系统的内抑制能力尚未充分发展,一个兴奋中心的形成往往波及其他相应器官的活动,面部表情、手足乃至全身都会配合活动,注意表现出明显的情绪色彩。例如,小学生在课堂上听得入神和高兴,往往会露出欣喜的笑脸,甚至手舞足蹈。随着大脑的成熟,他们的这种情绪会慢慢受到控制。

(四)不善于调节和控制注意力

生动、具体、新颖的事物比抽象的概念、定理更能引起小学生的兴趣和注意。因此在学习一些抽象任务时,小学生在课堂上很容易被一些无关刺激所吸引。例如,他们有时会被课件上可爱有趣的动画吸引,而不去看真正要学习的内容。随着学习能力的提高,他们的注意调节能力和控制力会逐渐增强。

(五)注意的范围小,注意力的分配和转移能力较弱

由于小学生的大脑未发育完全,学习的知识有限,所以他们的注意范围较小,注意分

配能力和转移能力较弱,常出现顾此失彼的现象。随着年龄的增长、心智的成熟,小学生的注意力范围会逐渐扩大,具有更好的分配和转移能力。

三、小学生注意力的培养

注意贯穿于小学生心理活动的全部过程。培养良好的注意能力,对于发展小学生的认知和个性、顺利完成学习任务是非常重要的。要培养小学生的注意能力,必须遵循注意活动本身的规律,并施加各种有效措施。

(一)正确运用无意注意的规律组织教学

小学生以无意注意为主,教师在教学中要充分利用无意注意的规律提高教学效果,并有效避免无意注意的消极影响。

1.创设良好的教学环境,避免无关刺激的干扰

无意注意缺乏目的性,很容易被无关刺激干扰,因此,教师要为学生营造安静的教室外环境和整洁、朴素的教室内环境,避免因为过多的无关刺激,使学生的注意力分散。课前准备时,教师可以要求学生上课用什么就准备什么,不需要的学习用品,不要放在桌面上。

2.有效使用多媒体教学,吸引学生的注意力

客观刺激物的强度、对比、新颖性和活动性是引起无意注意的重要因素。多媒体教学的特点是图、文、声、像并茂,能向学生提供形式多样、功能各异的感性材料。多媒体教学中,形象生动的画面、标准逼真的情境朗读、悦耳的音乐背景、妙趣横生的益智游戏,能有效引起学生的无意注意,让他们主动探索,积极进取,使其会学、愿学和乐学。

3.注重教学内容的组织和教学形式的多样化

个体的知识经验是影响无意注意的主要因素。学生更愿意学习与自己知识经验相关的事物。因此,教师要善于把教学内容与学生的知识经验相联系,通过提供具体实例,引起学生的直接兴趣,维持他们的无意注意。此外,教师在上课时,要善于运用多种教学方法和手段,以激发学生饱满的情绪反应,调动起学习的积极性。

(二)善于运用有意注意的规律组织教学

有意注意是人所特有的一种心理现象,它是有目的的、具有一定意志努力的注意,在实际的教学中组织好学生的注意是教学成功的一个重要条件。

1.明确学习目的,激发学习兴趣

学生的学习目的越明确、越具体,越容易引起和维持其有意注意。兴趣是最好的老师。教师在教学中要善于激发学生的求知欲望,引发认知兴趣。强烈的好奇心和旺盛的求知欲,可使学生对不了解的事物产生新奇感和兴奋感,驱使学生积极进取、主动思考。

2.培养学生良好的注意品质

在智力相差不多的情况下,学习效果往往与学生的注意品质和习惯紧密相关。唐宏(2008)用注意量表测验和眼动实验的方法来探讨注意加工水平与小学生学业成就的关系,结果发现,学习优秀学生的注意资源的容量显著多于学习困难学生,并且能更有效地

运用注意资源;学习优秀学生抑制分心物的能力显著高于学习困难学生。[①] 教师在教学中,如果能有意识地对小学生的注意品质进行培养和训练,他们的注意品质就会有明显提高,进而提高其学习效果。

第三节　小学生的记忆发展

记忆是个体对其经验的识记、巩固、回忆和再认。记忆在人类的生活中具有重大意义,有了记忆,人类才有知识的积累、丰富的经验。没有记忆,一切心理现象都不能发展。小学生在学习过程中,教师经常会对他们提出记忆的要求,如要求他们记住单词、句子、数学公式等。这些促使小学生的记忆在量和质两方面都有了进一步的发展。

一、小学生记忆量的发展

小学生记忆量的发展主要表现在记忆广度和记忆保持时间两个方面。

记忆广度是指个体在单位时间内所记住材料的最大数量。小学生的记忆广度随年龄的增长而不断扩大。研究表明,学前儿童和小学生同时识记 15 个单词,学前儿童平均只能识记 3～5 个,而小学生平均能识记 6～8 个。小学高年级学生所能记忆的材料的数量增长较快。

记忆保持时间是指从识记材料开始到能对材料回忆之间的间隔时间。洪德厚(1984)对小学生记忆发展的研究结果表明:小学生记忆保持时间随着年龄的增加而延长,记忆保持时间在 8 岁、10 岁、12 岁有较大幅度的增长。小学生记忆保持时间的长短还受很多因素的影响,例如,是否对材料感兴趣,对记忆对象的感知是否清晰,记忆对象能否引起小学生的情绪体验,以及对识记材料是否理解等。一般而言,凡是小学生感兴趣,引起他们强烈情绪体验、易于理解的事物,他们记忆保持时间较长一些。小学教师在教学中应注意这些因素。

二、小学生记忆质的发展

小学生的记忆能力正在发生着本质的变化,主要表现为:

(一)无意识记和有意识记的发展

无意识记是指没有明确目的,且不需要付出意志努力的识记;有意识记指有预定目的,并需要付出意志努力的识记。

学前期是儿童无意识记快速发展的时期。进入小学后,其无意识记继续发展。小学生的有意识记在三年级以后逐渐占主导地位。北京师范大学儿童心理所和天津师范大学教科所(1983)在协作研究中,比较了二年级与四年级学生的有意识记和无意识记正确回忆的百分比,发现二年级学生的有意识记为 43.0%,无意识记为 42.8%;四年级学生的有意识记为 51.5%,无意识记为 43.8%。这说明,二年级学生的有意识记和无意识记

[①] 唐宏.不同学业成就小学生注意加工水平的比较研究[J].心理科学,2008(5):1143－1146,1138.

的效果差别很小,到小学四年级以后两者的差别明显。小学教师既要有计划地发展小学生的有意识记,促进小学生有意识记的发展,也要重视和提高小学生的无意识记,因为他们的许多知识是通过潜移默化的无意识记获得的。

(二)机械识记和意义识记的发展

机械识记是指没有理解材料或事物的意义,依据其外部联系而进行的识记;意义识记是指在理解材料或事物的基础上,依据其内在联系,运用已有的知识经验而进行的识记,即理解识记。

在小学阶段,小学生的机械识记和意义识记都有不同程度的发展。唐宏(2008)对小学二年级和四年级学生意义识记和机械识记的效果进行比较发现,小学生意义识记的效果优于机械识记,并且两种识记都随年级增高而发展。

小学低年级学生由于抽象逻辑思维尚未发展,不善于对记忆的材料进行思维加工,因而较多地运用机械识记。随着知识经验的丰富,言语和思维的发展,小学生的意义识记日益增强,机械识记相对减少。在学习过程中,由于记忆材料或学习要求的不同,两种识记方式对小学生都是必需的。因此,小学教师既要重视学生意义识记的培养,也不能忽视机械识记的作用。

(三)形象记忆和语词记忆的发展

形象记忆是以感知过的事物的形象为内容的记忆;语词记忆是对事物的关系以及事物本身的意义和性质等为内容的记忆。前者与形象思维密切联系,后者与抽象思维密切联系。小学生的知识经验较少,形象思维占优势,他们的具体形象记忆的作用非常明显。例如,我国对小学生进行了记忆三种不同性质材料的实验,延缓重现的结果见图3-1。

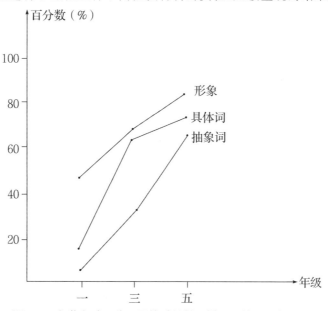

图 3-1　小学生对三种不同性质材料延缓重现的百分数

从图3-1可以看出:(1)无论何种性质的记忆都随小学生的年龄增长而提高;(2)任何年级的小学生都表现出形象记忆最容易,具体词次之,抽象词最难;(3)从增长速度看,小学生的形象记忆增长速度慢,抽象词记忆增长速度快;(4)从差异看,小学低年级形象记忆和抽象词记忆差异大;到小学高年级,差异缩小。[①]

（四）瞬时记忆、短时记忆和长时记忆的发展

当客观刺激停止使用后,感觉信息在极短的时间内保存下来,这种记忆叫瞬时记忆或感觉记忆,它是记忆系统的开始阶段。瞬时记忆的储存时间为 0.25～2 秒。如果这些感觉信息进一步受注意,则进入短时记忆,短时记忆的保持时间为 5 秒到 2 分钟。一般认为,成人短时记忆的容量为 7±2 个组块。长时记忆是指信息经过深度加工后,在头脑中长时间保留下来,储存时间从 1 分钟以上到许多年,甚至终生不忘,容量没有限度。由此可见,这三种记忆在保持时间和记忆容量方面存在着本质的差异。

对小学生记忆发展的研究,多集中在短时记忆的研究上。许智权(1986)对小学生的短时记忆广度的研究结果表明,小学生随着年级的升高,对三种记忆材料(数字、字母、部首)的短时记忆广度增加。陈辉(1988)对小学二年级和五年级学生短时记忆的研究结果见表 3-2。

表 3-2　小学生各种材料的短时记忆容量比较

材料	二年级	五年级
单字	3	4
双字词	3	4
四字成语	1	3
无关两字	1	2
一位数	4	6
两位数	2	3
实物图形	3	3
复杂几何图形	1	2

上表数据表明,小学生的短时记忆容量受记忆材料、年龄等因素的影响,无论何种性质的记忆材料,五年级儿童的记忆容量都比二年级大。

（五）记忆策略的发展

随着学习任务的开展,小学生的加工和保留信息的能力稳步增强,能够有效使用多种记忆策略。研究认为,在小学时期,儿童主要使用外部帮助、有意复述、组织分类和精细加工四种记忆策略(Papalia & Feldman,2012),而且随着年龄的增长他们能越来越自主、有效地使用这些记忆策略(雷雳,2017)。小学生在面对一项记忆任务时可能会使用不止一种记忆策略,而且也可能会针对不同的问题采用不同的记忆策略,灵活采用记忆策略的小学生会有更好的记忆效果(Schneider & Hunnerkopf,2009)。

[①]　朱智贤.儿童发展心理学问题[M].北京:北京师范大学出版社,1982.

三、小学生记忆能力的发展

小学生记忆能力的发展主要表现在再认和回忆等方面。

(一)再认

当过去经验中的事物再次呈现时仍能被认识,即称为再认。测查小学生再认能力的一般模式是:先给被试呈现一组刺激物,隔一段时间后,再给被试呈现一组更多的刺激物,要求被试辨认哪些是曾经看过的刺激物,哪些是新的刺激物。应用这种方法,德克斯等人(Pirks & Neisser,1977)曾给小学一、三、六年级的学生出示一大堆玩具,然后拿走一部分玩具,又加入一部分玩具,要求被试说出这堆玩具有什么变化。结果发现,小学生的再认能力随年龄的增长而发展。

曼德勒等人(Mandler & Robinson,1978)更为具体地研究了小学生在特定情景下再认能力的年龄差异。他们给小学一、三、五年级的学生出示一些画有多种家具的照片,每个年级的被试分为两组。第一组被试看到的家具照片的摆放与真实生活情景相似(设置意义识记的场景),第二组被试看到的家具照片的摆放是随机的,与真实生活情景有差别(设置机械识记的场景),结果发现,第二组被试的再认成绩没有表现出明显的年龄差异,而第一组被试的再认成绩则表现出随年龄的增长,再认能力增强的特点。这说明年长学生比年幼学生更善于利用自己已有的知识经验去指导当前的记忆活动。

(二)回忆

回忆是指过去经验中的事物不在面前而在头脑中再次重现并加以确认的过程。由于回忆不存在原有刺激物的提示作用,因此,回忆比再认更为困难。回忆分为两类,一类是线索回忆,指回忆有某种较为具体的外在线索的帮助;另一类是自由回忆,指回忆的线索较为笼统或抽象。一般来说,小学生的回忆能力随年龄的增长而提高,对外在线索的依赖性越来越小。

科尔等人(Cole,Frankel & Sharp,1974)曾对6岁、9岁、14岁儿童的回忆能力进行了测查,结果见图3-2。

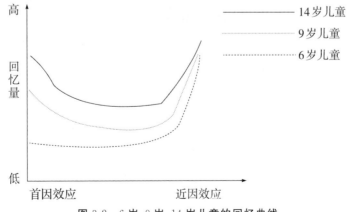

图 3-2　6 岁、9 岁、14 岁儿童的回忆曲线

图 3-2 的曲线表明,不同年龄阶段的儿童对记忆材料表现出不同的"系列位置效应"。所有被试在回忆时都表现出了近因效应,9 岁和 14 岁儿童还同时表现出了首因效应。小

学生的回忆能力随年龄的增长而增强。

此外,利本(Liben,1981)对小学一至五年级学生的研究结果表明,处于具体运算阶段的学生比处于前运算阶段的学生的回忆准确性高;处于前运算水平的学生在对刺激进行编码的时候就发生了对信息的曲解情况。

四、小学生记忆能力的培养

小学生的记忆发展对他们的学习至关重要。教师要有意识地采取各种措施培养小学生的记忆能力。

(一)充分利用无意识记的规律

无意识记对于小学生,特别是小学低年级学生的记忆能力的提高具有重要作用。由于小学生注意力集中持续时间较短,使其在音乐、游戏、活动的情景中进行学习,效果会更好。因此,教师要充分利用生动、具体的教学手段进行教学,以促进小学生记忆力的提高。

(二)培养学生有意识记的能力

小学生的识记目的和任务大多由教师提出,这不能完全适应他们的学习。为了促进小学生有意识记能力的发展,老师应逐渐要求学生自觉、独立地提出识记的任务,由被动识记转为主动识记,形成自觉学习的习惯。由于小学低年级学生还不能自觉地督促检查自己的记忆效果,甚至不知道怎样才算记住了所学的功课,教师还应逐步教会学生自觉地检查自己的识记效果,以提高学生的记忆效果。

(三)培养学生意义识记的能力

理解是意义识记的前提,只有小学生透彻地理解了学习内容,掌握了学习内容的内在联系,才能有效地进行意义识记。所以,教师要帮助学生透彻地理解教材。另外,还要教给学生记忆的方法,如意义联想、组织策略等,促进其意义识记的发展。同时,教师也要适当训练他们的机械识记能力。

【扩展性阅读】

读书笔记造就钱锺书惊人记忆力

许多人说,钱锺书记忆力特强,过目不忘,国外的学者甚至说钱锺书具有"照相机式"的记忆力。他本人却并不以为自己有那么"神"。他只是好读书,肯下功夫,不仅读,还做笔记;不仅读一遍两遍,还会读三遍四遍,笔记上不断地添补。所以他读的书虽然很多,却不易遗忘。

他做笔记的习惯是在牛津大学图书馆读书时养成的,因为图书不外借。到那里去读书,只准携带笔记本和铅笔,书上不准留下任何痕迹,只能边读边记。钱锺书深谙"书非借不能读也"的道理,有书就赶紧读,边读边做笔记。他爱买书,新书的来源也很多,不过多数的书是从各图书馆借的。

做笔记很费时间。他做一遍笔记的时间,约莫是读这本书的一倍。他说,一本书,第二遍再读,总会发现读第一遍时会有很多疏忽。最精彩的句子,要读几遍之后才发现。

钱锺书每天总爱翻阅一两册中文或外文笔记,常把精彩的片段读给夫人杨绛听。

他这些笔记，都附带自己的评论，亦常常前后参考、互相引证。

不论古今中外，从博雅精深的历代经典名著，到通俗的小说院本，以至村谣俚语，他都互相参考引证，融会贯通，而心有所得，但这点"心得"还待写成文章，才能成为他的著作。

钱钟书的博闻强记，在杨绛先生看来，一方面是他的天才的表现，另一方面是靠他的用功与勤奋。

（四）及时组织复习、防止遗忘

遗忘是头脑中反映的事物及其联系的消退或抑制。德国心理学家艾宾浩斯（H. Ebbinghaus，1885）通过实验研究发现遗忘进程是先快后慢。根据这一规律，防止小学生遗忘的最好办法是组织其及时复习。开始复习时，次数宜多，时间宜长，间隔宜短，以后可逐渐减少复习的次数与时间，扩大复习的间隔。小学教师每天给学生布置适当的作业，分阶段复习，就是应用了及时复习的方法。另外，从复习的效果看，分散复习比集中复习效果好。分散复习是每隔一段时间重复学习，集中复习是集中一段时间重复学习。对于多数学科而言，分散复习更有益于保持记忆。

第四节 小学生的思维发展

思维是客观事物在人脑中的概括和间接反映。小学生的思维能力关系到他们对所学知识的理解和运用，关系到他们的学习效果。教师要重视和培养小学生的思维能力。

一、小学生思维发展的一般特征

小学低年级学生的思维往往以形象思维为主，随着年龄的增长、知识经验的丰富、大脑的发育，小学生的思维发展表现出以下特征。

（一）抽象思维逐步发展，但有具体性和不自觉性

低年级小学生还不能指出事物中最本质的东西，他们的思维在很大程度上与具体事物相联系。到小学中高年级，他们才逐步学会区分事物的本质与非本质特征。

小学生能够根据已学会的一些概念进行判断推理，但还不能自觉地调节、检查或论证自己的思维过程。这是由于小学生思维的分析综合能力与其内部言语的发展分不开。只有当小学生逐步从出声言语向无声思考过渡的时候，他们的抽象思维能力才会达到新的高度。

（二）由形象思维向抽象思维过渡，是思维发展过程中的"飞跃"

一般认为，小学生思维发展的关键年龄大约出现在小学四年级，即 10～11 岁。如果教育条件适当，小学生这个关键年龄可以提前到三年级。

二、小学生思维的心智操作发展

思维之所以能够反映事物的本质和规律，解决生活实践中的各种问题，是由于它能

够对进入头脑的各种信息进行深入的加工,这种加工就是运用心智操作。下面着重阐述小学生主要的心智操作发展。

(一)分类能力的发展

分类是在思想上根据对象的共同点和差异点,把它们区分为不同种类的心智操作。朱智贤等人(1982)研究了小学生字词概念综合性分类能力,结果发现:

1. 大多数小学生是从事物的外部特征或功用特点来说明分类依据的,随着年龄的增长,中、高年级学生能从本质上说明分类依据的人数有所增加。

2. 解决同一课题,不同年级组的学生,表现出不同的分类水平。三、四年级是字词概念分类能力发展的一个转折点。

3. 同一年级组的学生,在解决难度不同的课题时,表现出不同的分类水平,分类材料的难易程度对分类水平的影响明显。

4. 一至三年级学生,对分类材料仅做一次分类;四年级起,出现组合分析分类的表现;五年级起,组合分析分类能力有较明显的发展。

(二)比较能力的发展

比较是在思想上确定对象之间差异点和共同点的心智操作。大量研究发现:(1)小学生比较能力的发展随年龄和年级的增长而不断提高。从正确区分具体事物的异同逐步发展到区分抽象事物的异同;从区分个别部分的异同逐步发展到区分许多部分的关系的异同;从直接感知条件下进行比较逐步发展到运用语言在头脑中引起表象的条件下进行比较。(2)在不同的条件下,小学生的比较能力具有不同的特点。在某些条件下,他们既能在相似事物中找出相同点,又能找出其细微差别;而在另一些条件下,则不然。

(三)概括能力的发展

概括是在思想上把抽象出来的各种对象或观念之间的共同属性结合起来、联系起来的心智操作。大量研究表明,小学生概括能力的水平大致分为三个阶段:

1. 直观形象的概括水平

小学低年级学生概括的常常是事物直观的、外部的特征或属性。如鸟会飞,马会拉车。

2. 形象抽象的概括水平

小学中年级学生对事物形象的、本质的概括成分逐渐增多。例如,他们能说出种子有生命,依赖土壤、水分、阳光等。

3. 初步本质抽象概括水平

高年级小学生开始以事物的本质抽象概括为主。例如,他们知道动物与植物的本质区别,分数与小数的不同。但与具体事物相距太远的高度抽象概括活动,对他们来讲还是非常困难的。

林崇德(1981)对小学生的数学概括能力进行了研究,发现小学生的数学概括能力可分为五个等级:第一级为直观概括水平。小学生依靠实物、教具或配合掰手指头来掌握10以内的数概念,离开直观实物,运算就中断或发生困难。第二级为具体形象概括的运算水平。小学生进入"整数命题运算",掌握了一定整数的实际意义、数的顺序和数的组成。但由于缺乏数表象而不能真正理解运算中数的实际意义。第三级为形象抽象概括的运算水平。其特点为:(1)小学生不仅掌握了整数,而且掌握了小数和分数的实际意义、大小、顺序和组成;(2)能掌握整数和分数概念的定义;(3)空间表象得到发展,能够从大量几何图形的集合中概括出几何概念,掌握一些几何体的计算公式和定义。这一级水平又可称为"初步几何命题运算"。第四级为初步的本质抽象概括的运算水平。其特点是:(1)能用字母的抽象代替数字的抽象。例如,能初步列方程解应用题;(2)开始掌握算术范围内的"集合"与"并集合"思想。如通过求公倍数与公约数的运算掌握"交"与"并"的思想;(3)能完整地解答各种类型的"典型应用题",出现组合分析的运算。第五级为代数命题概括运算。能根据假设进行概括,能抛开算术框图进行运算,但只有极少数小学生能达到这一水平。[①]

此外,朱智贤等人(1982)研究了小学生综合分类能力的发展,冯申禁(1980)研究了小学生词语概括能力的发展。总的来说,在概括能力的发展上,小学生逐渐从对事物外部的感性特点的概括,越来越多地转为对本质属性的概括。

三、小学生概念的发展

概念是人脑反映客观事物本质属性的思维形式,是思维活动的基本单位。大量研究发现,小学生概念的发展主要表现在深刻性和丰富性等方面。

(一)概念的逐步深化

小学低年级学生受生活经验和智力发展水平的限制,不能从事物的本质属性上认识事物、掌握概念。有时小学生能说出某一概念,却不能理解这个概念。随着知识经验的积累和智力发展,他们掌握概念时,逐渐从事物的直观属性中解放出来,代之以本质的、一般的属性,逐步形成深刻而精确的概念。丁祖荫(1980)将小学生掌握概念的形式概括为八种,反映出小学生概念深化的过程(见表3-3)。

表3-3 小学生掌握概念的各种形式及比例

掌握形式	各种掌握形式所占%	小学低、中、高年级学生各种掌握形式所占%		
		低年级	中年级	高年级
不能理解	13.59	27.44	9.83	3.33
原词造句	4.76	5.99	6.07	2.22
具体实例	22.79	30.00	26.75	11.62
直观特征	21.45	17.69	23.59	23.08
重要属性	5.07	3.25	5.04	6.92
实际功用	5.93	3.59	6.50	7.69
种属关系	8.66	6.75	7.35	11.88
正确定义	17.81	5.30	14.87	33.25

---

① 林崇德.小学儿童数概念与运算能力发展的研究[J].心理学报,1981(3):289—298.

由表 3-3 可见,小学生概念掌握表现出阶段特征。低年级学生"不能理解"的概念较多,较多应用"具体实例""直观特征"形式掌握概念。高年级学生能逐渐根据非直观的"重要属性""实际功用""种属关系"掌握概念,且"正确定义"形式占极大比例。小学中年级学生正处在概念掌握的过渡阶段。

(二)概念的逐步丰富化

国内外心理学家对小学生的多类概念,如数概念、字词概念、自然概念、时间概念、社会概念等的发展特点及掌握各类概念的趋势进行了研究,结果表明,随着年龄的增长,小学生的这些概念不断丰富发展。心理学家一般将字词概念和数学概念的发展作为考察小学生概念丰富化的主要标志。

1.字词概念的发展

朱智贤等人(1982)对小学生字词概念的发展做过一系列研究,结果表明,小学生字词概念的发展,经历了从直观特征到具体特征,再到初步能揭示字词概念的一般特征,并接近本质的特征,最后到揭示本质特征,对字词概念下较完善定义的方向发展。这也反映了小学生思维发展的总趋势。潘开祥、张铁忠(1997)的研究发现,7 岁为小学生概念理解的形成期,8 岁为大小概念理解的形成期。小学生对大小概念的掌握表现出发展的顺序性、不均速性和阶段性,概念的逐步分化和概括化等特点。

2.数学概念的发展

我国对小学生的数学概念做过多方面的研究,如认数、数列和系列,数的组成、运算和应用,容积,长度,集合等。以数和数量概念的发展为例,刘范等人(1981)对小学生数概念和运算能力的研究发现,7~8 岁小学生初步形成三位以内整数概念系统,逐步掌握三、四位数;9~10 岁小学生的整数、小数概念系统正分别处于巩固和形成的过程中,基本上能掌握万以上整数;11~12 岁小学生的整数、分数、小数的概念系统逐步趋于统一,除个别项目外,一般都能较好地掌握,分数概念也已基本掌握。

四、小学生推理能力的发展

掌握比较完善的逻辑推理能力是小学生智力发展的重要环节和主要标志。小学生的推理能力是随着掌握比较复杂的知识经验和语法结构而逐渐发展起来的。

(一)直接推理

直接推理是由一个前提本身引出某一结论的推理。小学生最先掌握的是那些比较简单的直接推理。有研究表明:(1)小学生直接推理能力的发展有三个阶段,一、二年级为一个阶段,三、四年级为一个阶段,到五年级时为另一个阶段,其中四、五年级间有一个思维发展的加速期;(2)学生掌握三种不同形式(换质、换位、换质位)的直接推理,不是同步的,其正确率的次序为:换位—换质—换质位;(3)以不同类型的判断为前提的直接推理的测定结果是,特称判断的成绩高于全称判断,肯定判断的成绩高于否定判断。

(二)间接推理

间接推理是由几个前提推出某一结论的推理。我国一般把间接推理能力的结构成分大致划分为归纳、演绎和类比推理能力三种。林崇德(1981)研究了小学生归纳推理和演绎推理的发展趋势,结果见表 3-4。

表 3-4　不同年级小学生的两种推理水平

年级	水平（百分数统计）							
	归纳推理				演绎推理			
	I	II	III	IV	I	II	III	IV
一	66.7	10	—	—	56.7	6.7	—	—
二	90	50	3.3	—	86.7	70	—	—
三	100	76.7	23.3	—	96.7	80	20	—
四	100	90	60	30	100	86.7	66.7	46.7
五	100	96.7	83.3	36.7	100	96.7	76.7	56.7
差异的考验	归纳与演绎的相关系数 $r=0.79$，它们之间的差异 $P>0.1$；三、四年级归纳与演绎发展水平之间的差异 $P<0.01$，其他各年级在这两种推理发展上的差异 $P>0.05$							

由此可见，小学生推理能力的发展趋势为：（1）小学生归纳和演绎两种推理能力的发展既存在着年龄差异，又表现出个体差异；（2）随着年龄的增长，小学生推理范围的抽象性也在加大，推理的步骤愈加简练，推理的正确性、合理性和推理品质的逻辑性和自觉性也在加强；（3）在运算能力的发展中，小学生掌握归纳与演绎的趋势和水平相近。

刘建清（1995）研究了 9～12 岁小学生类比推理能力的发展，结果发现：（1）9～12 岁小学生的类比推理能力的发展较为迅速，10 岁左右是发展的快速期，10～11 岁是推理方式转化的过渡期；（2）各种关系的类比推理能力发展不均衡，对立、功用关系发展较好，因果、整体部分关系次之，包含、并列关系较差；（3）类比推理能力明显受到认知策略的影响。

张莉等人（2010）研究了 115 名 5～9 岁小学生类比推理的特点和发展趋势，发现随着小学生年龄的增长，其类比推理能力不断发展。在简单任务上，5～6 岁的学生呈快速发展期，其他年龄段发展较为平稳；在复杂任务上，5～9 岁学生呈现一直平稳上升的趋势。

陈庆飞等人（2011）通过对 8～10 岁小学生归纳推理的研究发现：当小学生面对颜色、大小和形状等多重信息时，他们在归纳推理任务上存在明显的选择倾向。在相似性任务中，大小优势最明显，其次是形状优势；在变化性任务中，只表现出大小优势，形状优势不明显。小学生对颜色、大小和形状等不同特征的加工优势对归纳推理有不同程度的影响。[①]

小学生的这些思维能力在其规律发展的同时，也可以通过教育培养而提升。胡卫平、刘佳（2015）以"学思维"活动课为实验材料，对某小学一到三年级 164 名学生的思维

① 陈庆飞，雷怡，李红.颜色、形状和大小相似性与变化性对儿童归纳推理的影响[J].心理发展与教育，2011（1）：17—24.

能力进行了四年的培养,结果表明:(1)实验组学生在思维能力的总体水平上显著高于控制组学生,其发展的上升速度也显著快于控制组学生;(2)实验组学生在归纳推理、演绎推理、类比推理和抽象概括能力上的发展水平显著高于控制组学生;(3)停止实验培养一年后,学生思维能力的总体水平延迟效应显著。[①]

五、小学生思维品质及其培养

思维品质是个体思维发生和发展中表现出来的个性差异。思维品质主要包括深刻性、灵活性、敏捷性和独创性,这四方面互相联系,密不可分。

(一)思维的深刻性及其培养

思维的深刻性主要表现为善于抓住事物的本质和规律,预见事物的发展过程等。小学生思维的深刻性在数学运算过程中表现为:(1)寻找"标准量"的水平逐步提高,推理的间接性不断增强;(2)不断掌握运算法则,认识事物数量变化的规律性;(3)不断提出"假设",独立地自编应用题的抽象逻辑性在逐步发展;(4)小学三、四年级是运算中思维深刻性发展的一个转折点。思维的深刻性也反映在阅读过程及写作过程中,表现为刻画人物的深刻性,对语文的理解能力、分析概括能力等。

教师培养小学生的思维深刻性的方法主要有:一是根据学生的思维水平讲解教材,提高小学生的理解能力;二是根据学生的知识经验和智力水平,培养学生运用概念进行判断、推理的能力,以促进其思维深刻性的发展。

(二)思维的灵活性及其培养

思维的灵活性是指思维活动的灵活程度。如"举一反三""触类旁通""运用自如"等。灵活性强的学生善于从不同的角度思考问题和解决问题。林崇德(1995)的研究发现,小学生运算中的思维灵活性表现在三方面:一是一题多解,解题数量增加,表明小学生智力活动水平在不断提高,分析综合的思维逐步开阔;二是灵活解题的精细性在增加,小学生不但能一题多解,而且解题的正确率在升高;三是小学生的组合分析水平在不断提高。

教师培养小学生思维的灵活性的方法主要有:(1)注意学生新旧知识之间的渗透与迁移;(2)训练学生的"发散性"思维。如通过语文教学中的变换形式造句、改写法等训练学生的发散性思维。

(三)思维的敏捷性及其培养

思维的敏捷性是指思维的速度或迅速程度,包括对事物感受的敏锐性和思维过程的效率性等特征,是良好的思维品质。思维的敏捷性对小学生正确做出判断并迅速做出选择,正确认识客观事物,提高学习效率具有重要意义。小学生思维的敏捷性是不断发展的,正确的教学是培养小学生思维敏捷性的必要途径。主要的培养方法有:(1)加强学生思维训练,增强其思维的敏捷性,教给小学生学习的要领与方法;(2)对学生的学习提出有关的速度要求。如要求学生"快速阅读""计时阅读""速算练习"等都有益于提高学生思维的敏捷性。

---

① 胡卫平,刘佳.小学生思维能力的培养:五年追踪研究[J].心理与行为研究,2015(5):648−654,663.

(四)思维的独创性及其培养

思维独创性是指个体独立思考创造出新颖的有人类价值的产品的智力品质。思维的独创性人人都有,只是在表现程度和早晚上存在差异。我国有研究发现,小学生创造想象的丰富性、新颖性随年级的增高而逐渐增强,在小学三年级已达到较高水平(王耘等,1989)。

教师培养小学生思维的独创性应注意:(1)建立民主的教学环境。要建立这样的环境必须改变教师全能的传统观念,改变评定成就的陈旧标准,从各方面鼓励学生进行创造性学习。(2)培养好奇心,激发求知欲。好奇心是激励小学生进行创造的内部动力,旺盛的求知欲则促使学生进行积极思考、探索。(3)要加强培养学生独立思考的自觉性。把学生能否独立思考作为衡量学生是否优秀的标准。(4)提倡新颖性。要鼓励小学生在用词造句、看图说话、解数学题、小制作中尽可能地创新,多用独特的方法。王薇(2014)在其研究中,以语文课为载体,有意识地加入创造性思维训练,使学生在学习教材知识的同时完成"激发—发散—完善—提升"的思维过程,并使学生掌握四种创造性思维策略,有效提升了学生的创造性思维水平。

第五节　小学生的言语发展

言语是人们在交际和活动中应用语言的过程和产物。言语一般分为三类:口头言语、书面言语和内部言语。小学生在学前已初步具备了口头言语表达的能力,入学后不仅口头言语能力得到了进一步的发展,而且书面言语和内部言语迅速发展起来。

一、小学生口头言语的发展

口头言语有两种主要形式:对话言语和独白言语。对话言语是指两个人或几个人直接进行交际的言语活动,具有精确性、简略性和应变性。独白言语是说话者独自进行的言语活动。

据研究,6岁儿童已掌握了2500~3500个口头词汇,这些词汇量能够保证儿童同成人的正常交际,为以后的学习奠定了基础。入学后,小学生口头言语的水平得到迅速发展。一年级新生以对话言语占主导地位,二、三年级学生独白言语发展起来,四、五年级学生口头言语表达能力初步完善,并合乎一定的语法规则。

为了促进小学生口头言语能力的发展,教师在教学中可以通过以下途径加以培养训练。

(一)要求学生发音准确

学前儿童已掌握了一些正确的发音,初步学会了区分四声、正确表达语调等。但因未受到严格的要求和训练,往往存在一些缺陷,特别是农村学生,受方言的影响很大。小学教师应及时纠正学生不正确的发音,使学生从小养成说普通话的习惯。

(二)加强学生的口语表达能力的培养

长期以来,我国的语文教学轻视对学生的口语表达能力的培养,其结果造成一部分学生词不达意,表达能力差,与人交流困难。这种情况必须改善。小学教师要注意训练学生说完整的话,加强学生的朗读训练,课堂上与学生积极对话,以培养、锻炼其表达能力。

(三)纠正学生口头言语中的不良现象

小学生口头言语中有两种不良现象较为常见,即口吃和口头语。口吃是指语言的节律障碍,说话中有不正确的停顿和重复的表现。口吃的原因有两种,一是说话过于急躁、激动和紧张。性格内向、胆小的学生易于产生口吃。二是模仿。有些学生觉得口吃好玩儿,加以模仿,不自觉地形成习惯。

治疗口吃主要是要消除学生紧张和胆怯的情绪。教师要正确对待口吃学生,温和、耐心地听他们讲话,同时教育其他学生不要嘲笑或歧视有口吃的同学。教师可先让学生从最基本的词开始练习,逐渐过渡到整句话,等学生流利地说出整句话后,再适当加大难度,经过一段时间的练习,学生可以完全改变口吃的不良现象。另外,还要防止学生模仿口吃者。

口头语是指学生说话时带有一些多余重复的字词,如"这个""那个""嗯"等。这与学生讲话时思想跟不上言语或模仿别人有关。教师应注意帮助学生预防和矫正这种不良习惯,培养学生言语的正确性和简练性。

二、小学生书面言语的发展

书面言语是指用文字表达的言语。儿童真正掌握书面言语是从小学开始的。小学生书面言语的发展经历了一个与口头言语相互易位的发展历程。最初是书面言语落后于口头言语,约从四年级开始,书面言语的发展逐渐超过口头言语。书面言语的掌握,对于小学生的学习、人际交往和智力发展具有重要作用。小学生书面言语的掌握主要表现为以下三点。

(一)识字

识字即对文字符号的识别和理解。学前时期为儿童的识字准备了最初的条件,进入小学后,识字活动占据了小学生的大部分时间。

黄仁发(1990)对我国小学生识字量的研究表明,小学一年级学生的识字率为 81.75%,五年级学生为 97.11%,各年龄段小学生都能完成教学对他们的识字要求,发展趋势良好。但小学生的识字发展不平衡,年级越低,优劣的两极分化越大。城乡学生之间的识字水平有一定差别,但并不明显。

掌握字形是识字教学中的重点和难点。因为汉字字形结构复杂,加上掌握字形需要小学生在视觉、听觉和动觉之间建立一系列新的联系,因而对小学生比较困难。舒华等人(2000)对小学生识字的研究发现,小学生很早就意识到汉字的结构以及声旁和形旁在表音、表意功能上的分工。随着年级的升高,声旁一致性对猜测不熟悉汉字读音的影响增强。小学四年级语文能力较强的学生已经开始意识到声旁的一致性。六年级学生几乎都具备了声旁的一致性意识。教师在教学中应注意学生认字的这些特点,注意应用比较教学、直观教学等方法,提高学生精确分辨字形的能力,牢固掌握汉字。

（二）阅读

阅读是一种由多种心理因素构成的复杂的心理活动过程。小学生掌握阅读，大体要经历以下三个阶段：

1.分析阶段

小学生由于识字不够熟练以及知识经验的限制，常常是一个字或一个词地读，还不能整句阅读。小学低年级学生一般处于这个阶段。

2.综合阶段

小学生已学会了读出整个的词或句子，但因对词或句子还缺少精确的分析和理解，以致常发生念错或理解不清楚，甚至理解错误的情况。研究发现（徐彩华等，2000），小学二年级学生对双字词的书面形式初步有了感性认识。

3.分析综合阶段

小学生能将读出的音和词句的理解统一起来，达到由看到的词向说出的词迅速而正确地过渡，能流畅地朗读，但还不是很完善。

李毓秋、张厚粲（2001）对小学高年级学生阅读理解能力的研究发现：小学高年级学生阅读理解能力的结构由七种成分构成，即归纳概括、句意整合、情感理解、评价赏析、推理学习、词汇量、综合应用。不同年级的学生在上述各成分上都表现出显著差异。阅读理解能力在小学四年级到六年级之间发展速度较快。[①]

阅读有两种基本方式，即朗读和默读。大量研究发现：识字是朗读的前提，理解是朗读的基础；小学生的朗读发展不平衡，个体差异较大；女生优于男生。小学三年级学生已学会默读，至五年级达到高峰，但由于其内部言语不发达，小学生总体默读水平并不高。

此外，调查发现（伍新春等，2001），小学低年级学生阅读时比较喜欢的文章体裁有故事、童谣、古诗词、看图说话以及谜语等，教师可据此指导学生选择合适的课外读物。

（三）写作

写作是书面言语的高级形式。小学生写作能力的发展，大致经历如下三个阶段：

1.准备阶段

主要是口述阶段，如口头造句、看图讲述等。小学低年级学生处于这一阶段。

2.过渡阶段

一方面，从口述向书面叙述过渡，即写话；另一方面，从阅读向写作过渡，如模仿作文、改写、缩写等。

3.独立写作阶段

学生根据题目的要求自己独立写文章，这要中年级以后才能达到。

小学生的写作能力以一定的口头表达能力和阅读能力为基础，也与他们对语法、修辞以及写作技巧的掌握有关。研究发现（伍新春，2001），教师通过培养和训练小学生的写作构思技能，可以促进他们写作水平的提高。

---

① 李毓秋，张厚粲.关于小学四年级至初中一年级学生阅读理解能力的研究[J].心理科学，2001(1)：29－31,125.

三、小学生内部言语的发展

内部言语是一种对自己发出的言语,是思考时的言语活动。内部言语的最大特点是言语发音的隐蔽性。小学生内部言语的发展大致经历三个时期:一是出声思维时期,二是过渡时期,三是无声思维时期。初入学的小学生,还不会在脑中默默思考,在读课文或计算数学题时,往往是"唱读"或边自言自语边演算。通过教师的培养与训练,小学生逐步学会应用内部言语进行无声思维。

启发学生独立思考是培养小学生内部言语能力的重要方法。教师在教学中要有意识地指导学生如何去思考问题,也要给学生创造独立思考的机会,例如,教师提出问题后,不要求学生立即回答,而让他们"想一想"。另外,研究表明,当小学生遇到难题时,易于出声思维,因此,教师在要求学生解决一些难题时,应先用例题引导,降低难度,避免学生出声思维。但应注意,人的内部言语的发展不是在小学阶段就能全部完成的,它需要人的终生努力。

本章小结

1.认知发展指的是人的信息加工系统不断改进的过程,既包括感知、注意、思维、记忆、言语等认知过程及其品质的发展,也包括认知结构的发展及解决问题等能力的发展。认知发展的结构是指个体认知发展所包括的成分及这些成分之间的相互关系。

2.注意是对一定对象的指向和集中。注意品质包括注意广度、注意稳定性、注意的转移和注意的分配。小学生注意的发展特点是:由无意注意占优势逐步发展到有意注意占主导;对具体生动、直观事物的注意占优势,对抽象材料的注意在发展;注意有明显的情绪色彩;不善于调节和控制自己的注意力;注意的范围小,注意力的分配和转移能力较弱。教师应做到正确运用无意注意的规律组织教学,善于运用有意注意的规律组织教学。

3.记忆是个体对其经验的识记、巩固、回忆和再认。小学生记忆量的发展主要表现在记忆广度和记忆保持时间两个方面。小学记忆质的发展主要表现为无意识记和有意识记的发展,机械识记和意义识记的发展,形象记忆和语词记忆的发展,瞬时记忆、短时记忆和长时记忆的发展四个方面。教师应充分利用无意识记的规律,培养小学生有意识记和意义识记的能力,帮助学生及时组织复习、防止遗忘。

4.思维是客观事物在人脑中的概括和间接反映。小学生的抽象思维逐步发展,但带有较大的具体性和不自觉性。小学生思维的心智发展主要包括分类能力、比较能力、概括能力的发展。思维品质是个体思维发生和发展中表现出来的个性差异,包括思维的深刻性、灵活性、敏捷性和独创性。

5.言语是人们在交际和活动中应用语言的过程和产物。教师在训练小学生口头言语能力时应要求学生发音准确,纠正学生口头言语中的不良现象,加强学生对口语表达

055 · 第三章 小学生的认知发展

能力的培养。要有意识地指导学生如何去思考问题,给学生创造独立思考的机会,促进学生内部言语的发展。

复习思考题

1.概念解释

认知发展　注意　记忆　思维　言语

2.问题简答

(1)认知发展的结构主要包括哪些方面?

(2)小学生注意力的发展有何特点?

(3)小学生记忆的发展主要包括哪些方面?

(4)小学生思维的发展有哪些特征?

3.理论论述

(1)小学生注意力的发展有何特点。

(2)结合教学实例,分析小学生的思维品质及培养措施。

(3)论小学生言语的发展及其培养。

4.实践探索

(1)教师如何提高小学生的注意力。

(2)教师如何培养小学生的记忆力。

(3)教师如何促进小学生书面言语的发展。

5.案例分析

刘涛是小学三年级的学生,上课时经常走神,课桌上的东西都想玩,一支铅笔、一块橡皮都能让他玩上半堂课,他被教师提醒而转过神来听课时,由于没听到前面的内容而跟不上,又开始玩手边的东西。刘涛的学习成绩不好,教师和家长都着急。他自己也知道上课应认真听讲,想改掉这个坏毛病,可一上课就不自觉地又神游了。请你根据小学生注意发展的规律,分析教师应该如何帮助刘涛同学改掉注意力不集中的坏习惯。

第四章　小学生的个性发展

【学习问题】

什么是个性？它由哪些方面构成？影响个性发展的因素有哪些？什么是气质？什么是性格？什么是自我意识？小学生气质、性格和自我意识的发展分别有何特点，以及如何开展针对性的教育？

【学习目标】

了解个性的含义和结构，以及影响个性发展的因素，理解气质与性格的区别与联系，认识自我意识的特征，掌握小学生气质、性格和自我意识的发展特点及影响它们发展的诸多因素，能够运用所学知识对小学生开展针对性的个性教育。

【学习方法】

建议先掌握基础理论知识，接着深入观察和分析小学生的气质、性格和自我意识的发展特点，并多查阅相关资料，能够理论联系实际，针对小学生的个性发展特点，开展针对性的教育教学工作。

第一节　概述

个性发展贯穿于个体生命发展的全程，影响着人的一生。小学阶段是个性发展的关键时期，小学生的个性中具有代表性的心理特征迅速发展起来，培养和发展小学生良好的个性品质是小学教育的重要任务。

一、个性的含义

个性是心理学界饶有兴趣，关注和研究较多的问题之一。国内外的心理学家往往从不同角度对个性进行研究，但迄今为止，还没有一个定义被心理学家所公认。

对个性的理解，主要有下面几种比较著名的观点：美国心理学家吉尔福德（J. P. Guilford）认为，个性是构成包含有一个人的智力、性格、需要、态度、兴趣等各种独特的特性的模式；卡特尔（R. B. Cattell）认为，个性是个人对所参与事态的可能预测的行动；奥尔波特（G. W. Allport）认为，个性是决定个人独特行为和思想的内部身心系统的动力组织；我国著名心理学家朱智贤主编的《心理学大词典》认为，个性，也称人格，指一个人的整体精神面貌，即具有一定倾向性的心理特征的总和。

从上述不同的理解可以看出，个性体现着一个人的特性，表现出人与人之间的差异。我们认为，个性是个体通过活动形成的稳定的、独特的、具有社会意义的心理品质系统。

二、个性的结构

个性的结构是指个性所包含的成分以及这些成分之间的关系。目前,较多心理学家认为,个性可以划分为既相互联系又相互区别的三个方面。

(一)个性倾向性

个性倾向性是决定人对事物的态度和行为的动力系统,它的特征是积极性和选择性。个体倾向性贯穿在整个个性特征之中,包括动机、兴趣、理想、价值观等。

(二)个性心理特征

个性心理特征是在心理活动过程中表现出来的比较稳定的成分,包括气质、性格、能力等。

(三)自我意识

自我意识是个体对自己作为客体存在的各方面意识,包括自我认识、自我体验、自我控制等。

个性是统一的整体结构。个性倾向性、个性心理特征和自我意识不是彼此孤立,而是交织在一起,相互影响和渗透的。如自我意识渗透到整个个性结构之中,对个体的动机、理想、气质、性格和能力等都起着重要的影响及调节作用。本章着重阐述小学生的气质、性格和自我意识的发展特点,以及如何对小学生开展针对性的教育。

三、影响个性发展的因素

个性的形成与发展是生物因素和环境因素共同作用的结果。在个性形成和发展的过程中,既不能忽略生物因素的作用,也不能忽略环境因素的作用。个体离开了社会,人的正常心理就无法形成,更谈不上个性的发展。生物因素只给个性发展提供可能性,环境因素才能使这种可能性转化为现实。[①] 下面对此进行详细阐述。

(一)生物因素

遗传指通过细胞染色体由祖先向后代传递的现象。中国古代有一句俗语:"龙生龙,凤生凤,老鼠的儿子会打洞",说明遗传会影响后代的生物特性。除此之外,遗传还会影响后代的心理特性。遗传是个性形成的生物基础,是形成个性品质的重要前提。傅一笑、蒙华庆等人(2009)调查了重庆市 6~16 岁之间的 50 对双生子,发现个性的稳定性、内外倾向性、掩饰性和虚假等主要特征是由遗传因素决定的。

除了遗传的影响,大脑的病变、激素分泌的改变等生物因素也会对个性产生影响。大量研究已经证实,个体脑的局部病变或手术会导致其个性和行为的改变。在切除额叶前区之后,明显表现出个性的变化,如听得进别人的话,不再焦虑不安,待人态度亲切,比较看得开,不易引起忧虑的情绪和不安的状态,外向性格的部分特征也会在手术后消失。切除联结海马与额叶前区的扣带回部位,可改善个体不安与忧郁的状态。

研究还发现,神经传导物质和激素含量的改变,会引起个体的情绪、行为的变化,从

---

① 叶奕乾,孔克勤,杨秀君.个性心理学(修订版)[M].上海:华东师范大学出版社,2006.

而影响其个性。研究表明,内分泌腺分泌的激素在情绪、动机和个性中起调节作用。甲状腺激素分泌过多,会使人变得过分敏感、紧张;相反,甲状腺激素分泌不足,则使人精神迟钝,记忆减退,容易疲劳等。

(二)环境因素

1.家庭环境

家庭是个性形成与发展中最初且最重要的环境因素。家庭是生活的主要场所,在不同类型家庭环境中成长的儿童,个性也会有所不同。家庭的诸多因素对个体个性的形成具有重要作用。何宏灵等人(2006)对西安市小学四、五、六年级的 728 名小学生进行调查,发现单亲儿童具有高精神质、偏内向、情绪不稳定、心理发育不成熟的个性特点。陈莉等人(2005)对南昌市 257 名小学四年级学生进行调查,发现在家庭亲密度高的家庭中,孩子乐观、合群和自信;在矛盾性高的家庭中,由于孩子所感受到的亲密度较差,容易产生焦虑、紧张等不良情绪。

父母教养方式是影响儿童个性发展的最重要的因素。约翰逊(Johnson)等人研究了 593 个家庭得出,父母缺乏情感、严厉惩罚等不良的教养方式与孩子以后形成的反社会、偏执、回避、分裂等人格障碍呈正相关。父母积极的教养方式是孩子人格健康发展的保护因子,而消极的教育方式是孩子人格障碍的危险因子。郑林科(2009)的研究也发现,父母过度保护、拒绝、惩罚会使孩子缺乏安全感而表现出神经质,形成不良个性。总之,父母不同的教养方式,对孩子的个性形成会产生不同影响(见表 4-1)。

表 4-1 父母教养方式对孩子个性形成的影响

教养方式	父母教养方式特征	对孩子个性的影响
民主型	对孩子理性、严格、民主、关爱和耐心	自信、独立、合作、主动、积极乐观、善于社交
专制型	对孩子高要求、缺乏关爱和热情、要求孩子无条件服从、不及时鼓励和表扬孩子	对抗、自卑、焦虑、退缩、依赖、逆反、胆怯
溺爱型	对孩子低要求、迁就、袒护孩子、无条件满足孩子的一切要求	依赖、任性、冲动、幼稚、自私、做事没有恒心和耐心
忽视型	对孩子不关心、冷漠、放任自流、缺少教育和爱	自控能力差、消极、冷漠等

2.学校环境

进入小学后,儿童学习、人际交往等社会实践活动的场地由家庭转向了学校。学校环境对小学生个性发展的影响逐渐凸显出来。学校对小学儿童个性发展的影响主要表现在以下两个方面。

一是教师对学生个性的影响。研究发现,教师的个性对学生心灵的影响所形成的教育力量,是教科书、道德说教、惩罚制度都无法取代的。教师采取民主的态度,学生可能朝着情绪稳定、态度友好和具有自控能力的个性方向发展;而教师采取专制的态度,学生可能朝着情绪紧张、冷漠、攻击性强、自制力弱等个性方向发展;教师采取放任的态度,将使学生朝无组织、无纪律的个性方向发展。①

二是校园文化和班风对学生个性的影响。校园是一种无形的环境力量,对学生进行潜在的教育,在不知不觉中影响学生的思想、行为以及个性的发展。好的校园文化会营造良好的教育和心理环境,有利于培育学生形成团结友爱、勤奋努力、平等合作等良好的个性品质。班级同样对学生的个性发展具有重要作用。研究发现,好的班风能使学生形成良好的个性品质,如在宜人性、外向性和尽责性上得分较高。

3.社会环境

每个人都生活在社会环境下,社会环境会影响个体的思想、意识、行为等,对个体的个性形成和发展的影响同样不可忽视。

在现代社会,电视、网络、课外书籍、广播等媒体已成为影响学生成长的重要力量。这些大众传媒形式多样,内容广泛,丰富了学生的生活,促进了学生多方面的发展。但如果使用不当,也存在负面的影响。程奇芳(2012)的调查显示,63.1%的小学生认为电视节目可以培养自己的个性。然而,长时间沉浸在电视节目中,小学生会逐渐形成对外界事物麻木、消极、不感兴趣等心理,导致个性孤僻、忧郁,不利于成长。2009年中国青少年网络协会颁布了《小学生互联网使用行为调研报告》。该报告显示,游戏是小学生网络成瘾的主要原因;7.1%的小学生有网瘾,有网瘾倾向的小学生约占5%。有网瘾或网瘾倾向的小学生表现出强烈的依恋性、感情淡漠等个性特征。

社会风气体现着社会价值观,对个体个性的形成和发展影响十分深刻。积极向上的社会风气会促进学生个性的健全发展;拜金主义盛行的社会风气会导致学生产生一切向钱看,浪费、攀比等个性品质问题,影响其健全个性的形成与发展;享受主义盛行的社会风气导致学生追求感官快乐、物质享受、懒惰、不思进取等消极个性品质。

个性是一个复杂的结构,包括多种成分。因此,在讨论个性形成和发展的影响因素时,要具体问题具体分析。通常认为,智力、气质等个性特质的形成和发展受遗传因素的影响大;性格、理想、信念等受环境因素的影响大。

四、小学生个性培养的意义

培养和发展小学生良好的个性品质是小学教育的重要任务,也是现代教育的重要理念。小学教育必须重视小学生个性的和谐发展,其意义在于:

(一)有利于因材施教,丰富学生的个性

在我国小学教育中,教师对学生的教育教学往往是统一和标准化的,教师尤其重视培养学生的共性,以便学生能够达到统一的教育目标,成为社会的合格公民。然而,在小学教育中,教师往往忽视了学生的差异性,对学生的个性发展重视不够,因而我国小学生往往缺乏鲜明的个性色彩,缺乏足够的生机和活力。现代教育在强调发展学生共性的同

① 郭亨杰.《心理学》——学习与应用[M].上海:上海教育出版社,2001.

时,也强调发展学生的个性,使学生能够得到适合自己的发展方式。个性培养就是要依据学生的个体差异,按照因材施教的原则,发展学生的兴趣爱好及特长,开发学生的智慧潜能,使学生能够保持自己的鲜明个性,更加生机勃勃,富有活力,焕发出生命的光彩。

(二)促进学生良好个性品质的形成与发展

传统小学教育强调对学生的智力开发以及认知能力的培养,关注和重视学生的学习成绩,而对学生开朗大方、关心他人、助人为乐、积极进取等良好个性品质的培养重视不够。对小学生的个性教育就是要帮助小学生正确认识自己、悦纳自己,培养他们乐观向上、勤奋努力、诚实可信、关心他人等良好的个性品质,引导他们学会与人正确交往,提高他们自我评价、监控自己的能力,纠正自己不良的个性品质,塑造学生美好的心灵和丰盈的精神人格,使学生的个性能够更好地适应社会发展。因此,对小学生的个性教育从某种意义上说,是对我国教育培养目标的具体化。

第二节 小学生的气质发展

在个性心理特征中,气质是小学生与生俱有的心理差异。气质的这种心理差异表现在小学生学习与生活的多方面,不以活动内容的转移而发生较大的变化。小学教师需要了解学生的气质类型及特点,进行针对性的教育。

一、气质的含义

气质是个体心理活动表现在强度、速度、稳定性和灵活性等方面的动力性质的心理特征。气质与人们日常生活中所说的"脾气""秉性""性情"等含义相近。气质作为个体与生俱来的素质,是个性中最稳定的心理特征,具有以下特点:(1)遗传性。气质较多地受神经系统类型的影响,由于神经系统的先天特性,使个体对事物反应表现出明显的差异。(2)稳定性。气质一般不受个体活动的目的、动机和内容的影响,具有较强的稳定性。虽然后天的生活环境和教育会对个体的气质产生一定影响,但与个性其他方面的心理特征相比,这种变化是相对缓慢的。因此,气质使个体的心理活动染上了特定的色彩,形成独特的风貌。

二、气质的类型

气质类型是指表现在个体身上的一类共同的或相似的心理活动特性的典型组合。不同心理学家对气质的类型有不同的看法。美国心理学家托马斯和切斯(Thomas&Chess)根据活动水平、节律性、趋避性、适应性、反应强度、反应阈限、心境、持久性、注意分散等九个维度将儿童气质分为三种类型:(1)容易型。表现为比较悠然自得,心情愉快,对刺激的反应为中等程度,易建立有规律的行为习惯。(2)困难型。表现为似乎不大友好,很难使之高兴,对刺激的反应非常强烈,饮食、睡眠等活动规律性较少,心境易激动,遇到新问题易引起不愉快的情绪。(3)迟缓型。表现为不太活跃,对刺激反应较慢,对外界情况的变化需要一段时间才能适应。儿童中约40%属于容易型,10%属于困难型,15％属于迟缓型,余下35％属于以上两种或三种类型的混合型。

古希腊医生希波克拉底(Hippocrates)认为人体内有黏液、黄胆汁、黑胆汁、血液四种体液,这四种体液配合的比例不同,构成了四种不同类型的气质:(1)胆汁质。表现为情绪体验强烈、爆发快、平息快,思维灵活,精力旺盛,争强好胜,为人直率但鲁莽冒失,易感情用事,刚愎自用。(2)多血质。表现为情感丰富、外露不稳定,思维敏捷、不求甚解,善于交往但交情浅,缺乏耐心,稳定性差,见异思迁。(3)黏液质。表现为情绪平稳,思维灵活性较差,但比较细致周到,踏实沉默,沉思自制,交往适度,交情深厚。(4)抑郁质。表现为情绪体验深刻,细腻持久,情绪抑郁,多愁善感,思维敏锐,想象丰富,不善交际,自制力强,胆小,优柔寡断。俄国心理学家巴甫洛夫(Pavlov)根据高级神经活动兴奋和抑制过程所具有的强度、平衡性和灵活性的特点,以及它们的不同结合,将高级神经活动类型与希波克拉底的四种气质特点结合起来,把个体气质分为下面几种类型(见表4-2)。

表 4-2　高级神经活动类型与气质类型

气质类型	高级神经活动类型	高级神经活动过程	表现
胆汁质	不可抑制型	强、平衡、灵活	直率热情,精力旺盛,情感容易冲动,心境变化剧烈
多血质	活泼型	强、不平衡	活泼好动,反应迅速,注意力易转移,兴趣容易发生变化
黏液质	安静型	强、平衡、不灵活	安静、稳重,反应缓慢,沉默寡言,情感不易外露,注意稳定但难于转移,善于忍耐
抑郁质	弱型	弱	孤僻,行动迟缓,内心体验深刻,善于觉察到别人不易察觉的细小事物

三、气质发展的特点

我国研究发现,小学生中各种气质类型的人都有,其分布是不均衡的,黏液质的学生所占比例最大,男生中胆汁质和胆汁—多血质的人要多于女生,女生中抑郁质和黏液—抑郁质的人要多于男生。中国儿童青少年的气质分布与发展研究协作研究组(1990)曾对我国儿童青少年的气质分布进行调查研究,发现胆汁质类型的小学生三年级有16.38％,五年级有16.16％,从小学五年级至初中二年级这种气质类型的学生呈显著下降的趋势;黏液质类型的小学生三年级有20.26％,五年级有18.78％;多血质类型的小学生三年级有 9.69％，五年级有 9.61％。张劲松（2000）、欧阳林静（2008）等人的研究表明，小学生的气质特点从 7 岁左右开始稳定，气质的性别差异随年龄增大而逐渐显现出来；8～12 岁的男生活动量与女生相比较高，可预见性较低，反应较强烈、坚持性较低。刘文（2002）的研究也发现，在活动性和情绪性上男生高于女生，而女生的专注性高于男生，但在反应性和社会抑制方面没有发现性别差异。

四、气质对小学生的影响

气质虽然不能决定小学生的智力发展水平，但可以影响其智力活动的特点和方式，从而影响小学生的学习成绩。张履祥、袁忆达等人（1995，1996）的研究发现，有 10％～20％学习成绩低下的小学生受气质的影响。多血质、多血—胆汁质、多血—黏液质的气质有利于小学生的学习，小学生的学业成绩与气质的情绪性特征和内外向性特征有显著相关，其中学习成绩与内向呈正相关，与精神质呈负相关。另外的研究发现（张曼华等，2000），气质的内外倾维度影响小学男生的语文成绩，女生成绩较多受气质维度的影响，尤其是数学成绩与内向、情绪不稳定、精神质有显著相关；小学生气质中的活动水平、规律性和反应阈与学习成绩有关（张华娜，2002；叶树培，2006）。

气质会影响小学生的心理健康。维多利亚（Victoria）等人（1997）的研究发现，气质的神经质维度与焦虑、压抑存在显著正相关，内外倾维度与压抑存在负相关。刘建榕等人（2002）指出，多血质和多血—黏液质这两种气质类型学生的心理健康得分显著高于其他气质类型，属于中上等级；胆汁质、多血—胆汁质、黏液质和混合质学生的心理健康属于中等水平；抑郁质、胆汁—抑郁质和黏液—抑郁质类型学生的心理健康显著低于其他气质类型，属于较差等级。于晓宇等人（2015）调查发现抑郁质对小学生社交焦虑具有正向预测作用，胆汁质、多血质、黏液质具有负向的预测作用。

气质还会影响小学生的身体健康。王朝晖（2007）通过对 5～12 岁哮喘儿童的气质研究发现，哮喘儿童在趋避性、适应性、心境和持久性等气质维度上与正常儿童比较有非常显著的差异，哮喘儿童的气质比正常儿童消极，儿童哮喘与气质特征关系密切。陶公民等人（2010）的研究显示，8～12 岁睡眠障碍儿童在活动水平、节律性、适应性、心境及持久性上与正常儿童差异显著，学龄儿童气质与睡眠障碍相关。唐伟伟等人（2015）统计发现儿童的气质类型还会影响儿童骨折的发生。

气质也与小学生行为有密切关系。李侠（2007）的研究表明，气质决定了儿童运动行为的发展方向及行为表现，8～12 岁小学生的运动行为与气质类型密切相关。不同气质类型的学生具有不同的运动行为表现，气质类型属于平易型的学生运动时情绪最好；气质类型属于麻烦型的学生运动情绪最差。关宏岩等人（2010）的研究表明，小学生出现行为问题与其在婴儿期、学前期以及学龄期气质困难指数有着密切的关系。李宁国（2012）的研究发现，气质与小学生合作行为存在一定相关，小学生的注意力程度对其合作行为产生较大影响，小学生合作行为中处于领导位置的多是专注于活动，并有较强活动目的的学生。

五、教育的对策

小学生的气质类型虽然具有较大的稳定性,但通过教育能够改变学生气质中不利的一面,发扬其长处。教师不能对学生的气质有任何偏见,要正确认识学生的气质,了解学生的气质特点,并针对这些特点因材施教。

(一)根据学生气质特点,采用不同的教育方法

教师要深入了解每个学生的气质,在了解的基础上,根据学生的气质特点,采取不同的教育方法,使教育工作更加顺利有效。例如,胆汁质的学生直率、容易冲动、不够冷静,教师可以采取直截了当的方式进行教育,但不宜激怒他们,对他们的批评要以理服人,使其能够心服口服;多血质的学生活泼、反应快,但做事缺乏恒心,教师要注意提醒他们认真踏实,坚持到底;黏液质的学生反应缓慢,教师要耐心教育,让他们有充分考虑和反应的时间;抑郁质的学生敏感,教师对他们的教育要委婉亲切,多关心鼓励他们,而不宜在公开场合指责、进行过于严厉的批评。

(二)正确认识学生气质,帮助学生扬长避短

教师应当认识到学生的气质并没有好坏之分,每种气质类型都有优点和缺点。每种气质类型的学生都能够掌握教师所传授的知识与技能,形成良好的个性品质,成为对社会有用的人才。教师要教育学生正确对待气质的积极和消极特点,加强修养,帮助他们克服气质的消极面、发扬积极面,促使学生更好地发展。例如,在发扬胆汁质学生豪放、勇于进取等气质特点的同时,要注意帮助克服其容易冲动的缺点,培养其自制力以及坚持到底的精神;在发扬多血质学生朝气蓬勃、足智多谋的气质特点的同时,应鼓励他们勇于克服困难,培养其扎实专一的精神,防止见异思迁;在发扬黏液质学生行事稳重、工作踏实等气质特点的同时,要注意避免其冷淡、固执和拖拉的缺点,培养其生气勃勃、热情开朗的个性;在发扬抑郁质学生认真、细致等气质特点的同时,要鼓励他们多与人交往与沟通,提高他们的自信心,培养他们的积极情绪及自尊自强等个性品质。总之,教师要针对不同气质类型的学生进行适宜性教育,促进其顺利发展。

第三节　小学生的性格发展

性格是小学生个性中的核心成分。它以遗传素质为基础,在教育与环境相互作用的过程中形成,且具有直接的社会意义。小学生正处在性格逐步形成的过程中,塑造小学生良好的性格,对小学生德、智、体、美、劳的全面发展极为重要。

一、性格的含义

性格是指个体对现实的稳定态度和习惯化的行为方式。个体对人对事总有自己的态度,这种态度体现在学习、工作与生活中,并以一定的行为方式表现出来。性格的结构包括:(1)性格的理智特征,即个体在认知活动中的性格特征,表现在感知、记忆、思维和想象等方面的认知特点与风格上;(2)性格的情绪特征,即个体的情绪对活动的影响,表

现在情绪的强度、稳定性、持久性和主导心境等方面上;(3)性格的意志特征,即个体对自己的行为自觉地进行调节的特征,表现为对行为目标的明确程度、对行为的自觉控制、在紧急或困难情况下的意志特征等;(4)性格的态度特征,即指个体如何处理社会各方面的关系的性格特征,表现在对自己、对他人、对事情的态度上。

二、性格的类型

性格类型指在一类人身上所共有的性格特征的独特结合。对于性格类型,不同的学者有不同的分类方法,主要有以下五种。

(一)心理活动倾向划分

瑞士心理学家荣格根据个体心理活动倾向将性格划分为外倾型与内倾型。外倾型的人好交际,开朗活跃,活动能力强,容易适应环境的变化;内倾型的人不善与人交往,处事谨慎,表现沉静,环境适应能力较弱。

(二)个体独立程度划分

美国心理学家威特金(H. A. Witkin)根据个体心理活动的独立性程度将性格划分为独立型和顺从型。独立型的人心理活动的独立性强,不易受外界环境的影响,善于独立地发现问题和解决问题,应激能力强;顺从型的人心理活动的独立性弱,易受周围环境或附加物的影响,容易按照他人意见解决问题,应激能力弱。

(三)心理机能划分

英国心理学家培因(A. Bain)和法国心理学家李波(T. A. Ribot)提出心理机能优势说,他们按照理智、情绪、意志三种心理机能何种占优势,将性格划分为三种类型:(1)理智型。这种人以理智来支配自身行动,遇事比较冷静克制。(2)情绪型。这种人言行易受情绪体验的控制,看问题和处理问题比较情绪化。(3)意志型。这种人行动目标明确,主动积极,意志力比较强。

(四)竞争性划分

奥地利心理学家阿德勒(A. Adler)根据个体竞争性的不同,把性格划分为优越型与自卑型两种。优越型的人恃强好胜,不甘落后,总是想胜过别人;而自卑型的人甘愿退让,不与人争,缺乏进取心。

(五)社会生活方式划分

德国教育学家和哲学家斯普兰格(E. Spranger)根据人的社会生活方式以及由此而形成的价值观,把性格分为六种类型:(1)理论型,这种人以追求真理为目的,善于思考与决断,对实用和功利缺乏兴趣;(2)经济型,这种人追逐利益,总是以经济的观点来判断人和事物的价值;(3)审美型,这种人追求艺术美的体验,不大关心实际生活,一切从美的角度评价事物价值;(4)宗教型,这种人有坚定的宗教信仰,相信生命的永恒,注重各种神秘的体验;(5)权利型,这种人具有强烈的支配欲和权力意识,总想指挥别人;(6)社会型,这种人以为社会、为他人谋福利作为自我实现的目标,乐于奉献自我。

三、性格与气质的关系

性格和气质作为个性中的两种心理现象,它们既有区别又有密切的联系(见表4-3)。

表 4-3   性格与气质的区别及联系

	性格与气质
区别	气质是先天的,更多受遗传因素的影响,是神经系统活动特征和类型的表现;性格是后天的,主要受教育和社会生活环境的影响,是在生活实践中形成的
	气质变化慢,可塑性小;性格可塑性较大,环境对性格的塑造作用明显
	气质作为一种行为的外显特质,并没有善恶好坏之分;性格作为行为的内容,反映了个体与社会环境的关系,有好坏之分
联系	气质会影响性格的形成和发展速度。例如,黏液质的学生较易形成自制力,能较好克制自己的冲动,胆汁质的学生要做到这点则需要较大的努力
	气质可以按照自己的动力方式来渲染性格特征,使性格特征具有独特的色彩。如在劳动中,多血质学生表现出精力充沛,抑郁质学生则表现为耐心细致
	气质可以影响性格,性格能在一定程度上掩盖或改造气质,使气质服从于生活实践的要求

四、小学生性格发展的特点

小学生性格的形成有一个发展过程。朱智贤(1990)的研究发现,小学生的性格发展随着年龄的增长而不断变化,但其发展速度表现出不平衡、不等速的特点。小学二年级至四年级学生的性格发展较慢,为性格发展的稳定时期;四年级至六年级学生的性格发展较快,为性格快速发展的时期,主要是因为小学高年级学生已适应了以学习活动为主的学校生活,集体活动范围逐步扩大,同伴交往日益增加,教师、集体、同伴对学生性格的影响越来越直接,其性格特点也日益丰富和发展起来;到小学六年级,学生开始步入青春期,青春期身心的巨变将对学生的性格发展产生深刻的影响。因此,小学六年级是学生性格发展的关键期。

一些研究发现(刘明,1990;邓春暖,2005),小学生性格总体遵循由低到高的发展。在小学阶段学生性格的情绪特征不断发展,情绪的强度和持久性发展很快,并在六年级出现高峰。小学生性格的意志特征的发展曲线是平直的,小学生性格的理智特征的总体发展趋势是二年级到四年级呈稳定发展,四年级到六年级呈迅速发展。高华(2000)的研究发现,在好奇心的性格特征上,二、四、六年级学生相互间的均数比较差异都非常显著,说明各年级学生的好奇心发展迅速;在进取心的性格特征上,二年级学生发展迅速,进入四年级后则发展缓慢,但较之二年级有很大进步;二、四、六年级学生在独立性的性格特征上差异不显著,说明他们的依赖性较重。学习成绩好的学生具有强烈的独立性、好奇心和进取心的性格特征,女生的进取心胜于男生。

五、性格对小学生的影响

性格对小学生的影响是多方面的。很多研究都表明,性格与小学生的身心健康密切相关。李征瀛等人(2006)对 8～10 岁的小学生进行了调查,发现性格文静内向者与腹痛的相关性显著高于活泼外向者。王红胜(2009)的研究也表明,性格内向的小学生容易发生胃肠道功能紊乱性疾病。王阿青(2018)的研究认为,性格会影响小学生参加体育活动的频率,从而影响其体质健康水平。

性格也会影响小学生的学习。张锋(2000)的研究发现,小学生的学业成就与其性格特征有显著相关。性格因素中的进取性、知识性、敏捷性、自觉性和责任感这五个因素与学业成就的相关最为明显。付春江等人(2004)的研究也显示,学习成绩好的小学生性格偏外向且情绪稳定,成绩差的小学生性格偏内向且情绪不稳定。更有研究发现(姚彬,2003;束静,2014),不良性格是学生发生学习障碍的重要影响因素。

性格还会影响小学生的人际交往。宋广文和李寿欣(1991)的研究指出,学习认真踏实、成绩较好、责任心强、愿意帮助别人的学生,人缘关系最好。常湘竹(2007)的调查显示,脾气粗暴、性格内向的小学生,易出现同伴交往问题。

性格对小学生的生活满意度也有影响。杨红丹(2012)的研究发现,小学生的爱、领导和谨慎等性格优点都与生活满意度密切相关,并且可以在一定程度上预测生活满意度。

六、教育的对策

小学生的性格主要是通过后天教育实践活动及环境等的影响逐渐发展形成的。性格有好坏之分,具有一定的可塑性。小学教师要塑造和培养学生良好的性格。

(一)在活动中塑造学生的良好性格

小学生的性格总是在生活实践中产生并表现出来的。小学教师应该有目的、有计划地组织学生参加各种形式的实践活动,在活动中塑造小学生良好的性格。例如,组织学生参加夏令营、冬令营活动;开展书法、音乐、绘画、舞蹈等活动;举行体育竞赛活动、进行社会公益劳动等。在活动中,教师要结合榜样示范教育,根据强化的原理来奖惩学生,鼓励表扬学生在活动中体现出来的助人为乐、勤奋努力、认真负责、善于合作等良好性格品质,批评学生做事浮躁、怕苦怕累、自私自利等不良性格品质。

(二)用知识孕育和丰富学生的良好性格

知识是孕育和丰富小学生性格的土壤。在小学生的性格教育中,教师要丰富学生的知识,开阔学生的视野,提高学生的认识能力、以知育性。小学教师在传授学生知识的同时,要对学生进行正确的人生观、价值观教育,要引导学生阅读优秀文学书籍及名人传记,观看优秀的影视作品,通过这些作品描述的主人公的先进事迹,及良好的性格特征与魅力来潜移默化地影响学生,培养学生为人谦虚、勤勤恳恳、认真负责、大公无私、助人为乐的良好性格,以及面对挫折的坚强意志品质。

（三）用集体教育塑造学生的良好性格

集体教育是培养小学生性格的强大力量。班级是学生进行集体活动的主要场所，是与学生的学习和发展息息相关的微观环境。班集体的教育力量是教师无法替代的，因为班集体是学生自己的组织，学生是班集体的主人。良好的班集体有利于培养学生关心集体、遵守集体纪律、维护集体荣誉和利益的责任感、义务感。教师要注意形成正确的班集体舆论和良好的班风，要鼓励学生在班集体的活动中互帮互助、团结友爱，积极向上，通过班集体的教育力量来塑造学生的良好性格。

（四）教师要以良好的性格品质影响学生的性格

小学生往往把教师当作自己学习的榜样，教师的一言一行都受到学生极大的关注。一名性格友善的教师，往往会引导学生也形成与之相同的友善性格；而一名性格粗鲁的教师，往往也会教育出同样性格粗鲁的学生。因此，教师要热爱、尊重学生，多与学生进行情感的交流与沟通，这些良好的教师示范可以使学生感受到教师的温暖，并促进学生形成友爱、关心尊重他人的良好性格；反之，如果教师经常冷漠地对待学生，学生就容易形成自卑、敌对的性格。所以，教师要经常自我反省，注意自己的言行，培养自身良好的性格品质，给学生做出正确的表率。

第四节　小学生的自我发展

自我又称为自我意识，是小学生个性的重要组成部分，也是小学生自我教育的基础。小学生如何正确认识自己，如何评价自己，如何调控自己，如何根据自己的特点确定恰当的发展目标，这些问题不仅可以帮助小学生实现自我教育，做自我的主人，而且关系到小学生健康个性的形成和发展。

一、自我意识的含义

自我意识是指一个人对自己以及自己同客观世界关系的意识。自我意识分为两大部分：一是个体对自身的意识，包括个体对自身生理状况的意识，如身高、体重、外貌等，个体对自身心理状况的意识，如能力、兴趣、爱好等；二是对自身与周围环境的关系的意识，如与他人的融洽程度，在团体中的作用和地位，是否适应环境等。[①]

二、自我意识的特征

自我意识是人类所特有的，是人类区别于动物的主要特征。自我意识具有以下特征。

（一）意识性

个体对自己以及自己与周围客观世界的关系有着清晰、明确的理解和自觉的态度，

---

① 赵艳杰.心理学[M].北京:北京出版社,2014.

而不是无意识或潜意识。

(二)社会性

自我意识不仅是个体对自己生理特征的认识,更重要的是对自己社会特性的认识。如认识到自己的社会角色、在一定的人际关系中的地位和作用等。

(三)能动性

自我意识不仅表现在个体能根据社会或他人的评价、态度以及自己实践所反馈的信息来形成自我意识,而且还能根据自我意识来调控自己的心理与行为。

三、自我意识的结构

自我意识是人类心理过程的调控系统,也是个性结构中的最高层次。它是一种多维度、多层次的心理现象。不同的心理学家往往根据不同的划分标准,把自我意识分为不同的结构。

(一)按不同的形式划分

根据形式的不同,将自我意识划分为:自我认知、自我体验和自我调控。

1.自我认知

自我认识指自己对自己的认识,是自我意识的认知成分。涉及"我是一个什么样的人"的问题,包括自我感觉、自我观察、自我概念、自我评价。其中自我概念和自我评价是最主要的方面,反映了自我认识的发展水平。

2.自我体验

自我体验指个体是否满意自己或悦纳自己的情绪,是自我意识的情感成分。涉及"对自己是否满意,能否悦纳自己"的问题,包括自爱、自尊、自信、自卑、自豪感、内疚感、成就感、价值感等。其中自尊是自我体验中最重要的方面,反映了自我体验的发展水平。

3.自我调控

自我调控指个体对自身行为与心理活动的自我调控过程,是自我意识的意志成分。涉及"如何有效调控自己""如何改变现状,成为一个理想的人"的问题,包括自立、自主、自律、自我控制、自我监督和自我教育等。其中自我控制和自我教育是最重要的方面,反映了自我调控的发展水平。

(二)按不同的内容划分

根据内容的不同,将自我意识划分为:生理自我、社会自我和心理自我。

1.生理自我

生理自我是个体对自己的生理属性的意识,如性别、发育状况、身材、外貌等。生理自我是自我意识最原始的形态。生理自我在情感体验上表现为漂亮或自卑;在意向上表现为对身体健康、外表美的追求、物质欲望的满足,或对自己所有物的维护。

2.社会自我

社会自我是个体对自己在社会生活中所担任的各种社会角色的意识,如社会角色、地位、权利、人际距离等。社会自我在情感体验上表现为自尊、自爱、自怜等;在意向上表现为追求名誉地位、与他人竞争、争取得到他人的好感等。

3. 心理自我

心理自我是对自己心理状况的意识，包括个人对自己的智力、性格、气质、兴趣、能力、记忆、思维等特点的意识。心理自我在情感体验上表现为有能力、敏感、聪明或迟钝等；在意向上表现为追求信仰、注意行为符合社会规范、要求智慧与能力的发展等。

(三) 按不同自我观念划分

根据自我观念的不同，将自我意识划分为：现实自我、投射自我和理想自我。

1. 现实自我

现实自我是个体从自己的立场出发对现实的我的看法，即对现在的自我的认识。如现在的自我处于何种地位、拥有哪些知识技能等。

2. 投射自我

投射自我是个体想象中他人对自己的看法。如想象自己在他人心目中的形象、他人对自己的评价，以及由此而产生的自我感等。

3. 理想自我

理想自我是个体从自己的立场出发对将来的我的希望，即自我追求的奋斗目标。如将来要得到什么学历和学位、从事什么职业、获得怎样的社会地位等。

上述自我意识的结构，是相互作用、相互影响、相互制约的。如个体对自我的认识，影响到其自我体验。自我认识是最基础的部分，决定着自我体验的主导心境以及自我控制的主要内容。个体只有很好地认识自己，才能很好地体验和控制自己。自我体验又强化着自我认识，决定自我控制的行动力度。当个体情绪体验沮丧消沉时，对自己的认识可能有失偏颇，对自己的满意度不高，觉得自己不够能干，由此表现出行动的被动或消极。自我控制则是完善自我的实际途径，对自我认识、自我体验都有着调控作用。

【扩展性阅读】

周哈里窗理论

心理学家鲁夫特（Joseph Luft）与英格汉（Harry Ingham）提出"周哈里窗（Johari Window）"模式，"窗"是指一个人的心就像一扇窗。周哈里窗展示了关于自我认知、行为举止和他人对自己的认知之间在有意识或无意识的前提下形成的差异，由此分割为四个范畴：一是面对公众的自我塑造范畴；二是被公众获知但自我无意识范畴；三是自我有意识在公众面前保留的范畴；四是公众及自我两者无意识范畴，也称为潜意识。普通的窗户分成四个部分，人的心理也是如此。因此他们把人的自我分成四个部分：开放我、盲目我、隐藏我、未知我。开放我是一个人最基本的信息，是了解和评价自我的基本依据。盲目我的大小与自我反省的能力有关，内省越强盲点越少。心理承受能力强、自卑、胆怯、虚荣或虚伪的人隐藏自我会更多一些。

周哈里窗

	自己知道	自己不知道
别人知道	开放我	盲目我
别人不知道	隐藏我	未知我

周哈里窗是提升自我意识的方法之一。具体方法如下：适度自我暴露进而扩大自我信息的开放区；注意倾听，让更多的人帮助和认识自己，进而缩小自我盲目区；加深对自我的了解进而努力揭示未知区。

四、小学生自我意识的发展特点

随着年龄的增长，小学生的人际交往及活动范围扩大，知识经验增多，思维能力提升，他们的自我意识也在不断发展变化，从而表现出以下特点。

(一)自我概念的发展特点

自我概念是指个体对自己的总体认识，是自我认识的前提。小学生的自我概念是在经验积累的基础上发展起来的。自我概念最初是对个人才能的简单的抽象的认识，随着年级的升高而逐渐复杂化。

研究发现，8～11岁小学生的自我概念发生了重要变化，从看重自己的身体和动作转向谈论自己的心理和社会特点，再到自己的人格特征；从关注自己单方面的特征到关注多方面的特征，既关注自己的积极特征，也关注自己不好的方面。一个11岁儿童这样描述自己："我叫悦悦。我已经是一个大人了。我是一个诚实的人。我的学习成绩不是很好，但是我擅长弹钢琴。我经常去打乒乓球，不过，我最擅长的体育运动是游泳。有时我也会发脾气，但一般情况下我都很乐观。"[①] 郁浩丽（2002）的研究发现，同伴接纳、父子关系和师生关系直接影响小学高年级学生的自我概念。

概括起来，小学生的自我概念的发展有以下三个特点：自我描述从比较具体的、外部的特征向比较抽象的、内部的特征发展；开始使用心理词汇描述自己；自我概念内容中的社会性随年级的升高而增多。

(二)自我体验的发展特点

自我体验是自我意识中的情感问题，包括对自己产生的各种情绪情感的体验。随着小学生认知能力的发展，他们的自我体验也逐渐深刻，其自我体验中的愉快和愤怒的情绪发展较早，而自尊、羞愧感和委屈感发生较晚。

自尊是个体对自己有价值感、重要感的一种自我体验。自尊在自我体验中最为重要，是自我意识中具有评价意义的成分，与自尊需要相联系，它是对自我的态度体验。苏珊·哈特（Susan Harter，2006）提出，小学生自尊发展呈现多维度多层次的结构。总的自尊由学业自尊、社会交往自尊和身体自尊构成。小学生的学业自尊与学习语文、数学及其他学科的学习成绩相关。如果成绩高，则小学生的学业自尊高；反之，则学业自尊低。小学生的社会交往自尊主要表现在同伴关系和亲子关系上。如果小学生与同伴相处融洽和谐，与父母关系良好，则社会交往自尊高；反之，社会交往自尊低。小学生的身体自尊主要表现在身体外貌和运动能力上。如果小学生对自己的身体外貌感到满意，运动能力较强，则身体自尊高；反之，身体自尊低。

上述学业自尊、社会交往自尊和身体自尊的各个方面对于总的自尊有不同的重要程度。个体比较重视的方面，对总的自尊有更大的影响。如有的小学生更注重学业成绩，

① 桑标. 当代儿童发展心理学[M]. 上海：上海教育出版社，2003.

则学业成绩对他的总的自尊有更大的影响。

特雷斯涅夫斯基(Tresniewski)、唐纳伦(Donnellan)和罗宾斯(Robins)(2003)对 50 个跨年龄的自尊研究进行元分析,得出在儿童期和青春期自尊的稳定性最低,而到了青春后期和成年早期,自尊的稳定性大大提高。儿童在由幼儿园进入小学、由小学进入中学时,要适应新要求、新挑战、新的社会比较对象,因而自尊水平都有较大的降低。另外,研究发现小学三、四、五年级男生的自尊发展显著高于女生。这可能是因为女生的生理成熟早于男生,女生更可能同时经受学业和发育的双重压力;同时女生更容易对自己的外貌和身材不满。

(三)自我评价的发展特点

自我评价能力是自我意识发展的主要标志。自我评价在分析和评价自己的行为和活动的基础上形成。小学生进入小学后,其自我评价的能力得到进一步发展,主要表现为:

1.从顺从别人的评价到形成自己独立的见解

初入学的小学生自我评价在很大程度上依赖于家长、教师的评价。三、四年级开始,小学生的自觉性和独立性有了明显发展,通过相互评价,逐步学会对自己和别人的行为加以比较,能够独立地做出自我评价。

2.从具体的外部行为的评价到比较抽象的内心品质的评价

小学生的自我评价是从注重行为效果的具体评价过渡到注重行为动机的抽象评价,从对别人和自己的外部行为的评价逐渐转向内部世界,自觉地评价别人和自己的个性品质。

3.自我评价的稳定性增强

由于自我评价能力较低,较容易受他人评价的影响,小学低年级学生前后自我评价的一致性较低,表现出情境性和不稳定性。随着自我评价的能力和独立性的提升,到了小学高年级,他们前后评价的一致性逐渐提高。

除此之外,已有研究还发现,小学生的自我评价有以下几个特点。李晓文(2002)的研究表明,适应良好的小学生自评为被人喜欢的较多,适应不良的学生认为自己得意的地方则多为集体不鼓励的、不受大家欢迎的。即适应良好的小学生多从积极的内在体验进行评价,适应不良的学生多从外在价值进行评价。朱海英(2002)的研究显示,三年级以上学生在认识自己的躯体外貌、社交等方面已具有较强的能力,并开始关注自己在同伴中的形象。台湾心理学家杨国枢的研究也发现,小学高年级学生较多地从社会赞许方面评价自己。

在小学阶段,自我体验与自我评价的发展具有很高的一致性和紧密的关系。研究发现,自尊心强的儿童往往对自己的评价比较积极;相反,缺乏自尊心的儿童则自暴自弃。

(四)自我控制的发展特点

自我控制力的获得,是童年早期发展上的一个重要里程碑。自我控制是个体对自己行为的监督与调节,使之达到自我的目标。自我控制直接影响小学生的学习、生活、社会交往等方面,对于小学生形成良好的个性极为重要。

从总体上看,小学生自我控制能力的发展随着年龄的增长逐渐提高,呈现出由低到高的发展趋势。章建跃、董奇等人研究了小学生自我监控学习能力,发现计划性、监视性、有效性等维度均随着年龄的增长有所提高。张萍(2012)等人的研究发现,小学生的自我控制处在平稳发展阶段,但女生的发展水平明显高于男生;三、四年级学生的自我控制能力处于过渡阶段,由于他们的注意分配能力有限,意志力较差,其自我控制仍表现出很大的不随意性。

五、教育的对策

对小学生进行自我意识的教育,要引导小学生形成正确的自我认识,培养小学生的自我控制能力和促进小学生积极的情感体验。

(一)教育学生要正确认识自我

小学阶段,教师是儿童发展的"重要他人"。小学教师对学生自我概念的形成与发展具有重要影响。小学教师看待学生的态度、对待学生的方式,是学生在学校环境中处境是否积极的重要因素。小学教师要热爱学生,公平对待每个学生,鼓励后进学生,帮助学习困难的学生,促进学生积极自我概念的发展。对于自我评价过高的学生,教师要防止他们骄傲自满,谨慎表扬,并针对他们的问题适时批评,使他们对自己有正确的认识。

教师可以通过以下方式培养小学生的自我认识能力。一是改善师生的交往类型。在教学中要发扬民主思想,从权威强调式的交往改变为民主平等式的交往,使学生获得自主感。二是改善教育方法。在教育过程中,将批评改为鼓励、建议,对于学生的错误要给予纠正。同时鼓励学生的自信心,尊重学生的人格,使学生能够获得安全感、体验到成就感,形成积极的自我认识。三是改善不良现象。教师尤其要注意改变学生交往中存在的等级性、歧视性等现象,要教育引导学业成绩、家庭出身等方面不同的学生平等合作地交往,通过组织一些兴趣活动、文体活动、科技小组活动等,使学生在同辈群体的交往中,不仅获得知识,而且能及时得到关于自我情况的反馈信息,发现自己的长处与短处,了解自我与他人的距离,能够相互取长补短,从而更好地认识自我,树立正确的自我意识。

(二)培养学生的自我控制能力

自我控制能力对于小学生搞好学习,形成良好的个性品质非常重要。教师可以通过下列环节培养小学生的自我控制能力:(1)向学生阐释自我控制能力的含义和重要性,以及自我控制方面的知识;(2)向学生进行自我控制过程的心理示范,即教师通过大声思维向学生展现自己是如何思考、如何提醒和监督自己的,给学生提供示范,让学生通过大声思维来体会自我控制的过程;(3)对学生进行自我控制技能的训练,如随身携带警句,遇事告诫自己不能冲动,要冷静考虑;(4)给学生提供大量练习与实践的机会,并给予学生积极反馈,以促进学生自我控制能力的保持与迁移。

(三)促进学生积极自我的情感体验

小学生积极自我的情感体验来自他人的肯定与接纳,来自良好的人际关系和获得成功的经验。因此,教师要帮助学生建立良好的人际关系,学会与教师、家长、同学和睦相处,能够真诚待人,与人为善,乐于助人,学生一旦认识和感受到自己是受大家欢迎和喜爱的,就能产生被大家接受的认同感和价值感。另外,教师要注意激发学生的学习动机,调动学生学习的积极性,给学生创造表现聪明才智的机会、获得成功的机会,使学生能够体验成功,促进其形成积极自我的情感体验。

本章小结

1.个性是个体通过活动形成的稳定的、独特的、具有社会意义的心理品质系统。其结构包括个性倾向性、个性心理特征和自我意识。影响小学生个性形成和发展的因素主要涉及生物因素和环境因素。

2.气质是个体心理活动表现在强度、速度、稳定性和灵活性等方面的动力性质的心理特征。个体的气质类型主要有胆汁质、多血质、黏液质和抑郁质四种。教师应根据学生气质特点,采用不同的教育方法;要正确认识学生的气质类型,帮助学生扬长避短。

3.性格是指个体对现实的稳定态度和习惯化了的行为方式。性格的结构包括理智特征、情绪特征、意志特征和态度特征。教师应在活动中塑造学生的良好性格;用知识孕育和丰富学生的良好性格;用集体教育塑造学生的良好性格;以自己的良好性格品质影响学生的性格。

4.自我意识是指一个人对自己以及自己同客观世界关系的意识。自我意识具有意识性、社会性和能动性。教师应教育学生正确认识自我;培养学生的自我控制能力;促进学生积极自我的情感体验。

复习思考题

1.概念解释

个性　气质　性格　自我意识　自尊

2.问题简答

(1)影响个性形成和发展的因素有哪些?

(2)气质有哪几种主要的类型,各有什么特点?

(3)性格特征表现在哪些方面?

3.理论论述

(1)论气质与性格的区别与联系。

(2)简述小学生自我评价的发展特点。

4.实践探索

(1)教师如何针对小学生不同的气质类型进行因材施教。

(2)观测或测量小学生的气质类型和性格特征。

5.案例分析

小芳是一位五年级的学生,性格内向,平时不愿意跟同学们打交道。在班里是一个学习困难的学生,一提考试就没精神。她竟然对老师说:"我这个人很笨,怎么也学不会。在家里的时候,爸爸妈妈经常这样说。在学校,很多同学都笑话我,甚至有老师说我笨。"请分析小芳的主要问题是什么,如果你是老师,该怎样帮助她?

第五章　小学生的社会性发展

【学习问题】

什么是社会性发展？社会性发展包括哪些结构，其功能是什么？小学生的情意、人际关系与社会行为的发展有何特点？如何针对性地开展小学生社会性发展的教育和引导？

【学习目标】

了解社会性发展的含义和结构，掌握小学生在情意、人际关系和社会性行为等社会性发展方面的特点和规律，能够遵循小学生社会性发展的规律，采取相应的教育对策促进小学生的社会性发展。

【学习方法】

学习本章内容时，应查阅参考社会性发展的相关研究资料，带着行动研究的思路，联系小学社会性发展的现状进行思考，进一步加深对所学知识的理解和应用。

第一节　概述

社会性发展是小学生心理发展的重要内容。社会性发展程度是个体健全和成熟的一个重要指标，也是衡量其作为社会公民是否合格的关键所在。因此，培育小学生的社会性发展是现代小学教育者的应有职责和重大使命。

一、社会性发展的含义

社会性发展（social development）是指个体在与他人或社会互动中建构并表现出来的行为模式、情感、态度和观念以及在时间上的变化。社会性发展是一个动态的过程，通过社会化对个体施加社会影响，使其具备社会性的过程。

社会性（sociality）是指作为社会成员的个体为了自我发展和适应社会生活所应具备和表现出来的心理和行为特征及符合社会规范的典型行为方式。社会性可以说是个体对社会事物认识和适应的结果，是一种静态形式，是社会性发展不断建构的结果。社会性不同于动物性，它摆脱原始本能的控制，表现出独特的人类理智和社会组织功能。社会性也与个性有区别，它不是独特的、带有个别性的行为方式，而是注重人们在社会组织中符合社会规范和传统习俗的共性的行为方式，带有共性。

二、社会性发展的心理结构

社会性发展的心理结构是个体社会性发展所包括的成分及这些成分之间的相互关

系。社会性发展应该包括哪些结构,不同的研究者往往有不同的理解。一般认为,社会性发展的结构包括下面六个方面。

(一)社会认知

社会认知(social cognitive)指个体对自己与社会中各种社会刺激的综合加工过程,如对他人的行为状态、行为动机和后果的认识判断,对家庭、学校、社会机构、民族国家等社会环境和现象的认知和评价,对文明礼貌、生活习惯、公共规则、交往规则等社会规则的认识或认同。其中,在儿童社会认知中,观点采择(perspective-taking)能力是其社会认知发展的核心(R. Selman,1990),是儿童去自我中心化的重要表现,在相当程度上决定着儿童社会认知和社会性发展的水平(俞国良,辛自强,2013)。

(二)社会情意

社会情意(social feelings & will)指社会情感和意志,是个体在成长和发展的复杂社会情境中发展出来的情绪情感体验和情绪管理以及意志品质。如成就感、幸福感等积极情绪;爱国主义、责任心、同情心等道德情感;依恋、孤独、社交焦虑等人际情绪;情绪表达、情感理解、情绪控制和克服困难的勇气与独立、果断、坚强的意志力等。

(三)社会行为

社会行为(social behavior)是个体在与人交往及参与社会活动时表现出来的行为反应。如在与他人交往中是分享、合作、帮助等利他行为,还是对他人身心伤害和攻击行为,以及以大欺小、以强凌弱的欺负行为;是通过观察和分析独树一帜,还是对别人行为的模仿、仿效、跟随等。

(四)人际关系

人际关系(interpersonal relationship)是个体与他人在互动中建立的直接的心理上的联系,包括亲属关系、朋友关系、同学关系、师生关系等。在这些关系中,存在某个或者某些对个体有着非常重要影响的关系人,我们称之为"重要他人"。在个体的成长和发展的不同阶段,其重要他人有所不同,如婴儿期的重要他人是父母;小学生的重要他人是家长、教师、同伴;成年期的重要他人是领导、同事、朋友。

(五)自我意识

自我意识(self-consciousness)是个体对自己身心活动的觉察,即个体对自己以及自己与周围关系的认识,包括知、情、意三个层面的结构。知就是自我认知,如自我概念、自我形象、自我评价、独立性等;情就是自我体验,诸如自尊心、自信心、自我价值感、成就感、进取心等;意就是自我控制,诸如自制力、自觉性、坚持性、果敢性等。人生不同的发展阶段,个体自我意识的形成各有特点。

(六)道德品质

道德品质(morality)是指社会道德现象在个体身上的反应,也就是个体内化社会道德规范,养成良好道德行为习惯,表现在对道德规范的认识及行为实践中对道德规则的遵循程度上。

上述社会性发展的心理结构相互影响、相互作用,构成一个多维度、多层次、多关联的综合交错的整体结构。比如人际关系既是个体社会性水平的表现,也是社会性发展其他方面的背景；社会情意既是社会认知和人际互动的结果，又是人际交往的条件。本章中，我们着重阐述小学生的情意发展、人际关系与社会行为三方面的社会性发展。

三、社会性发展的特征

（一）系统性

社会性发展的心理结构是一个复杂的系统，内部成分之间相互影响，相互作用，构成有机整体。比如人际关系既是个体社会性水平的表现，又是其他方面社会性发展的背景；社会性情感既是社会认知和人际互动的结果，也是人际交往的条件。同样，社会性某方面的发展可能促进或阻碍另一方面的发展。例如，自控能力较强的人，较易遵守社会规则，讲礼貌、守纪律，具有良好的行为习惯；自信心较差的人，不敢与人大胆交往，其人际关系就得不到充分发展。因此，要培养小学生的社会性发展，不能单打独斗，要放在整个社会性发展系统中进行考虑。

（二）制约性

个体的社会性发展虽然并非针对社会现实本身，但作为个体认识和适应社会时所具有的内在特质（如人格、自我概念）、知识（如道德规范知识、权威概念的知识）和能力（如社会交往技巧），必然受到社会环境条件的制约。研究发现，小学生的社会性发展受到现实和虚拟社会场域的制约，与社区环境和家长文化程度显著相关（郑淮，2013）；家庭结构、父母的文化水平、家庭收入和父母教养方式显著影响小学生的社会性发展（罗钰乔，2017）。

（三）主动性

社会性发展不仅受社会环境的影响和制约，个体的主动性作用也非常显著。例如，随着我国对农村留守儿童心理问题研究的不断深入，发现过去的研究夸大了农村留守儿童生活环境的消极作用，抹杀了农村留守儿童主动发展的积极性以及对生活环境的适应性。事实上，许多农村留守儿童能够在父母远离家庭的日子里学会照顾自己，学会干家务活，勤奋学习，与人和睦相处。农村留守儿童的这种积极特征会成为一种保护因素或发展资源，在一定程度上平衡、战胜、补偿或削弱其生活环境带来的消极影响。

（四）动态性

个体社会性发展过程是一个既有连续性又有阶段性的不断变化过程。例如，儿童的道德认知发展经历着从他律性道德水平到自律性道德水平阶段。每个阶段既有各自的独特特征，又孕育下一个阶段的发展。又比如，作为人际交往重要方面的异性交往，随着年龄的增长，经历着"两小无猜""男女授受不亲""朦胧的牛犊恋"和"亲密的恋爱"等阶段。

四、社会性发展的功能

在个体心理机能的发展中，认知发展与社会性发展是最为重要的两个部分。认知发展直接影响个体的学习与思维水平；社会性发展则表现在个体与社会事物的不断认识和互动过程中，体现在促进个体社会化和实现个别性等方面。

(一)整合功能

社会性发展体现在促进个体社会化,获得社会认可的心理和行为方式,包括建立和维持与他人的关系上,根据社会规范和标准调整自身的行为,逐步成为社会所接纳的成员。这种整合功能保证个体能够参与到社会生活中,成为社会的合格公民。

(二)分化功能

社会性发展促成个体实现自己的"个别性",即社会意义下的个性发展。个别性包括个人自我意识的发展、气质、性格以及在社会允许范围内形成个人的社交天地。这需要理解个人独有的特征并把这些特征与人际关系的要求协调一致,确定个人在社会生活中的独特方向,发现自己独特的个性、需要和精神所能适应的位置,适应所要求的职业角色、性别角色和家庭角色。

社会性发展的这两种功能,对于个人适应社会生活都是必需的。个人借助整合功能维持与他人和社会的联系,如果这种功能不完善将导致个体的人际冲突、孤独感,甚至犯罪,引发其在认知技能和情感上的欠缺。通过分化功能,个人可获得社会定位和角色控制的成就感,如果分化功能失败则会导致个体失望、麻木和社会混乱。

第二节　小学生的情意发展

情绪、情感和意志在小学生的社会性发展中占有重要的位置。小学生的学习与生活需要他们投入情绪和情感,要情绪饱满、热情洋溢、热爱学习与生活,要斗志高昂、敢于克服学习困难,才能获得学业成功,得到更加全面的发展。

一、小学生情绪与情感的发展

情绪和情感是与人的需要相联系,具有特定主观体验、外显表情和生理变化的心理活动过程。随着小学生年龄的增长,知识经验的丰富,生活阅历的增加,他们的情绪和情感发展出了一些新特点。

(一)情绪表露开始考虑社会赞许因素

表情是个体情绪的外在表现,主要通过面部、语言和语调以及身段来表达内心的情绪。总体来说,小学生喜怒哀乐的情绪易受具体事物支配,很容易从他们的表情上反映出来,他们还不善于控制自己的情绪。如小学生得到教师的表扬和夸奖,常喜笑颜开;受到教师的批评和教训,常低头闷气或伤心哭泣。因此,人们常说小学生的表情是其情绪变化的"晴雨表"。不过,到了小学三年级以后,小学生或许为了逃避惩罚或获得成人的赞许,越来越懂得情绪表露必须考虑社会赞许因素,不再用吼叫、生气或攻击来表达自己的消极情绪,而更多地使用言语策略,甚至懂得采取一定的方式来掩盖自己的真实情绪。

(二)情感的内容不断扩大加深

随着小学生年级的升高,他们的情感生活不断丰富。在学习生活中,求知欲促使他们兴奋、疑惑、惊奇;文学作品中的优秀人物使他们产生敬仰、爱慕之情,反面人物则使他们产生憎恨、厌恶之感;祖国历史、地理等多方面的知识使他们产生了祖国光荣的爱国情感;共同学习与集体生活使他们产生了友谊和集体荣誉感。同时,小学生的情感体验变得更为复杂多样和细腻微妙,如他们不仅会微笑、大笑,还会羞涩地笑、嘲笑、苦笑等。小学生情感的深刻性还表现在对待父母的情感上,表现出尊重父母劳动、崇拜父母品行、精神上安慰父母等;能够运用社会道德标准来解释自己或他人情感产生的原因,社会因素对他们情感的制约显著增加。

(三)情绪的冲动性减少,稳定性增强

在小学中高年级,小学生调控自己情绪的能力逐渐提高,能在一定程度上抑制自己的冲动,克服困难,完成应该完成的任务;能为了班集体利益而放弃自己的利益。他们对消极情绪的调控能力得到较快发展,能有意识地控制自己的消极情绪,以免威胁到自己的尊严。有研究发现,小学生情绪的调控能力在五年级左右表现出较大的提高(黄煜峰,1986)。随着小学生情绪调节能力的发展,他们还会获得一种"情绪自我效能感",即对控制自己情绪体验的感受(Saarni,2000)。这有助于培养小学生积极的自我概念和乐观主义,有助于他们面对以后的情绪挑战。雷雳(2012)的研究发现,情绪调节能力强的学生在心境、共情和亲社会方面都会不断进步,而情绪调节能力差的学生其消极情绪随意宣泄,势必妨碍其亲社会行为和同伴接受性。

(四)情感的理解能力有所提高

小学生根据面部线索判断表情的能力发展较早且相当完善(乔建中,1998),但对情绪的内隐理解却是到小学高年级才出现。高年级的小学生才能明白愤怒、悲伤和恐惧蕴含表达者不同的人际地位,并容易诱发接受者不同的情绪和后继行为。如愤怒情绪意味着表达者的支配地位,会诱发接受者的恐惧情绪和道歉认错行为;悲伤和恐惧意味着表达者的非支配地位,会诱发接受者的悲伤情绪和目标恢复行为,恐惧情绪有时还会诱发接受者的高兴情绪(罗峥,郭德俊,2002)。

情感理解能力的构成中,移情能力是其重要载体。小学生的移情能力是随着年龄不断变化的。霍夫曼(H. L. Hoffman,1984,1992)认为,小学阶段移情能力经历两个阶段:一是推断的移情阶段。小学低年级的学生能够对直接情景的线索做出认知和情绪的体验,但不能对非直接的线索做出准确的移情体验。例如,他们可能对遭受家庭破裂的孩子表示同情,但很快会因该孩子衣衫褴褛而不与他玩。二是超越直接情景的移情阶段。小学高年级学生能够注意到他人的生活经验和背景,对他人的情感反应超出直接情景的局限。因此,这个阶段的学生能够体验到相同数量的 50 元钱对一个有钱人与穷人的主观感受不同。

弗拉维尔(J. H. Flavell,1985)认为,儿童对他人的情绪表现可能做出三种不同的反应:一是没有伴随相应的社会认知过程,而是属于条件反射性的情感感染现象,例如别人哭,自己也不由自主地流泪,别人害怕,自己也感到害怕;二是理解别人的情感并产生同样的情感,如看《妈妈再爱我一次》的电影时,有不少小学生为主人公的不幸遭遇掉下了眼泪;三是虽能够认识他人的情感,但自己并没有伴随着相应的情感,例如有时候,小学生可能知道他人的痛苦,但自己并不感到痛苦。也就是说,儿童在对别人的情感认识上与在自己对此情感的体验上可能不同。因此,教师要提高小学生的移情能力,既要使小

学生对他人的情感有较强的辨别能力，又要引起小学生情感的共鸣，只有将两者很好地结合，才能更好地对小学生进行移情培养。

（五）高级情感进一步发展

高级情感是指与社会需要相联系的情感，包括道德感、理智感和美感。在学校教育的影响下，小学生的高级情感进一步发展起来。

1.道德感的发展

道德感是人根据一定的道德标准评价自己或他人的行为举止、思想意图时所产生的一种情感体验。年幼儿童中有一种道德情感与道德认知相脱离的现象——"快乐的损人者"（happy victimizer）。"快乐的损人者"现象的研究表明，当要求儿童对损人者的情绪进行判断时，4～6岁的儿童通常会判断成功的损人者感到高兴，而不管损人行为成功与否；8岁以后的多数儿童会判断损人者感到伤心、内疚等消极情绪（陈少华，郑雪，2000）。

儿童道德情绪判断归因模式的发展是从"结果定向"逐步过渡到"道德定向"并整合多种定向的发展（李占星等，2014）。学前儿童以结果定向为主（占80%），小学生则以惩罚定向和道德定向为主（分别为28%和42%）。8岁小学生已能将行为者的结果和意图结合起来分析，并提供比较复杂的情绪类型，如后悔、害羞、内疚等（李占星等，2014）。同时，儿童的道德情绪判断与归因会受到不同行为情境的影响（陈璟，李红，2009；李占星，朱莉琪，2015），如在成人权威目击了损人行为后做出否定性评价，儿童会因此更倾向于判断损人者感到不高兴（李占星，朱莉琪，2015）。

总之，小学生道德情感的发展是一个从外部控制向内部控制转移的不断内化过程，三年级是其道德情感发展的转折期。小学低年级学生主要以教师、父母的反应作为自己道德情感体验的依据，中年级学生主要以一定的道德行为准则为依据，高年级学生则开始以内化的抽象道德观念为依据。不过，在小学生道德情感的发展过程中，不同道德范畴的情感体验具有不平衡性和个体差异性。

2.理智感的发展

理智感是人们在获取知识时所产生的情感体验。小学生理智感的发展主要表现在学习兴趣、好奇心和求知欲的变化上。学习兴趣在整个小学时期的发展趋势为：从对学习过程和学习的外部活动感兴趣，发展到对学习内容和独立思考的作业更感兴趣；从笼统的、不分化的兴趣，逐渐产生对不同学科内容的初步分化兴趣；从对具体事实的兴趣发展到初步探讨抽象知识和因果关系的兴趣；阅读兴趣从课内发展到课外，从童话故事发展到文艺作品和通俗科普读物；从对日常生活的兴趣，逐步扩大和加深到对社会和政治生活的兴趣。好奇心在不同年级的小学生中存在显著差异，这种变化并不随年级的升高而增加或降低，而是随着教育情景、学习压力等其他因素发生变化（刘宇晨等，2017）。求知欲包括求知需要、学习态度、积极的情绪情感体验等，通过激发积极的学习态度使之获得成功的体验是促进小学生求知欲发展的重要途径（张丽华，杨丽珠等，2001）。

3.美感的发展

美感是人对客观事物或对象美的特征的情感体验，是由具有一定审美观点的人对外界事物的美进行评价时产生的一种肯定、满意、愉悦、爱慕的情感。美感与小学生的知觉、思维发展有密切关系。小学生对事物美的评价有两个特点：一是受事物外部特征吸引,如色彩鲜艳、新奇性;二是真实感,凡是与实物十分相像的作品就是好的,否则就是不好。小学生还不会欣赏抽象的、概括化的艺术作品,在欣赏过程中,更多注意的是具体事物和事实,对作品的艺术水平很少注意。

黄煜峰等人(1986)研究发现,小学生美感体验的发展有如下趋势:小学低年级学生已能很好地欣赏动物塑像,美感体验与高年级十分相近,对人体造型的欣赏还处在发展中;在音乐美感的欣赏中,小学高年级学生与中学生一样,认为流行歌曲通俗易懂,旋律优美。这表明,小学生美感体验的能力,明显地受制于对客观事物外部特点和内部特征的领会和理解,经常接触的具有明显美的外部特征的客观事物容易使小学生产生美的体验。小学生的美感,可以通过绘画、音乐、舞蹈表演、阅读文化作品等教育活动发展起来。

二、小学生情感能力的培养

小学生的情绪与情感是一个逐渐发展的过程。小学教师应根据学生情绪与情感发展的规律,注意培养他们的积极情感,控制和减少他们的消极情绪。

(一)通过认知引导,培养学生积极情感

情绪与情感是个体的主观体验,建立在个体价值观等内在认知需要的基础上。通过价值观引导,转变个体认知观念,可以影响个体的情绪体验。小学生的情绪与情感也不例外。因此,教师要培养小学生的积极情绪与情感,如快乐感、热爱感、幸福感、满足感等,就要注意对小学生传授知识的同时,引导他们明辨是非,提高他们对思想情趣的判断能力,使他们的情绪向正确的方向发展。这就要求教师在教学内容上,不仅要传授小学生具体知识,还要注意培养他们正确的理想、价值观与人生观,要善于挖掘课程教学内容中的情感内容,如通过语文教学来培养学生的高尚情感,通过社会或综合实践课来培养学生对祖国、大自然的热爱。

(二)通过活动体验,丰富学生情感

小学生的思维具有具体形象性,教师可通过开展丰富多彩的活动,引导他们形成丰富的情感。蒋巧君(2005)通过实验研究证实,教师对学生开展情感教育活动课程有效可行。[①] 如通过课外阅读、观看文艺演出、体育比赛等来培养小学生的丰富情感。在活动之后,教师要引导小学生讨论,畅谈感想与体会,使小学生在收获知识、增长阅历的同时,能够培养他们情感的丰富性、深刻性。教师还要引导小学生在生活中将情感体验和行动结合起来,体验真实而具体深刻的情感,如引导小学生尊敬热爱父母,关心帮助他人,以发展他们的责任感、同情心;鼓励小学生参加集体活动,使其产生关心热爱集体的荣誉感和自豪感;让他们做一些力所能及的家务劳动和社会公益活动,培养他们的义务感和责任感等。

(三)通过策略训练,教会学生调控情绪

小学生善于控制和调节自己的情绪,不仅有助于他们建立良好的人际关系,培养健全的人格,而且也是他们社会性发展的重要内容。让学生正确认识自己情绪变化的规律,确认不良情绪是客观存在的,不应逃避,而是要采取正确的方法手段来减轻其带来的

---

①　蒋巧君.小学生情绪教育活动课程的实验研究[J].教育学报,2005(6):69-76.

消极影响或预防不良情绪的产生。对小学生而言,自我调节情绪的能力相对较弱,平时老师都可以进行必要的渗透,指导学生学会不良情绪的自我调节。不良情绪是不能完全预防和消除的,那么当不良情绪产生时,懂得在适当的时候,适当的场合,对适当的人,能够适度地宣泄,这是对不良情绪最好的调节办法。当遇到有的学生情绪不好时,帮助他们有意识地让自己转移注意力,如看电影、听音乐、健身、参加自己喜欢的公益活动等等,都会使紧张的情绪松弛下来。小学生的情绪感受相对要简单、粗浅些,要有足够的耐心、足够的同情心和理解力去帮助学生认清自己,找到自我调控的窍门。

【扩展性阅读】

社会情感学习

1994 年,美国的"学术、社会和情感学习"联合组织(CASEL)开启了社会情感学习(Social and Emotional Learning,SEL),旨在认识并管理自己的情绪,学会关爱他人,建立积极的人际关系,做出负责任的决策,有建设性和有道德地处理具有挑战性的状况。2002 年起,联合国教科文组织向全球 140 个国家推广了这一项目。如今,在世界各国掀起了一股开展社会情感学习的浪潮。2011 年,联合国儿童基金会将"社会情感学习项目"引入中国,开始在重庆等 5 个省市农村学校开展试点。CASEL 界定了社会情感学习的五组核心能力,即社会情感学习的维度。主要包括下面的内容:

1. 自我意识。准确地判断和认识自身的感受、兴趣、价值观和能力优势;保持自信心。

2. 自我管理。管理自己的情绪来处理焦虑,控制冲动,在挫折与阻碍面前坚持不懈;设置学业目标并监督自己不断向目标靠近和进步,适当地表达自己的情感和情绪。

3. 社会意识。能够理解他人并同情他人;认识并学会欣赏个人与他人的共同点与差异;学会发现并利用家庭、学校和社会的资源。具体地说,有社会意识的小学生能够通过语言、肢体和环境的线索来识别出他人的感受。

4. 人际关系技能。在合作的基础上建立并维持健康的、有益的人际关系;抵制不当的社会压力;预防、管理并解决人际冲突;当有需要时向他人寻求帮助。

5. 负责任地决策。在综合考虑道德标准、安全性、社会规则、尊重他人以及不同行为造成的可能的结果的情况下做出决策;将这些决策技能运用到学习和社会情境中;对自己的学校和社区的健康发展做出贡献。

三、小学生意志能力的发展

意志是人们自觉地克服困难来完成预定目的和任务的心理过程。小学生的意志发展主要存在以下三个问题。

(一)意志薄弱,易受暗示

小学生的意志相对比较薄弱,他们在学习生活过程中经不起困难和挫折的打击,遇到困难,不善于独立解决,得不到成人帮助就容易放弃。在学习过程中,注意力容易分散,常经不起外界的诱惑而放弃作业去玩耍。同时易受暗示,尤其是低年级小学生更是如此,如果家长、教师不提醒或监督他们学习,就不会主动检查作业,在作业完成的过程中一旦发现自己的作业答案与其他同学不一致,易放弃自己的主张。自我评价很大程度上来源于家长、老师的评价。

(二)缺乏自觉性和主动性

小学生一般不善于自觉独立地提出行动的动机和目的,往往需要家长、教师的教育引导才能提出来。他们完成作业的自觉性不够,多数学生不能主动地完成一些作业,遇到困难就放弃不做了,也不会问家长或老师同学,半途而废。要不然就是不够细心,没有耐心将事情做完就跑了。行为的目的比较短近、狭隘,不能长时间地坚持实现原定的目标。随着年级的升高,知识经验的增多,小学中高年级学生能逐步自觉独立地向自己提出行动的动机和目的。

(三)不善于斟酌和计划

小学生在决定意志行动时,不善于斟酌事情的利弊,而是很快做出决定并马上执行。如拿到作业题就开始动手做,而不事先思考题目的条件和要求再做题。因此,他们通常表现出思维的匆忙性,思维缺乏独立性和批判性,无条件地执行教师或家长的意见,不管他们的意见是否正确。到小学中高年级,他们开始表现出对意志行动的反复思考和计划,但水平不高。

四、小学生意志能力的培养

小学生优良的意志品质是在实践活动中经过克服困难逐渐形成的。小学时期是小学生意志品质形成和发展的重要时期,培养小学生良好的意志品质对其一生发展有重大影响。

(一)通过榜样引导学生树立远大的志向

人的志向是其人生观的集中体现。志向中有着强烈而持久的动机,是坚强意志的前提。教育心理学表明,志向能激发个体的热情和斗志,充分发挥个体的主观能动性去克服困难,实现自己的目标。古往今来,不少有成就的人的事迹都说明了这一点,如卧薪尝胆的越王勾践,闻鸡起舞的祖逖,等等。教师和家长应引导小学生通过阅读名人传记、优秀文学作品、故事会等来帮助他们从小树立远大志向。

(二)通过实际活动锻炼学生的意志

小学生意志品质形成的关键在于实际活动的锻炼。教师和家长要通过多种有目的的活动来培养学生的意志品质。如通过学习目的的教育,使学生明确学习的目的,克服学习困难,坚持学习来锻炼意志品质;在体育活动中,通过鼓励学生坚持体育锻炼,克服来自自身与外部的困难来锻炼意志品质;在集体活动中,通过布置任务,让学生独立完成来锻炼意志品质。如果小学生能在许多小事中通过练习磨炼出坚强的意志,遇到大事就能把这些意志品质表现出来。当然,小学生意志品质的锻炼是长期的过程,需要教师和家长耐心陪伴。

(三)培养学生良好的行为习惯

习惯成自然,良好的行为习惯能使小学生不必付出太大的意志努力就能很好地完成任务。小学生的行为习惯应从小事开始培养,如遵守作息时间、先做完作业再玩耍、做完功课后收拾好自己的书包等。教师和家长对小学生要严格要求,要求他们必须完成的任务就一定要完成,不能迁就他们的无理要求,不能让他们半途而废;要求小学生要改正的缺点,就要教育他们一定努力克服。小学生在形成这些良好行为习惯的同时,也锻炼了其意志品质。

(四)创设克服困难的情境

小学生意志品质的培养必须与克服困难相结合。因此,教师和家长应该为小学生创设一些困难的情境,为其意志品质的发展提供机会。当然,创设的困难情境应符合小学生的实际水平,过难或过易的困难情境都将对小学生造成不良影响。困难情境过难,会使小学生感到任务难以完成,产生挫折感和自卑心理;困难情境过易,则激不起小学生的兴趣,不愿意参与。只有让那些小学生付出一定的努力才能完成的困难情境才是适当的,这样能够培养他们的意志品质。

第三节　小学生的人际关系

人际关系是指人们在共同的活动中彼此为满足各种需要而建立起来的相互间的心理关系。人际关系主要表现为个体彼此之间心理距离的远近、对他人的心理倾向性和相应的行为表现。由于小学生的社会活动场所主要集中在家庭和学校,因此他们的人际关系主要表现为亲子关系、同伴关系和师生关系。

一、小学生的亲子关系

家庭是亲子关系发生的主要场所,是小学生情感的安全港湾、物资的储备库、认知的资源,对小学生的健康成长影响很大。要发挥家庭促进小学生身心健康成长的作用,良好的父母教养方式是前提,融洽的亲子关系是关键,合理管教行为是保证。

(一)父母教养方式

父母教养方式是父母的教养观念、教养行为及其对孩子情感表现的一种组合方式。父母教养方式的两个维度尤其重要,一是父母的"接受—响应",二是父母的"要求—控制"。父母的"接受—响应"维度是指父母对孩子需要的支持程度和敏感程度,以及在孩子满足他们的愿望后,会对孩子的表现给予温情和赞扬。如果父母对孩子贬损、惩罚或忽视,很少肯定孩子和展现对孩子的爱,是父母"接受—响应"低的表现。父母的"要求—控制"维度是指父母对孩子进行管理和控制的程度。控制性的父母对孩子设定规矩,要求孩子遵守,并密切监控孩子的活动以确保他们守规矩。

麦克斯白(E. E. Maccoby)和马丁(Martin)(1983)认为,根据上述父母教养方式两个维度的交叉,可以组合成四种不同的父母教养方式类型:(1)权威型。这种父母教养方式会给孩子立下清晰的规矩,解释为什么要这么做,并贯彻始终。虽然父母说了算,但会尊重孩子,讲民主。(2)专制型。这种父母教养方式会给孩子提出很多规矩,要求其严格遵守,但很少解释为什么要这样做,往往通过体罚的方式迫使孩子服从。(3)放任型。这种父母教养方式很少对孩子提出要求,纵容孩子,让孩子随意表现自己的情绪和冲动,很少对孩子的行为进行控制。(4)忽视型。这种父母教养方式对孩子的要求和反应都较少,他们不太关心孩子,甚至拒绝孩子,忽略做父母的责任。基尔戈尔(Kilgore)等人(2000)的研究发现,权威型父母的教养方式最好,父母能够晓之以理地处理孩子的问题;忽视型父母的教养方式最差,在这种家庭成长的孩子往往成绩差、有行为障碍问题。我国的一些研究发现(卢富荣,2018;梁春光,2018),中国父母对孩子的要求严格,控制性较强,并认为这是对孩子爱的最好方式,孩子在这种家庭长大,品行端正、表现良好、学校适应良好和学业自信度高。王浩月(2016)的研究表明,家庭中的情感温暖、信任鼓励、民主与权威相结合的新生代教养方式,是最积极有利的教养方式,可以促进儿童身心的健康发展和发展良好的人际关系。雷雳(2012)认为,不管是哪种父母教养方式,关键在于孩子是否认同,只要孩子根据自己的文化及与父母的依恋来认定父母做得"对",那就是"好"的教养方式。

(二)亲子关系的变化

进入小学以后,小学生的亲子关系发生着变化。父母与孩子的交往时间缩短了。希尔(Hill)和斯坦福(Staford)(1980)的研究表明,5~12岁儿童的父母比学前儿童的父母在教导孩子、与孩子谈话、为孩子阅读、与孩子一起做游戏等交往的时间减少了一半。另外,父母处理孩子行为的类型也发生了变化。学前期父母主要处理孩子发脾气、打架等问题。到了小学阶段,父母并始转向更复杂的问题处理,如孩子的学习问题、做家务问题、同伴交往问题、家庭监控问题、家庭与学校问题等。教育方式也从幼儿时期的身体约束如打屁股和强制性控制等,转变到取消特权、吸引儿童的自尊、使用能提升儿童内疚感的评价等手段。小学阶段,父母对孩子的管理控制权逐渐转给孩子,父母并不是让孩子"放羊",而是"共治",即让孩子对自己的言行负责,父母只是进行一般性监督。共治源于亲子之间互惠和相互尊重基础上的合作关系。父母与孩子在一起时,需要从旁指导和监督,并清楚告诉孩子自己的期望,而孩子必须告诉父母他们上哪儿去、干什么、有什么问题,以便父母能够在必要时介入。麦克斯白(1984)将父母对孩子的控制变化分为三个阶段:(1)孩子6岁以前,父母控制。这个时期大部分重要的决定由父母做出。(2)孩子6~12岁,共同控制。父母这个时期的主要职责是:在一定距离里监督和引导孩子的行为;有效地利用与孩子直接交往的时间;加强孩子的自我监督和教孩子知道如何寻求指导。(3)孩子12岁后,孩子控制。孩子自己做更多的重要决定。

尽管在小学阶段,小学生的亲子关系会发生一定的变化,但小学生与父母的关系在总体上仍然保持着亲密的关系,父母仍是对小学生影响最大的人,他们通常会找父母寻求情感支持和建议、提升自我价值和解决日常遇到的问题。但小学生的亲子关系也存在一些不可忽略的矛盾亟待解决。比如,父母攀高、争名利的期待心理与孩子的兴趣和实际能力的矛盾;父母的从众、赶时髦心理和孩子内在的需要之间的矛盾;小学生与父母之间的关爱较多,但缺乏信任;父母双方在子女教育上的分歧;等等。因此,为促进小学生亲子关系的正常发展,应该加强亲子方面的辅导。

(三)父母的管教行为

父母对孩子的管教行为是保证小学生健康发展的条件。父母管教行为大体有以下四种。

1.直接教导

父母管教孩子的方式应该直截了当,父母想要孩子做什么,应该向孩子解释什么时候做,为什么要这么做,而不能含含糊糊,要求不清楚。父母应该像教练帮助运动员掌握运动技能一样,辅导孩子掌握社会技能和情绪调节技能。一般来说,只要父母采取直接教导的管教方式,孩子都能够遵照执行。

2.给予反馈

父母要给予孩子反馈以表明其行为是否适当,是否可以继续下去。反馈主要有:一是强化,即父母通过表扬、鼓励、设置奖品等方式来增加孩子正确的反应。父母要注意多给予孩子精神奖励,而不是过多的物质奖励。二是惩罚,即父母通过批评、限制等方式遏制孩子不正确的反应。但惩罚有副作用,父母要慎重使用。

3.榜样示范

父母给孩子树立学习、生活或道德方面的榜样,让孩子在观察榜样的行动中获得成长。父母自身也是孩子的榜样,潜移默化地影响着孩子。孩子通过观察,模仿、内化父母的行为和观念。因此,父母要注意检点自身的言行,成为孩子学习的好榜样。

4.抚慰帮助

孩子的成长中难免有困难和烦恼,如同学之间发生矛盾,忘记了完成老师规定的任务等。由于小学生依恋心理的存在,父母仍是小学生最重要的人,他们常常会向父母倾诉内心的烦恼和困惑。父母要学会倾听,鼓励孩子畅所欲言,帮助孩子分析事情的原因,减少孩子的不良情绪,帮助孩子解决遇到的各种问题。

二、小学生的同伴关系

同伴(peer)是指年龄相当、社会地位平等、认知和行为处于同一水平的交往对象。小学生的同伴关系是除亲子关系外的一种重要社会关系,是小学生实现社会化的重要手段。与同伴进行积极互动,通过非攻击方式解决同伴冲突,拥有良好的友谊,不仅对小学阶段的儿童具有正向作用,而且会影响到青少年和成人期的积极人际关系(J. W. Santrock,2014)。

(一)小学生同伴关系的特点

心理学界对小学生的同伴关系进行了大量研究。埃利斯等人(S. Ellis,et al.,1987)的研究发现,从婴儿期到 12 岁,儿童的同伴关系稳定增加,而与成人的接触相对减少(见图 5-1)。董莉、沃建中(2005)对三至六年级小学生人际交往发展特点的研究,也得出类似的结论:同伴关系的得分要高于师生关系和亲子关系的得分。

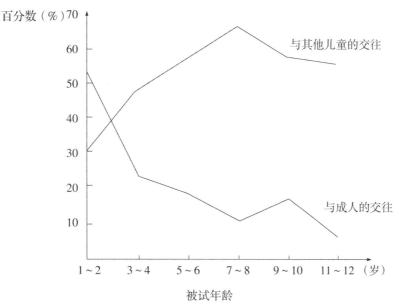

百分数（％）70

图 5-1 婴儿期到 12 岁儿童的交往

林崇德(1995,2009)研究总结出小学生同伴交往的主要特点:小学生开始形成同伴团体,与同伴交往的时间更多,交往形式更复杂;在同伴交往中小学生传递信息的技能增强;小学生更善于利用各种信息来决定自己对他人所采取的行动,更善于协调与其他同伴的活动。

小学生在同伴交往中,个体特征水平和互动水平会影响儿童的同伴关系(周宗奎等,2015),逐渐分化出不同的同伴地位,反映了他们的"同伴接受性"。常见的有:(1)受欢迎同伴。他们由于学习成绩好,社交能力强,擅长沟通,常与人分享,故受到许多同学的喜欢。西莱斯特(Cillessen)和罗斯(Rose)(2005)的研究发现,个别有打架斗殴等行为的学生因其言行表现出"酷"而受到部分同学的喜欢。(2)被拒绝同伴。许多同学不喜欢他们,由于他们多动、破坏纪律、干扰别人、社交技能差、不善于沟通、无法调节自己的情绪和冲动、以攻击为乐。普林斯坦(Prinstein)和西莱斯特(2003)的研究发现,他们退缩、胆怯、孤独、担心被嘲笑和攻击也会导致同学不喜欢,在性别上男生比女生更不喜欢安静退缩的同伴。(3)有争议同伴。他们受到一些同学的喜欢或者是或不喜欢。由于他们对人具有敌意、破坏纪律,但有自己的特长或有亲社会的行为,如能歌善舞,帮助关心同学等,使同学对他们的评价褒贬不一。(4)被忽略同伴。他们被同学所忽略、冷漠对待,既无积极评价,也无消极评价。由于他们社会交往少,常表现出胆怯、羞涩等。

越来越多的研究表明(邹泓,2003;杨丽珠等,2012;周宗奎等,2015;彭小凡等,2018),具有不同同伴接纳水平的小学生,其友谊质量存在着差异。同伴接纳水平对小学生人格的情绪稳定性等维度有预测作用。影响接纳水平的因素有很多,但基本因素还是儿童本人的社会交往技能,因此教育要培养儿童的社会交往技能,让他们掌握同伴交往策略。但需要指出,更多的研究(Ladd & Burgess,1999)发现,被忽略同伴的社会交往技能并不差,他们之所以不与其他同学交往,是没有觉得自己孤独和不快,只要他们愿意就能走出自娱自乐的圈子。

近年来,周宗奎(2015)、平凡(2014)等研究者对儿童网络交往做了探讨,认为随着移动网络技术的发展,网络交往对人们生活的影响越来越细致和深入,线上交往与线下交往已经融为一体,尤其是线上熟人互动和交往,已经是传统意义上的现实交往的一部分。适度的网络交往对个体的心理社会适应有着积极的作用,但过度依赖网络交往,容易网络人际关系成瘾。调查中发现越内向、孤独感水平越高的个体越是更多地寻求网络交往。社交退缩还会通过网络交往动机和网络交往行为预测个体的网络交往依赖。[1] 这一主题值得引起教育者和家长的重视。

(二)小学生的友谊

友谊(friendship)是小学生之间建立的一种特殊亲密的朋友关系。友谊对小学生的发展非常重要。研究表明,小学生缺乏友谊,会变得孤独和寂寞,甚至会造成心理障碍。友谊可以满足小学生影响他人、包容和情感的需要,给他们的学习与生活带来快乐,培养自尊感,增进幸福感。

小学时期同伴交往比较明显的特点是,小学生之间可以建立比较亲密的、稳定的友谊关系。帕克(Parker)和阿谢尔(Asher)(1993)的调查研究发现,在被调查的三至五年级小学生中,78%的人至少有一个互选的好朋友,55%的人有一个最好的朋友。我国李淑湘、陈会昌和陈英和等人(1997)采用结构访谈法对我国6~15岁儿童对友谊特性的认知状况做了研究,发现儿童对友谊特性的认知发展有明显的年龄差异。6~8岁的儿童只能认识友谊特性中一些外在的、行为的特征,以后才能逐渐认识到那些内在的、情感的特征,并且是与外在的特征一起走向深入。

美国心理学家塞尔曼(R. L. Selman,1980)对儿童友谊做了专门研究,根据儿童对友谊的理解将其友谊发展分为了五个阶段:

第1阶段,即时性玩伴关系(3~7岁)。这个时期儿童的友谊往往与实利和物质属性及其临近性相联系,保持着一种短暂的游戏同伴关系,很难做到稳定的友谊关系。

第2阶段,单向帮助阶段(4~9岁)。儿童以朋友帮助我、服从我为特征,一旦发现朋友对自己无帮助,就不再是朋友。

第3阶段,双向帮助阶段(6~12岁)。儿童对友谊的交互性有了一定了解,但是功利性体现仍然明显,还不能做到共患难。

第4阶段,亲密的共享阶段(9~15岁)。儿童已能认识到友谊的持续性、共享性,可以相互倾诉秘密、讨论计划,相互帮助。儿童的友谊走向稳定,一旦形成友谊,具有强烈的排他性和独占性。

第5阶段,自主的相互依赖的友谊阶段(12岁以后)。这是儿童友谊发展的最高阶段,他们互相提供心理支持和精神力量,以相互获得自我的身份为特征。

在友谊关系上,青春期之前的同伴交往中存在着性别疏离现象——倾向于偏爱同性别同伴并和同性别同伴游戏,而避开异性同伴(赵冬梅等,2008;周宗奎等,2015)。因此小学生的友谊大多在同性同学中展开。小学生的友谊存在显著的性别差异。帕克(1993)、陈斌斌(2011)等人的调查发现,三至五年级小学女生的好朋友比男生多。在描述朋友关系时,女生比男生更多地描述到朋友的关心、亲密、个人效度(personal valida-

---

① 周宗奎,孙晓军,赵冬梅,等.同伴关系的发展研究[J].心理发展与教育,2015(1):62-70.

tion)和冲突解决等方面的内容。李淑湘、陈会昌和陈英和(1997)的研究发现,男生在与朋友活动和游戏上明显多于女生;在对朋友之间的冲突解决上,女生认知高于男生。同伴关系的变化对孤独感的影响因性别而异。对于男孩而言,友谊质量的发展变化对其孤独感影响更突出;而对于女孩而言,社交自我知觉的发展变化对其孤独感影响更甚(赵冬梅,周宗奎,2006)。

(三)小学生的同伴团体

同伴团体(group)是指年龄相近的个体形成的关系亲密、交往密切的群体,常常遵循一定规则、完成共同目标,执行一定行为标准的多人结合体。小学生的同伴团体可分为有组织的集体和自发的团体。有组织的集体是通过正规指导下形成的有共同目标、共同纪律和共同舆论的集合体;自发团体是在没有正规的指导下形成的较为松散的结合体,又称同伴圈子,由于自我选择和同伴社会化,经常在一起亲密互动,团体内形成相似性态度和同一性行为。

同伴团体形成的重要时期在小学,有组织的集体是在学校或者其他组织帮助下形成的。小学生的集体主要是班集体。刚入学的小学生,还没有形成真正的集体,只能是人为编凑的、松散的集合,到了一年级下学期,小学生的集体关系和集体意识初步形成。二年级小学生已能明确意识到自己是班集体的一员,并把班集体的利益看作自己的利益。在这个时期,班级学生逐步分化,部分学生崭露头角,成为教师的助手和同学中的明星;另一部分学生作为班级的普通成员。随着年级的增加,小学生集体活动范围的逐步扩大,他们能更好地处理个人和集体的关系,能自觉服从集体,维护集体的利益。这种发展趋势的形成,在于小学生自身社会认知的发展以及学校教育的影响。因此,教师培养小学生的集体观念,需要在遵循小学生发展规律的基础上强化教育的功效。

小学生的自发团体结构松散,形式多种多样,按其倾向性不同,可以分为亲社会团体、反社会团体和非社会团体等类型。亲社会团体有助于小学生形成良好的道德品质,掌握受社会欢迎的社会技能,如社会公益小组。反社会团体是有害于社会、被社会予以否定的组织,如流氓团伙、抢劫团伙等,对小学生的发展危害极大。非社会团体指建立在共同的娱乐活动基础上的组织,如学习兴趣小组、舞蹈小组等。一般来说,小学生都愿意参加亲社会团体和非社会团体,但有研究发现,儿童选择与自己在学校适应方面相似的同伴组成同伴团体,在他人引诱下容易寻找不良的同伴团体,而且存在"偏差行为强化"(deviancy training),一个处在高风险状态中的儿童又处在由不良同伴所组成的群体中,其行为问题会进一步恶化(陈斌斌等,2009)。因此,教师要重视小学生的同伴团体,加强教育与引导。

同伴圈子会影响儿童的社交性、亲社会性、自主性等社会能力的发展。加入同伴圈子的儿童相比那些未能加入的儿童,通常表现出更成熟的社会能力,他们在社会交往中更积极、更愿意帮助他人、自信大方,并且受到同伴的喜欢和接纳。[1]曹雨菲(2018)的进一步研究认为,同伴圈子的互动风格在调节个体地位和心理适应的关系有中介作用,在低积极互动的圈子中,儿童的个体地位能预测更低的心理适应水平。这些研究结果启示

---

[1]　陈斌斌,李丹,陈欣银,等.作为社会和文化情境的同伴圈子对儿童社会能力发展的影响[J].心理学报,2011(1):74—91.

我们：学校应该为儿童创设群体活动的机会，让他们都参与到群体活动中来，对儿童社会技能的培养应该更加注重同伴间的互动，特别是同伴圈子的良性互动作用。

三、小学生的师生关系

(一)师生关系的特征

师生关系是小学生学校生活中最基本的人际关系。邹泓(2007)认为，师生关系是小学生学业、情感等方面的重要支持源，对小学生的学校态度、学业行为、亲社会行为均有显著预测作用。因此重视小学生的师生关系非常必要。

王耘、纪莉莉(2001,2011)等人的研究发现，小学生师生交往存在三种类型：(1)亲密型，指师生能否亲密相处、相互接纳的态度和行为；(2)冲突型，指师生间是否经常具有情绪、行为上的冲突；(3)反应型，指师生间是否具有情绪、认知上的主动反应。他们通过研究发现，在亲密型的师生交往中，学生与教师的亲密情感联系较多，与教师的冲突少，与教师之间具有相互信任、相互接纳的关系；在冷漠型的师生交往中，学生与教师的亲密情感联系很少，与教师的冲突较多，对教师冷漠，与教师交往敏感多疑；在冲突型的师生交往中，学生与教师的冲突最多，但与教师有一定的情感联系。他们的研究进一步发现，在被调查的小学生的师生关系中，积极的师生关系为 43.3%，冲突和冷漠的师生关系为 56.7%。

小学生师生关系的发展具有显著的年龄特点。小学低年级学生的师生关系具有更多的亲密性，随着小学生年龄的增长，到小学四年级这种类型呈下降趋势；而冲突型师生关系则呈波浪式，三、五年级时这种类型较高，到四、六年级则较低；而冷漠型的师生关系则一直处于较稳定的状态，从六年级开始表现出显著的下降。总体来看，四、五年级是师生关系发生最大变化的时期。究其原因，是小学生社会认知能力不断提高，对教师的认知也更具有批判性眼光，开始客观评判教师的行为。同时，小学生自身的积极主动性也在不断发展，他们开始渴望得到成人的尊重和平等的对待，如果教师忽略小学生的心理需要，采取高控制的方式进行师生交往，必然引起学生的逆反心理，导致师生关系紧张。小学生师生关系存在的这些问题，应引起小学教师的高度重视。如何改善小学生的师生关系，为小学生创造良好的发展环境应该是每个小学教师必须思考和改进的问题。杨红(2018)推测，教师在平时教育教学活动中对学生的表扬与批评可能是师生关系的一个重要行为影响指标，并主张教师在处理学生问题时，采用"不指责、查原因、找资源、看变化、促行动"的技巧促进沟通，了解事件真相，帮助学生改变，看到他们的变化并及时给予鼓励和肯定，促进良好师生关系的建立。

男女学生在师生关系的亲密性和反应性上有显著差异，女生的师生关系比男生更为积极。女生更倾向与教师交往，与教师保持良好的师生关系，这可能与女生有较强的交往倾向和归属感，男生更倾向独立、自主有关(王耘,2001;纪莉莉,2011)。性别差异的研究结果启示我们，教师在处理师生关系时应根据学生的不同特点因材施教。

(二)师生关系中的交互作用

教育情景中的师生关系相当复杂。一方面，教师要引导学生学习掌握各种文化知识与社会技能，监督和评价学生的品行；同时，教师作为榜样和权威，也在无时无刻地影响着学生。另一方面,学生的认知发展、学习成绩、活动表现等,也影响着教师对学生的态度和行为,学生也会根据教师的态度和行为做出不同的情绪反应和行为。

1. 对教师的"向师性"态度

小学生带着对教师无比崇敬和敬畏之心步入校门,视教师为绝对权威,对教师言听计从。但随着小学生年龄的增长,特别是到了三年级以后,小学生不再无条件地服从信任老师,开始对教师做出评价,对不同教师表现出不同喜好。林崇德(1995,2009)的调查发现,小学生喜欢的教师往往是讲课有趣、喜欢体育运动、严格、耐心、书写工整、知识丰富、能为学生着想的教师。小学生对喜欢的教师会报以积极反应,十分重视这些教师的评价;对不喜欢的教师,往往予以消极反应。因此,教师要重视小学中高年级学生的这些特点,处理好与学生的关系,使学生能够"亲其师,信其道"。

2. 教师对学生的期望

期望(expectation)是对人或事物的未来状况所做的推断。美国心理学家罗森塔尔(R. Rosenthal)的教师期望经典实验证明,小学教师对学生的积极期望可以影响学生的学习成绩及智力发展。

罗森塔尔和助手(1968)对美国旧金山一所小学一至六年级学生实施了一项"未来发展趋势"的测验(实为智力测验),随机抽取了20%的学生组成实验组,剩余的其他学生为控制组,并告诉教师实验组的学生是"最有发展前途者"的学生,观察教师对实验组与控制组两组学生的态度与行为方式。8个月后,奇迹出现了,实验组学生的学习成绩有了较大进步,在以后一年半内,实验组学生的智力发展比控制组学生要大,其中一、二年级实验组与控制组的差别特别显著(见图5-2)。

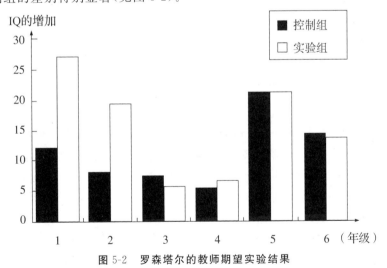

图 5-2　罗森塔尔的教师期望实验结果

罗森塔尔认为,之所以出现这种结果,是因为教师总是把自己的积极期望传递给实验组的学生,并对实验组的学生给予更多关心、帮助和指导。由于教师对实验组与控制组具有不同的期望和态度,两组学生也会以不同的方式对教师做出反应,从而加强了实验组与教师的关系,使实验组的学生更喜欢教师,更愿意在教师的指导下学习。罗森塔尔的研究被有的心理学家称为教师期望效应,又称自我实现预言效应(self fulfilling prophecies)。教师期望效应充分说明,教师对学生的期望具有重要的影响作用。因此,教师应在教育过程中针对学生的个别差异,寄予恰当的期望。

罗森塔尔指出,自我实现预言的期望效应发生是受多种因素影响的。教师如果做到与学生形成良好的师生关系,营造温和的学习气氛;对学生的成绩给予及时和正确的反馈;给学生更多或更难的材料,给学生更多的机会做出反应和提出问题,就会在很大程度上提高学生水平,实现教育者的预期。

第四节　小学生的社会行为

小学生在与他人交往和互动中,必然会发生各种各样的社会行为。根据对他人的影响和社会赞许程度,社会行为可分为亲社会行为和攻击行为。前者有利于他人,为社会所赞许和支持;后者侵害他人,为社会所拒绝和控制。

一、小学生的亲社会行为

亲社会行为(pro-social behavior)是个人帮助或打算帮助他人或群体的行为及倾向,如助人、分享、合作等,可以分为利他行为和助人行为。利他行为是不需要回报的、自愿地帮助别人的行为;助人行为则是指对他人有利的一切行为,也包括期待回报的行为。一般来说,亲社会行为只是强调对他人或社会有益的行为结果,不关心是否有利于他人的动机。

早在婴儿期,儿童就已表现出亲社会行为。随着儿童年龄的增长,在社会支持、鼓励和强化下,亲社会行为随之增加。小学生亲社会行为有如下发展趋势:(1)行为动机由顾忌外在奖惩向内在需要转化;(2)从观念和行动的分离向一致性的转变逐渐提高;(3)社会认知和情景的影响作用日益显著。

(一)小学生亲社会行为的特点

1.分享与助人行为

分享行为(sharing)是指按一定标准与人分配、共有物品的行为。早在20世纪70年代达蒙兹(W. Damonz)提出了儿童分享行为是从"自我中心"阶段出发,经历按个人能力和成绩的阶段,达到同情和重视个体需要的阶段。芩国桢等人(1988)的研究发现,我国儿童大约从9岁开始,同情和重视他人需要占据了支配地位,并随年龄增长,开始把是否参加活动作为影响分享行为的重要因素。顾鹏飞、李丹、陈学超、邓逊等人(1991,1993)的研究表明,在儿童的分享行为中,儿童自身的利益、心绪、教师的奖励和榜样等因素影响着儿童的分享行为,使儿童的分享观念和分享行为之间存在差异。刘巍巍(2013)的调查表明小学生分享对象更倾向于选择与自己熟悉的人进行分享,在陌生人中分享水平较弱。

助人行为(helping behavior)是一种不期望报答而自觉自愿帮助他人的行为。助人行为随着年龄的变化表现出不同的发展趋势。如斯陶布(E. A. Staub,1971)的研究表明,5~8岁儿童的助人行为随年龄的增长而增加,而9~12岁其助人行为呈下降趋势;李佳丽(2010)的调查表明,助人行为在一二年级呈上升趋势,二到四年级稳定没有明显发展,五年级达到最高峰,之后六年级出现回落;章志光(1996)也认为6~12岁是儿童助人行为发展最快的时期,章志光推断助人行为随年龄增长是与儿童认知能力的发展以及生活内容和范围的扩大有关;李佳丽(2010)调查证实小学生的助人判断推理水平随着年龄增长而逐渐提高,助人判断推理水平对助人行为有显著的预测作用。他也解释指出助人判断与助人行为的一致性并不高的原因:除儿童的认知、年龄外,同伴的加入、与成人的关系以及成人的榜样行为等都可以对儿童的助人行为产生影响。斯陶布(1971)的研究也证实了同伴在场的助人作用:儿童单独在场时,只有31.8%的人表现出助人行为,而两人在场时,则上升为61.8%。

2.合作行为

合作(cooperate)是指个体与个体或者个体与群体之间为了共同的目标而协同活动,以促使双方结果共赢的行为。合作活动对儿童的社会性发展至关重要。研究表明,参与合作活动有助于儿童获得本群体的文化准则和恰当的行为模式(Csibra & Gergely,2009)。虽然婴幼儿在共同活动中已经展示出合作行为的共享性特征,但还并非真正意义上的合作行为。共享性合作行为有三个主要特征:(1)合作伙伴对彼此的动作和意图进行反应;(2)承诺完成共同的目标;(3)能进行角色转换并支持彼此的角色。①

小学生的合作行为呈现年龄变化趋势。高秀芝(1992)对6~11岁儿童的调研发现,6、7岁儿童的合作行为处于低级的简单配合阶段,9岁儿童基本形成了具有互相协作关系的合作行为,11岁儿童开始出现齐心协力、重视整体利益、协调一致的合作。这与小学生社会认知、自我概念的发展分不开。王赟等人(2016)指出,儿童合作不仅受年龄的渐长影响,文化差异、情境知觉、父母的价值观、家庭经济水平对他们也有影响。如中国儿童对于身边出色的同伴往往表现出尊重的态度,期望能效仿他们,而美国儿童则常表现出消极的行为(Li & Wang,2004)。谢晓非等人(2000)的实验研究发现,小学生对好朋友和不认识的小朋友,其合作行为倾向有显著性差异;团体奖赏比个人奖赏对小学生合作行为的影响更大。

国内研究者不仅关注儿童合作行为水平的发展趋势和影响因素,也对如何提高儿童的合作能力提出了有效的训练与培养方法。如王磊等人(2005)通过冲突解决"六步法"的干预训练提高了小学儿童的策略水平,有效培养了儿童的合作性。通过提高社会能力以及模拟生活中合作情境的方式可以有效提高儿童的合作水平。

(二)小学生亲社会行为的培养

小学生的亲社会行为随着年龄、社会认知、教育和环境的变化而变化。建议采取如下教育策略,促进小学生的亲社会行为的发展。

1.树立正确的班级舆论

班级舆论是班级多数学生的看法或意见。正确的班级舆论是班集体形成的标志。由于班级舆论起着异口同声的效果,无形中对班级成员造成一定的心理压力,影响着学生的言行。

一个良好的集体应该有正确的舆论导向。如果学生做了好事被同学称之为"傻帽",

① 王赟,魏子晗,沈丝楚,等.世纪科学之问"合作+行为是如何进化的"——中国学者的回应[J].科学通报,2016(1):20—33.

有了利益被同学怂恿"有便宜不占白不占",长此以往,学生即使在班级中有良好的动机,也不敢实施亲社会行为。因此,教师要注重班级舆论的导向,建立一种积极上进的班级意识,要与学生一起讨论确定班级规范、执行班级规范检查、强化班级规范的宣传、树立班级规范标兵、让良好的班级舆论深入人心,让不良风气无立锥之居。

2. 强化学生的责任心

社会责任心是个体亲社会行为,特别是利他行为的主要动机之一。通过增强责任心可以培养个体的亲社会行为。张志学(1992)的研究支持了这一点。他在实验中让一个班级建立"班风建设委员会",选举了十几名学生为负责人,每人负责一天,记录当天班级的好人好事,记录要求认真、严肃、细致、全面,负责人要维持班级纪律。通过两周半的活动后,那些在前测中利他行为很低的学生在后测中有了显著提高。这说明,通过强化学生的责任,可以改善他们的利他行为。

3. 训练学生的社会技能

在日常生活中,我们常见有些小学生想关心帮助他人,却不知道如何做,主要是他们缺乏必要的社会技能所致。掌握一定的社会技能是小学生进行亲社会行为的必要条件。通过训练或改善小学生的社会技能,可以提高他们的亲社会行为和在同伴中的地位。有人(R. P. Weissberg,1981)对小学三年级学生进行了一项综合性的人际认知问题解决的训练,通过 52 节课的训练,发现训练提高了这些小学生的行为适应性,增加了他们的亲社会行为。

关于如何对小学生的社会技能进行训练,曾琦(2000)主张,教师应根据教学活动,从易到难、有计划地实施训练方案。首先,让学生认识某项社会技能,如合作技能的价值和具体表现;其次,将分解的动作进行训练,然后将各部分整合起来;鼓励学生在日常生活和学校中坚持使用该社会技能,要定期和不定期地检查学生使用该社会技能的情况。

二、小学生的攻击行为

(一)攻击行为的类型及特点

攻击(aggression)是指有意伤害他人身体或精神的行为。如通过暴力殴打、刁难辱骂他人,散布流言毁坏他人声誉,造谣、排斥他人等行为来破坏他人人际关系等。攻击行为的显著特点在于有伤害意图并付之行动、伤害对象有逃避伤害的动机。

依据不同标准,攻击行为可分为不同类型:(1)根据与攻击对象的关系,分为外部攻击和关系攻击。外部攻击是指在挑衅者和攻击对象之间进行公开、直接的身体或语言上的对峙;关系攻击是指通过散布谣言、排斥同伴、中止友谊关系等故意操纵和破坏他人的同伴关系从而伤害他人的行为。(2)根据攻击的表现形式不同,分为身体攻击、语言攻击和间接攻击(隐性攻击)。身体攻击是通过如暴力殴打等对他人身体造成直接伤害甚至致残致死;语言攻击是通过如谩骂、讽刺、挖苦对他人人格造成侮辱;间接攻击(或隐性攻击)是通过如摔东西、用力关门、冷落等给他人带来精神压力和痛苦。(3)根据攻击行为的目的,分为工具性攻击和敌意性攻击。工具性攻击以攻击为手段,伤害不是目的,只是通过伤害威胁达到其他目的;敌意性攻击是以伤害他人为目的的行为。

小学生的攻击行为发展的年龄模式和攻击行为是否稳定是当前研究的热点。有研究发现，小学生攻击行为的发生率在童年中晚期开始逐渐下降(Dodge et al.，2006)。[①]这与儿童执行功能与情绪调节能力的发展、问题解决策略、对攻击行为的态度发展变化密切相关。随着小学生社会认知能力的提高，他们能够区分有意或偶然的目的，能够宽容他人的过失行为。当然，这种区分能力在整个小学时期来说还是比较差的。更多研究者认为，随着小学生年龄的变化，其攻击性行为在总体表现上会相当稳定，只是攻击模式发生多样化的变化，身体攻击行为减少而语言攻击和隐性攻击逐渐增多。也就是说，随着年龄的增长，儿童并不是变得不使用攻击行为，而是逐渐学会了用更加隐蔽的攻击策略代替身体攻击(赵冬梅等，2009)。

近来研究更多强调不同个体在攻击性水平、攻击的起始时间、发展趋势以及相应的发展结果方面存在的差异。赵冬梅、周宗奎等人(2009)追踪3年的调查表明，童年中后期外部攻击和关系攻击的上升趋势未达到显著水平。初始测量的外部攻击水平高的儿童，其关系攻击水平也较高；外部攻击行为变化较快的儿童，其关系攻击变化也比较快。[②]陈亮等人(2011)的研究还发现，童年中晚期大多数个体(68.7%)的攻击水平会持续降低，少数儿童(4.5%)持续表现出高攻击行为。少数持续高攻击行为的儿童，会更多地享受攻击带来的快感，并贬低他们的攻击对象。因此，为了避免这种儿童发展成为"毕生持续性的"(life-course-persistent)反社会行为个体，教师应该尽可能早地在班级中确定出该类儿童并及早对其进行干预。

攻击发展趋势不存在性别差异，但是在攻击水平和攻击方式上有显著的性别差异。一般来说男生的攻击水平显著高于女生。虽然男生也会和女生一样使用诸如搞臭被攻击者的名声等间接方式，但是男生会比女生更多地参与直接的身体攻击，选择比较典型的外部攻击形式，然后逐步加入关系攻击。女生更多倾向于语言攻击、离间关系等间接方式，选择典型的关系攻击形式(Juvonen & Graham，2014)。

家庭因素是儿童攻击行为的一个重要影响因素。家庭的社会地位不同，学生的攻击行为也表现出不同，家庭社会地位低下的学生更容易表现出攻击性行为。家庭教育方式对学生攻击行为的表现也存在影响。如果家庭教育对孩子采用消极、敌意、威吓、打骂等态度，或者是家庭管教松散，都会导致学生增加攻击行为的可能。此外，因为小学生的认知水平、自我控制能力、外界具有的较大吸引或诱惑、敌意性归因、侵犯性情感等生理、心理和环境因素也是导致小学生攻击性行为呈现多元化的重要因素(赵建华，2005)。

(二)欺负

欺负(bullying)是一种特殊攻击行为，是强势的一方在未受激惹的情况下对弱势的一方发生的身体或心理上的攻击。国内一些学者称欺负为欺凌、欺辱、霸凌等。

我国心理学家张文新(2006)的研究发现，伤害意图、力量不均衡性和重复发生性是欺负的三个核心要素。伤害意图是欺负行为的动机；力量不均衡性导致的以大欺小，以强凌弱是欺负行为的基本条件；在较长的一段时间内重复发生是欺负行为的外在表现。

---

　　①　陈亮，张文新，纪林芹，等.童年中晚期攻击的发展轨迹和性别差异：基于母亲报告的分析[J].心理学报，2011(6)：629－638.

　　②　赵冬梅，周宗奎，范翠英，等.童年期攻击行为发展的追踪研究[J].心理发展与教育，2009(4)：30－36.

欺负在小学生中表现为以大欺小、以强凌弱、以众欺寡。

欺负根据方式的不同,可以分为直接欺负或间接欺负。前者直接通过身体或语言来攻击,后者是借助第三方实施的操纵关系的欺负行为。也可以根据是否利用网络载体的方式,将欺负分为线上欺负和线下欺负。线上欺负即网络欺负,是通过电子媒介对不容易保护自己的受害者实施的有意图的反复的攻击性行为;而线下欺负即传统欺负,指系统地、长期地实施身体或心理的伤害(陈星星,李丹,2018)。

在我国,学生之间的欺负行为时有发生。田峰溶等人(2013)的研究表明,在小学,欺负行为具有普遍性,男生欺负者显著多于女生欺负者;但被欺负者女生多于男生,不存在性别显著;同时,欺负者和被欺负者的人数都随着年级的升高而升高,并且年级之间存在着显著的差异。张文新等人(2001)的研究表明,小学生的受欺负者和欺负者所占的比例分别为22.2%和6.2%,其中严重欺负者和严重受欺负者分别为4.2%和13.4%。陈星星、李丹(2018)对儿童线上欺负与线下欺负的调查发现,小学生中存在严重的线上及线下受欺负问题,被调查的儿童中,19%卷入直接线下欺负,16%卷入间接线下欺负,20.2%卷入直接线上欺负,21.1%卷入间接线上欺负,而且线下欺负和线上欺负具有较强的共发性,线下欺负可以显著预测线上欺负,由此可知线上欺负问题已广泛存在,应当与线下欺负一样,引起家长学校及社会的重视。

欺负对当事方(欺负者和被欺负者)的人格、行为和心理适应都会产生影响。很多研究证明,欺负/被欺负行为具有一定稳定性,欺负容易招致同伴拒绝和社会排斥,从而造成交往困难,经常欺负容易导致其形成攻击性人格特征,甚至以后走向犯罪(王丽萍,2011)。纪林芹等人(2011)对1767名儿童的追踪研究得出,受欺负与心理适应指标之间存在显著的相关关系。而且经过辨别分析显示,9岁同伴侵害(主要为身体侵害)能预测同伴拒绝、外化问题行为,11岁的同伴侵害(主要为关系侵害)能预测同伴拒绝和内化问题。刘俊升、赵燕(2013)对787名小学三年级儿童进行为期两年的追踪研究,结果发现:受欺负在两年之间呈现较高的稳定性,受欺负与外化问题行为(诸如违反道德和社会行为规范行为)和内化问题行为(诸如抑郁、焦虑、退缩等不愉快或消极情绪)呈显著正相关,三年级时的受欺负可以显著预测五年级时的外化问题行为(而不是内化问题行为),三年级时的内化问题行为可以显著预测五年级时的受欺负。因此,在受欺负与问题行为的相互预测关系中,内化问题行为更有可能成为受欺负的触发因素,而外化问题行为则更有可能是对受欺负的回应。这启示我们,在实际的教育实践过程中,应充分考虑受欺负者的特点,并予以针对性辅导。

小学生欺负行为的发生受多种因素影响。从静态元素的角度看,欺负者的归因、自我效能感、心理理论、自我控制、道德推理、移情、自尊等都可能诱发个体产生欺负行为;受欺负者的消极人格、认知特征、自我概念与人际冲突解决策略影响也尤为重要(Marsh,et al.,2001)。从动态生态系统理论的视角看,欺负是欺负者与受欺负者的消极人格、认知特征与特定情境相互促动的结果(谷传华,张文新,2003),学校氛围、师生关系、班级管理、同伴关系等学校因素以及亲子关系、父母教养、家庭功能等家庭因素都是导致欺负产生的重要影响因素(孙时进,施泽艺,2017)。[1]

干预欺负应当从欺负者、被欺负者及其家庭、学校和社会多方面入手,实施标本兼治的综合治理策略。张文新、鞠玉萍(2008)对小学生进行了为期5周的干预实验,结果表明,对小学生进行科学干预,欺负行为可以明显减少。[2] 在具体的做法上,奥维尤斯(D. Olweus,1993)提供的五条原则值得借鉴:(1)创造一个成人—孩子之间保持着友好、温馨和交往频繁的人际环境;(2)制订明确的、稳固的在家和在校的行为规范及行为约束;(3)当孩子触犯了规范和约束时,制裁必须坚决但是不能怀有敌意或者暴力性;(4)孩子的校内外活动必须予以监控和指导,学校和家长要定期碰面,交流对孩子的教育观察和打算;(5)需要定期与老师讨论学校的环境和促进校园氛围的方略。赵陵波等人(2018)通过对校园反欺凌项目干预效果的元分析研究,结果显示干预项目使得受害者的受欺凌行为减少,心理健康得到改善。

【扩展性阅读】

芬兰反校园欺凌项目

芬兰反校园欺凌(Kiusaamista Vastaan,简称 KiVa)项目,以同伴群体互动理论为干预依据,认为欺凌事件是同伴群体互动过程中的一种不良人际互动,主张通过干预同伴互动过程来预防和干预校园欺凌。在教育实践中表现为以学校为单位,开展整体性的覆盖行动(普遍预防)和焦点行动(个案干预),旨在通过改善校园氛围、班级氛围、同伴互动过程与互动模式来减少欺凌事件的发生。目前该项目已经被引入英国、德国、意大利、西班牙、比利时等20多个国家的学校反欺凌实践中,且干预效果良好。

KiVa 项目具体实施包含覆盖行动和焦点行动两部分:覆盖行动是目标指向整个学校学生的预防性活动计划,通过采取一系列学校层面和班级层面的预防措施,来影响同伴群体内的行为规范,引导学生对自己的行为负责,鼓励他们抵制欺凌和力所能及地支持受欺凌者。该项目有三类措施:一是实施主题课程学习计划。课程学习的主题涉及同伴群体互动与群体压力、欺凌现象的发生发展机制与不良后果、如何对抗欺凌与支持受欺凌者等。二是构建反欺凌的虚拟学习平台。包括反欺凌电脑游戏,其中的内容与反欺凌主题密切相关,旨在强化学习过程,激发学生在日常交往中运用所学的技能。三是营造全校职工和学生家长参与的整体反欺凌氛围。通过面对面授课或远程教学的方式培训学校职工反校园欺凌的知识和技能,建立教师反欺凌网络资源共享平台;鼓励学生家长学习家长反欺凌指导手册,同时在校园内张贴醒目的反欺凌宣传标语和其他材料。焦点行动是目标指向欺凌个案当事人(欺凌者和受欺凌者)的直接干预计划。通过干预小组和当事人之间的个别交流或小组交流来了解和制止欺凌事件,由三名教师或学校职工组成反欺凌干预小组,干预小组成员通过多次与欺凌者和受欺凌者会面,尽快结束正在进行的欺凌事件,为受欺凌者提供后续支持。

(三)预防和干预策略

由于攻击行为的危害性极大,教师要加强对小学生攻击行为的预防和干预。从学生

---

① 孙时进,施泽艺.校园欺凌的心理因素和治理方法:心理学的视角[J].华东师范大学学报(教育科学版),2017(2):51—56,119.

② 张文新,鞠玉翠.小学生欺负问题的干预研究[J].教育研究,2008(2):95—99.

个体角度可采取以下措施：

1.进行归因训练，提高学生明辨是非的能力

认知是行为的先导。要减少或改善学生的攻击行为，首先需要在认知上努力。据道奇(K. A. Dodge)的研究表明，好攻击的儿童比不爱攻击的儿童更多把同伴的行为动机解释为敌意性的，特别是在意图不明情景中，如互相玩球的过程中遭到球的打击，更容易产生这种归因倾向。因此，教师要对学生进行归因训练，提高学生明辨是非的能力。如通过归因辅导、大脑震荡法等，让学生各抒己见，提高他们从多角度看问题的能力。

2.培养应对策略，增强学生对挫折的容忍力

应对(coping)是个体面对应激情景时，为了减少压力或伤害而做出的认知或行为努力。它对缓解或调节环境压力、保持身心健康具有重要作用。研究发现，小学生攻击行为的出现，很多源于他们缺乏相应的应对策略，心理挫折容忍力差。因此，教师培养小学生应对困境的方法和能力非常必要。

培养小学生的应对策略，要遵循适应性原则，即教育学生学会直接针对问题的应对方式。教师要帮助学生分析或明确问题的性质，找到造成麻烦的原因。要防止学生对问题描述过于笼统，把注意力放在情绪反应上而不是问题本身。要帮助学生制订促进行动改变的方案，如与同学发生矛盾是由于误解就应该马上道歉。要从各种方案中选择一种可行性强、效果好的方案，要机动灵活地实施行动方案。

3.处理好学生与他人的关系

教师要避免与学生的对立或冲突，应该成为学生的朋友，要关心学生的学习和生活，参与学生的活动，让学生在温馨中受到教育，避免因教师的专制或放任自流造成学生的攻击行为，要以身作则，成为学生学习的好榜样。

教师要鼓励学生与同伴、家人交往，为他们的交往提供宽松的环境。对于发生冲突的学生，应该想办法让他们主动和好。要将容易产生攻击行为的学生与其他学生分开，保持一定的距离以保证安全。对于犯规的学生要客观公正地处理，避免采取过激或者视而不见的方法。

本章小结

1.社会性发展是指个体在与他人或社会互动中建构并表现出来的行为模式、情感、态度和观念以及在时间上的变化。社会性发展是一个动态的过程，通过社会化对个体施加社会影响，使其具备社会性的过程；涉及的内容主要有社会情意、社会认知、人际关系、自我意识、社会行为和道德品质。

2.小学生情绪、情感发展的特点：情绪表露开始考虑社会赞许因素；情感的内容不断扩大加深；情绪的冲动性减少，稳定性增强；情感的理解能力有所提高；高级情感进一步发展。

3.小学生意志发展存在的问题是：意志薄弱，易受暗示；缺乏自觉性和主动性；不善于斟酌和计划。教师应该根据这些特点采取相应的教育培养策略。

4.小学生的人际关系主要表现为亲子关系、同伴关系和师生关系。良好的父母教养方式是前提,融洽的亲子关系是关键,合理的管教行为是保证。小学生的同伴交往中存在不同类型,同伴友谊得到发展,同伴团体现象非常显著。在小学生师生交往过程中,学生对教师的向师性态度和教师对学生的期望效应都非常显著。

5.小学生的社会行为包括亲社会行为和攻击性行为。亲社会行为是个人帮助或打算帮助他人或群体的行为及倾向,如助人、分享、合作等。培养学生亲社会行为的对策有:树立正确的班级舆论,强化学生的责任心,训练学生的社会技能。攻击行为是通过暴力殴打、刁难辱骂他人,散布流言毁坏他人声誉,造谣、排斥他人等方式来破坏他人人际关系等有意伤害他人身体或精神的行为。欺负是学生之间发生的一种特殊的攻击行为。防范学生的攻击行为对策有:进行归因训练,提高学生明辨是非的能力;培养应对策略,增强学生对挫折的容忍力;处理好学生与他人的关系。

复习思考题

1.概念解释

社会性发展　亲子关系　教师期望效应　亲社会行为　攻击行为　欺负

2.问题简答

(1)小学生的情意发展有何特点?
(2)小学生的人际关系发展有何特点?
(3)小学生的亲社会性行为有何特点?
(4)小学生的攻击行为有何特点?

3.理论论述

(1)简述小学生父母的教养方式及管教方式。
(2)论小学生师生关系的交往类型及作用。

4.实践探索

(1)教师如何培养小学生情意的发展?
(2)教师如何培养小学生的亲社会行为?
(3)教师如何减少和预防校园内的欺凌现象?

5.案例分析

某小一班很多家长都为孩子的成长苦恼,不知道如何更好地培养孩子,常常拉着老师的手问长问短,老师觉得有必要召开一次家长会,专门就学生发展与家长的使命做个专题讲座。请你结合小学生社会性发展的特点,根据你的经验,制作一份讲座提纲。

(1)教师如何培养小学生的亲社会行为?
(2)教师如何减少和预防小学生的攻击行为?

第三编

小学生的学习心理

第六章　小学生的学习动机

【学习问题】

什么是学习动机？学习动机有哪些类型？学习动机的主要理论有哪些？小学生学习动机受哪些因素的影响或制约？如何培养和激发小学生的学习动机？这些是教师在促进小学生学习中需要重视的问题。

【学习目标】

了解学习动机的含义及学习动机的分类，理解不同学习动机理论的主要观点，领会影响小学生学习动机的主要因素，掌握培养和激发小学生学习动机的途径和方法，并能在教学过程中加以运用。

【学习方法】

学习本章建议多查阅学习动机及其培养的有关资料，根据小学生学习动机的现状及存在的问题进行讨论和交流，并进行思考与总结，以加深对所学知识的理解和运用。

第一节　概述

学习动机是小学生学习活动的重要驱动力量。小学生学习动机的性质和水平对其学习积极性和学习效果会产生重要影响。教师应充分了解小学生学习动机的原理及规律，发挥小学生学习动机的作用，促进他们更好地学习，提高学习效果。

一、学习动机的含义

学习动机是激发小学生进行学习活动，并使其行为朝向一定学习目标的一种内部心理状态。学习动机是推动小学生学习行为的直接动力。小学生的学习活动主要由学习动机支配。他们的学习动机一旦形成，就会贯穿于学习活动的全程。学习动机与学习活动相互影响和制约。学习动机能够加强并促进小学生的学习活动，而学习活动可以提高或激发小学生的学习动机。

二、学习动机与几个概念的关系

（一）学习动机与需要

需要是个体内部的某种缺乏、不平衡状态。当个体的某种状态得不到满足时，会推动其寻找满足需要的对象，从而产生活动动机。需要是个体积极性和行动的重要源泉，对激发个体进行各种活动具有重要推动作用。小学生的学习动机是在需要基础上产生的，教师应该了解学生的学习需要。

(二)学习动机与内驱力

内驱力是个体在需要的基础上产生的某种推动力,是个体需要缺失时,内部产生的一种能量或冲动,是作用于行为的内部刺激。内驱力分为两大类:一是生理内驱力,如饥饿、睡眠、性等内驱力;二是社会内驱力,如获得归属感、赢得他人尊重等内驱力。内驱力与需要的关系密切。研究发现,需要与内驱力呈正相关,内驱力能够引起个体的激活状态。

(三)学习动机与诱因

诱因是指激发个体定向活动、满足其需要的外部刺激或情境。诱因按其性质分为正诱因和负诱因。凡是驱使个体趋向或接近目标者,为正诱因。如教师对学生的表扬、鼓励、奖励,能够促进学生的学习。凡是驱使个体逃离或回避目标者,为负诱因。如教师的批评能够纠正学生上课讲话的行为。在学习动机中,内驱力和诱因有密切关系。教师可以先实施诱因诱发小学生的需要,然后唤起其内驱力。小学生的学习动机常常是由内驱力和诱因相互作用决定的。

(四)学习动机与目的

学习动机是小学生学习活动的动力和出发点,学习目的是小学生学习活动所要追求的目标和终点。学习动机是小学生"为什么要学习"的问题,学习目的是小学生"学习是为了什么"的问题。学习动机和目的的关系不是一对一的关系,而是错综复杂的关系。两者之间可能一致,也可能不一致。如一些小学生的学习目的都是为了获得好名次,但他们的学习动机却因人而异。有的小学生是为了得到教师的认可,在班级有地位;有的则是为了检验自己的学习效果,得到自己渴望的东西等等。教师了解学习动机与学习目的的复杂关系,有助于提高教学效果。

三、学习动机的分类

小学生的学习动机是在社会生活条件和教育的影响下逐步形成的,不同社会和教育对小学生的学习有不同要求,所以反映在小学生头脑中的学习动机是复杂多样的。根据不同的划分标准,小学生的学习动机主要分为以下几种类型(见表6-1)。

表6-1　学习动机的类型

分类标准	动机种类	主要特征
动机来源	内部动机	学习动机的产生不是来自外界的诱因、压力或奖惩,而是来自小学生的好奇心、兴趣和求知欲
	外部动机	学习动机由外部诱因、压力或奖惩引起。如小学生学习是为了得到奖品、取悦老师、避免父母的惩罚等
动机层次	高尚动机	学习动机与国家富强、家庭幸福、个人发展相联系。如小学生意识到肩负着建设祖国的重任而努力学习
	低级动机	学习动机与利己主义相联系。如小学生学习是为了获得好分数,将来找到好工作,得到名誉地位等

续表

分类标准	动机种类	主要特征
动机地位	主导性动机	在学习活动中居于支配地位作用的动机。通常小学生的主导动机是为了得到父母、教师的表扬,取得优异的学习成绩
	辅助性动机	在学习活动中居于从属地位、发挥辅助作用的动机。小学生的辅助性动机可能同时有几个,各自发挥着不同的作用
动机作用	近景性直接动机	学习动机与直接的兴趣爱好相联系,该动机不够稳定持久。如小学生对教师生动形象的讲解而引发的学习动机
	远景性间接动机	学习动机与社会和个人意义相联系,该动机稳定而持久。如小学生为了祖国强大而努力学习

四、学习动机的作用

学习动机决定着小学生学习的方向和进程,影响着学习的数量和质量以及学习效果的好坏。学习动机和学习效果在一般情况下是一致的,有什么样的学习动机往往就有什么样的学习效果。但学习动机与学习效果之间并非总是一致。如有的小学生学习动机端正、学习刻苦努力,但学习效果却不理想。可见,学习动机只是影响学生学习效果的众多因素之一。学生的学习效果还要受许多因素的影响,如教师教学水平的高低、教材的难易程度、学校的管理情况、学生的智力以及努力等。

一般认为,学习动机越强对学习活动的影响越大,学习效果越好,但事实并非如此。如有的学生由于求胜心切,害怕失败,往往因情绪过分紧张导致考试怯场,记忆和思维活动水平降低,影响考试正常发挥。只有当学习动机处于最佳水平,学习活动才会产生最佳效果。学习动机的最佳水平往往因学习内容的不同而不同。当学习内容较容易时,学习效率会随着学习动机强度的增强而提高;当学习内容较困难时,学习效率会因学习动机强度的增加而降低;学习中等程度的学习内容,往往需要中等强度的学习动机。这条规律是美国心理学家叶克斯(R. M. Yerkes)与多德森(J. D. Dodson)通过动物实验发现的,所以称为叶克斯—多德森定律(见图6-1)。

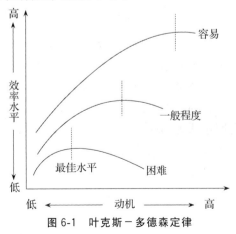

图6-1　叶克斯－多德森定律

学习动机对学习效果有影响,学习效果也会对学习动机产生重要作用。如学生在学习活动中取得成功,学习积极性会大幅度提高,学习动机也会随之增强;反之,如果在学习中遭遇失败,学习积极性会受到消极影响,学习动机随之减弱。因此,学习动机与学习效果的关系是相互依存,互为因果。

第二节 学习动机理论

不同的心理学家往往以不同的理论为依据,对学习动机有不同的理解和看法,从而形成了学习动机理论的多样性和复杂性。主要有以下五种学习动机理论。

一、需要层次理论

人本主义心理学的主要创始人马斯洛(Abraham Harold Maslow)的需要层次理论(hierarchy of needs theory)在众多动机理论中具有广泛影响。马斯洛认为,人类的动机由多种不同性质的需要组成,各种需要之间又有先后顺序和高低层次之分。马斯洛将人类的需要分为下面七个层次(见图 6-2)。

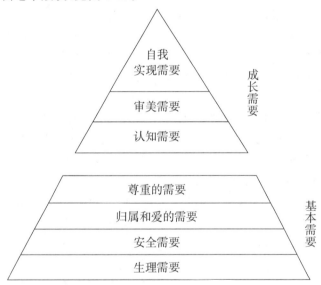

图 6-2 马斯洛需要层次理论

马斯洛将前四种需要解释为基本需要(basic needs),即人类生存所必需的。这些需要的弹性较小,是刚性需要,人类必须得到一定程度的满足后,才会产生成长需要。后三种是成长需要,即对人类发展自我、追求自我价值、获得成功的需要,这些需要弹性较大,不容易得到完全满足。马斯洛认为,高级需要是建立在低级需要基础之上的。

根据马斯洛的需要层次理论,家庭、学校和社会应为小学生创造良好的成长环境,使他们的基本需要得到满足,并促进小学生逐渐产生成长的高级需要。

二、成就动机理论

最早研究成就动机的是美国哈佛大学的心理学家墨里（H. A. Murry,1938）。墨里将成就动机解释为：一种努力克服障碍、施展才能、力求尽可能又快又好地完成某事的愿望或趋势。麦克里兰（D. C. Mccleland）和阿特金森（J. W. Atlcinson）接受了墨里的思想，并将其发展为成就动机理论（achievement motivation theory）。该理论的特点是用数量化形式描述人类的成就动机。他们认为，人类的成就动机是在成就需要基础上产生的，激励着自己在重要或有价值的工作中力求获得成功。如小学生想成为学习的佼佼者就是成就动机的表现。

麦克里兰认为，成就需要高的人倾向于独自承担责任，在完成任务中获得满足感。同时，成就动机的高低影响个体对职业的选择，成就动机高的人倾向于选择具有开创性的职业，而成就动机低的人倾向于选择风险小的职业。

阿特金森将麦克里兰的理论进一步深化。他认为，个体的成就动机包含两部分，一是追求成功的动机，即指人们追求成功和由成功带来的积极情感；二是避免失败的动机，指人们避免失败和由失败带来的消极情感。根据这两部分动机在成就动机中所占的强度不同，可以把个体分为追求成功者和避免失败者。研究表明，追求成功者往往会选择成功概率约为50%的任务，因为这种任务能给他们提供现实的挑战；反之，避免失败者会倾向于选择容易或困难的任务，因为选择容易的任务可以免遭失败，选择艰难的任务，可以借口任务太难而逃避失败带来的负面情绪。

认知心理学家奥苏贝尔（David Paul Ausubel）认为，成就动机是一种复合动机，由三种内驱力组成。一是认知内驱力（congnitive drive），指学生要求了解和理解以及系统阐述并解决问题的一种需要。它是从好奇的倾向中派生出来的，属于内部动机。学生对某个学科的认知内驱力不是天生的，而是依赖于学习经验，通过在实践中不断取得成功，逐步形成的。认知内驱力是一种最稳定、最重要的动机，因为它是指向学习本身的。二是自我提高内驱力（ego-enhancement drive），即学生因自己的胜任能力而赢得相应地位的一种需要。它把成就看作赢得地位和自尊心的根源，属于内部动机。小学生由于担心学业失败伤害自尊心而努力学习就属于这种动机。三是附属内驱力（affiliative drive），指学生为了得到家长、教师等成人的赞许和认可的一种需要。它取决于学生与家长、教师、成人在感情上的依附性，并能够从他们的赞许认可中获得派生地位。所谓派生地位不是由学生的成就水平决定的，而是从家长、教师不断给予的赞许认可中引申出来的；享受到这种派生地位的学生，会有意识地使自己的行为符合家长、教师的标准和期望，获得他们更多的赞许。这三种内驱力会随着学生的年龄、性别、学习年限、学业成就以及人格特征等因素的变化而变化。

三、强化理论

以桑代克（E. L. Thorndike）、斯金纳（B. F. Skinner）为代表的行为主义心理学家用强化理论来解释学习动机的形成或激发。行为主义一直把学习的产生视为外在因素控制的过程，忽略学习者内部的自主性。他们认为，动机是由外部刺激引起的一种对行为的冲动力量。强化是引起动机的重要因素。强化可以使人在学习过程中增强某种反应发生的概率,使刺激与反应之间的联结得到加强和巩固。学生的学习行为是为了获得某种报偿。如果学生的学习活动得到老师赞赏、父母奖励、同学钦佩等就会产生较强的学习动机;反之,学生没有获得优良的学习成绩,受到家长责骂、同学嘲讽挖苦等,其学习动机就会降低,甚至还会产生逃避性的学习动机。因此,在教学活动中,教师要善于正确运用强化原理,增强学生的学习动机。

四、归因理论

归因理论是由美国心理学家海德(F. Heider,1957)提出来的。他认为,人们具有理解世界和控制环境的两种需要,满足这两种需要的基本手段就是了解人们行动的原因,并预言人们将如何行动。人们做完一项工作后,往往喜欢寻找自己或他人之所以成功或失败的原因。韦纳(B. Weiner)认为,人们在分析成功或失败的原因时,一般归结为以下六个方面:(1)能力,个体评估自己是否能胜任某项工作;(2)努力,个体反省检讨自己在工作中是否尽力而为;(3)工作难度,个体凭经验判定某项工作的困难程度;(4)运气,个体认为工作成败是否与运气有关;(5)身心状况,个体的身心状况是否影响工作成效;(6)其他,指有关的人与事对成败的影响,如教师帮助,考试是否公正等。韦纳又按各因素的性质,将它们归入三个维度:因素来源——当事人认为其成败因素的来源;稳定性——当事人认为影响成败的因素在性质上是否稳定;可控制性——当事人认为影响成败的因素是否能够由个人意愿所决定(见表6-2)。

表 6-2 韦纳成败的归因理论

归因类别	因素来源		稳定性		控制性	
	内在	外在	稳定	不稳定	能控制	不能控制
能力	V		V			V
努力	V			V	V	
工作难度		V	V			V
运气		V		V		V
身心状况	V			V		V
其他		V		V		V

归因理论对教育实践活动的指导意义在于:教师可以根据小学生的自我归因,预测其学习动机。如果学生将成功归因为自己的能力、努力,将继续加油学习;反之,学生将成功归因于运气,将心存侥幸,幻想奇迹再次发生,学习动机不会提高。

按照韦纳的观点,凡是小学生将成败因素归因为内在的、可控的因素是积极归因;反之则是消极归因。如果小学生将学业成败归因于自己能力不足、运气不好、学习难度太大,久而久之就会产生习得性无助感(learned helplessness),缺乏尝试成功的勇气,这对学生的发展极为不利。另外,教师反馈是影响小学生归因的重要因素。尤其是对缺乏自信、依赖性较强的学生,要想提高他们的学习动机,教师给予积极鼓励的反馈比其他方法更为有效。

【扩展性阅读】

习得性无助感实验及教育意义

习得性无助感的概念最初由美国学者塞利格曼(M.E.P.Seligman)等人根据动物实验提出。在实验中他先将狗固定在架子上进行电击,狗开始反抗,后来狗发现这种电击是无法预测、无法逃避和无法控制的,只有接受,久而久之,狗形成了一种无可奈何、焦虑不安、逆来顺受的心态。然后,他再把狗放在一个中间用矮板墙隔开的实验室里,让狗学习回避电击。对于一般的狗来说,这是容易学会的,可是对于那些遭受过电击的狗来说,它们先是乱抓乱叫,后来干脆趴在地板上甘心忍受电击,不进行任何反抗。塞利格曼认为,这一实验结果表明,动物在有了"某些外部事件无法控制"的经验后,会产生一种叫作习得性无助感的心理状态,这种后天学会的无助感会使动物表现出反应性降低等消极行为,妨碍新的学习。许多研究者进行了类似的实验也得出了相同的结论。

后来的研究进一步发现,当一个学生经常遇到学习挫折,遭遇学习失败以后,如果这种状况不能改变或克服,也会产生学习上的习得性无助感。习得性无助感对学生的学习有较大破坏性。一是降低学习动机。学生积极学习的要求降低,对学习不感兴趣,学习消极被动。二是出现认知障碍。学生会产生自卑心理,认为自己不够聪明和能干,不是读书的料,无论如何学习,学习成绩还是不好,学习遇到困难容易退缩,打退堂鼓,本应学会的东西也难以学会。三是情绪失调。学生在学习中表现出冷漠、焦虑、悲观、颓丧的消极情绪反应。因此,教师要避免学生在学习上产生习得性无助感,帮助学生学会正确归因,在学习上获得成功。

五、自我效能理论

自我效能感是美国心理学家班杜拉(A.Bandura)提出来的。他认为,人的行为受行为的结果因素(强化)和先行因素(期望)影响。期望包括结果期望和效能期望两种。前者是指个体对自己某种行为会导致的某一结果的推测。个体预测到某一行为将会导致特定的结果,该行为可能被激活或选择。例如,小学生认为上课积极发言会获得老师的重视和表扬,就会争取积极发言。后者是指个体对自己能否进行某种行为的实施能力的推测和判断。自我效能感是指人们对自己是否能够成功地进行某一行为的主观判断。当个体确信自己有能力进行某一活动时,就会产生较高的自我效能感,并从事该行为。例如,学生知道通过练习能够提高学习成绩,有能力掌握所学知识时,就会积极学习。

班杜拉等人研究发现,自我效能感主要有以下作用:(1)决定人们对活动的选择及对活动的坚持。自我效能感高的人,倾向于选择富有挑战性的活动并能坚持到底。(2)影响人们在困难面前的态度。自我效能感高的人敢于面对困难,战胜困难。(3)影响活动时的情绪。自我效能感高的人往往情绪饱满,将注意力集中于问题情境的解决,并被激发出更大的努力,促进胜任能力的发展。

第三节　影响小学生学习动机的因素

小学生的学习动机受到诸多因素影响,在这些因素的影响下,小学生形成具有各自特点的学习动机。一般来说,小学生学习动机的影响因素主要包括外部因素和内部因素两大方面。

一、影响小学生学习动机外部因素

(一)社会环境

学习动机是社会要求在学生头脑中的反映,社会环境制约着小学生学习动机的形成,对其产生重要影响。

1. 社会舆论的影响

一个国家对科学文化的要求通过社会舆论对学生学习动机的形成产生重要影响。社会舆论是指人们共同关心、有争议问题上多数人意见的总和。舆论是一种社会力量和社会压力,它对个体的行为有指导作用。正确的舆论能激发小学生积极的学习动机,坚定他们的学习信念;反之,错误的舆论则会降低小学生的学习动机,使他们不愿读书,厌恶学习。我国社会多次流行的"读书无用论"的思潮,曾使一些小学生学习动机不强,不愿读书而逃学或辍学。随着我国改革开放的不断深入,对尊师重道的重视,知识分子各方面情况的改善,人们对知识的重要性产生了新的认识,逐渐形成了知识就是力量、知识就是经济、知识就是财富的观念,在这种舆论的影响下,社会上出现了文凭热、读书热,这些对小学生的学习动机起着正确引导激发的作用。由此可见,社会舆论对小学生学习动机的形成有重要影响。

2. 城乡教育的差异

城乡教育差异对小学生学习动机的形成也具有重要影响。我国一些研究发现,城市小学生的学习动机明显高于农村小学生,并且差异显著。这是由我国城乡教育发展的较大差别所致。我国城市小学较之于农村小学有更好的学习条件和资源,有更强的师资力量和教学水平。加之我国农村留守小学生较多,他们往往由祖辈监护教育,父母对他们的教育关心相对较少,这些对农村留守小学生学习动机的形成有消极影响。

(二)学校环境

学校是实施教育的专门机构。学校通过有目的、有计划的教育,激发和培养小学生的学习动机,发挥学习动机对学习的积极影响。学校教育在小学生学习动机的形成和发展中起主导作用。

1. 教师的作用

在学校教育中,教师是对小学生学习动机影响最大的因素。大量研究表明:(1)教师的榜样作用是小学生学习动机形成的直接诱因。教师对小学生的影响是潜移默化的。教师治学严谨、学而不厌,以极大热情和兴趣从事教学科研,就会对小学生的学习动机产生积极影响;反之,教师对工作厌烦或冷漠,不思进取、不愿学习,会对小学生的学习动机产生消极影响。(2)教师对学生抱以积极的学习期望,鼓励爱护学生,学生就会勤奋学习,产生较高水平的学习动机。(3)教师是培养和激发小学生学习动机的实施者,教师的各种奖惩手段、管理方法都对小学生的学习动机有重要影响。(4)教师教学策略的选择在塑造小学生的学习动机和类型上起着决定作用。教师教学策略只有兼顾到小学生之间的差异,做到因材施教,才能使小学生热爱学习,对学习产生浓厚的兴趣。教师还是联系学校与家长的纽带。他们将各种外部因素和内部因素有机结合起来,才会有利于小学生学习动机的产生和维持。

2.校园文化的影响

校园文化包括物质文化和精神文化两个方面。校园文化作为一种无形的教育力量,具有隐性教育作用,对小学生的学习动机有重要影响。

校园物质文化是校园文化的物质基础,包括校舍布局和各种教育设施,如教室、图书馆、名人雕塑等。校园物质文化对小学生学习动机的影响是潜移默化的。例如,整洁优美的校园可以为小学生提供优良的学习环境,图书馆可以为学生探索新知识提供便利,名人雕塑可以激励学生对科学知识的探索,这些都在不同程度上满足小学生的需要,激发其求知欲,对学习动机具有重要作用。

校园精神文化是学校精神面貌的反映,包括学校教育制度、校训、校风、班风、文化活动等。校园精神文化对小学生学习动机的影响更大。例如,良好的学校教育制度、校风、班风可以陶冶小学生的情操,引导其树立正确的学习目标;学校的宣传栏可以宣传各种科学文化知识和好人好事,丰富的校园文化活动可以拓展小学生的知识和能力,产生对学习的兴趣,激发小学生的学习动机。

(三)家庭环境

1.家长的期望

家长的期望是父母心中子女的成长模式、发展轨迹和目标。家长对子女的期望一般包括学业期望、职业期望、品德期望、身心发展期望等。这些期望对子女的成长具有重要影响。国内外研究发现,家长对子女的期望水平总体上与子女的学习成就呈正相关。家长对子女的期望水平较高,会创造良好的学习条件,督促子女学习,促进其产生较高的学习动机,反之,家长对子女的期望水平较低,子女感觉不到学习压力,学习动机难以形成和发展。但如果家长对子女的期望脱离实际,会增加子女的心理负担,使其不能充分发挥学习潜能,影响其学习动机的形成和维持。

2.父母的教养方式

父母的教养方式是父母在抚养和教育子女的过程中采取的手段和方法。一般来说,父母的教养方式可分为专制型、民主型、溺爱型和忽视型等四种类型。研究发现,专制型、溺爱型和忽视型的父母教养方式与子女的学习动机呈负相关,民主型的父母教养方式与子女的学习动机呈正相关。因为专制型的父母教养方式要求子女按家长的意愿做事,束缚了子女的发展空间,降低了其学习动机;溺爱型的父母教养方式使子女在父母的庇护下成长,当子女遇到困难时往往求助于父母,不力求自己解决,造成学习动机水平不高;忽视型的父母教养方式则对子女的教育不闻不问,子女在成长过程中遭遇困难时无人帮助,因此,学习动机水平较低;民主型的父母教养方式给予子女充分自由,必要时给予指导和帮助,尊重子女,重视子女独立能力的培养,因此,子女的学习动机水平较高。

3.父母的文化程度

父母的文化程度决定了其学习态度和所能营造的家庭氛围。父母的好学态度以及良好的家庭氛围对小学生的学习具有促进作用。研究表明,文化程度较高的父母,一般都热爱学习,喜欢读书和进修,他们能有意识地在子女面前树立学习榜样,促进小学生学习动机的形成和发展。一些文化程度不高的家长,沉迷于麻将和玩乐、不务正业,疏于对子女的教育和关心,形成了不良的家庭氛围,阻碍了子女良好学习动机的形成。

二、影响小学生学习动机的内部因素

(一)需要的层次

小学生需要的形成和转化是影响其学习动机形成的重要因素。每个小学生的成长环境各不相同,形成了他们各自不同的需要;小学生有的需要是正确或合理的,如获得尊重、理解的需要;有的需要则是不正确或不合理的,如不做作业就要求看动画片,讲吃讲穿。正确或合理的需要有利于学生学习动机的培养和激发,不合理的需要则会阻碍学生学习动机的形成。因此,教师应该满足学生的合理需要,引导小学生消除不合理需要,促进学生学习动机的形成。

(二)年龄特点

研究表明,小学生的归因倾向往往随年龄的增长而发生变化。随着小学生年级的增高,把学习成败归因于外部因素的趋势逐渐降低,归因于内部因素的趋势逐渐增高。因此,不同年龄的小学生学习动机不同。低年级小学生的学习动机主要以获得奖励、得到长辈的认可等外部或直接动机为主,学习动机的作用较微弱和短暂。高年级小学生逐步产生求知、自我提高的内部或长远的动机,学习动机的作用逐步稳定和持久。总的趋势是,随着小学生年龄和知识经验的增长,他们与社会需要相联系的动机越来越占支配地位,并逐步成为主导性动机。教师应充分了解小学生不同年龄的学习动机,采取正确的教育教学方式,培养和激发其学习动机。

(三)个别差异

由于每个小学生的需要、认知方式、兴趣爱好、性格等不同,造成其学习的成就动机、归因等方面的差异。杨心德的研究发现,性格外倾的小学生由于对外部事物的关心和兴趣,会把成败归因于外部因素;性格内向的小学生则相反,容易将成败归因于自身的内部因素。成就水平高的小学生对自己的能力充满信心,往往喜欢内部归因。他们将学业成功,归功于自己的努力等内部因素。一旦学业失败,会认为是自己采取了不合适的策略,没有付出足够的努力,于是会更加努力。而成就水平低的小学生,往往缺乏自信心,尽力避免失败,倾向于外部归因。即使他们成功了,也往往归因于工作难度低等外部因素。

景怀斌等人(1999)的研究发现,小学女生的成就动机往往比男生高。也有研究认为,女生比男生更顺从家长和老师的教育和期望,加之女生在心理上早熟于男生,因此女生的学习动机明显高于男生。教师应充分了解小学生的个别差异，根据其差异，采取不同措施激发其学习动机，促进小学生的学习。

(四)志向水平

志向水平是小学生理想的直接反映，制约着其学习动机和学习目标的形成。如果小学生有较高的志向水平，学习目标是现实可行并通过努力可以达到的，便会增强学习动机，勤奋学习，不断进步；相反，如果小学生的志向水平低下，学习目标模糊，往往对学习缺乏兴趣，害怕困难，知难而退。研究发现，很多小学生能把自己的志向与社会发展、家庭幸福联系在一起。因此，教师应根据小学生的特点，帮助他们设置合理的学习目标，维持他们较高的志向水平，促进其学习动机的发展。

(五)成败经验

许多研究表明，小学生的学习动机水平与成败经验有关。西尔斯(Sears)曾把小学四、五、六年级的学生分成三组：第一组为成功组，被试平时的学习成就是最好的，对学业成就很有信心；第二组为失败组，由学习成绩差的被试组成，由于他们屡遭失败对学业成就没有信心；第三组为混合组，由语文、数学一门优秀、另一门较差的学生组成。实验内容是让三组被试做解释词义和解答数学应用题的测验。正式测验之前，先让被试根据自己的过去经验估计自己能完成多少测验题以及完成所需的时间，然后进行测验。结果表明，成功组的抱负水平较高，他们的成就目标符合实际情况；失败组的抱负水平较低，他们的成就目标甚至低于实际水平；混合组的抱负水平则高低不同。由此可见，学生的成败经验对其学习动机有重要影响。成功的经验能提升学生的自我效能感，从而提高其学习动机水平；失败的经验则会降低学生的自我效能感，从而降低其学习动机。

第四节　小学生学习动机的培养和激发

学习动机的培养是使小学生从还没有形成学习动机到产生学习动机的过程。学习动机的激发是在教学情境下，利用一定的诱因，将小学生已形成的学习需要由潜在状态转变为活动状态，形成学习积极性的过程。两者既有区别又有联系，教师应采取有效手段来培养和激发小学生的学习动机。

一、小学生学习动机的培养

小学生的学习动机是通过教育和环境的影响逐步形成的。小学生学习动机的培养主要有以下三种方法。

(一)加强立志教育，重视小学生的学习成就动机训练

学习成就动机是在一定社会、教育条件下形成，通过一定训练培养而提高的。很多研究表明，要加强对小学生的立志教育，通过成就动机的训练可以提高其学习成绩，使学业获得成功。成就动机训练一般分为以下几个步骤(见表6-3)。

表 6-3　成就动机的训练步骤

阶段	训练内容
意识化	通过对小学生的讲授、谈话、讨论,使他们意识到成就动机的重要性,注意到与成就动机有关的行为
概念化	通过多种方法,使小学生理解和成就动机有关的概念,如目标、风险、努力、勤奋、挫折等,并搞清这些概念与成功之间的关系
体验化	通过创设活动情境、主题班会等,使小学生体验成功,获得成就的经验和感受
练习	通过多次练习重复,不断加深小学生对成功的理解和体验
迁移	促进小学生将学到的对成就动机的理解、体验、行为策略应用到其他场合,能够举一反三,触类旁通
内化	小学生将成就动机转化为自身的需要,逐渐成为自己价值观的一部分,能够指导自己的学习,知道如何获得成功

(二)通过归因训练,使小学生形成正确的归因观

小学生的归因倾向是后天形成的,教师的反馈是影响小学生归因的重要因素。教师对小学生学习情况和学业成绩的归因要实事求是,避免产生对好学生的"光环效应",对差生的偏见。教师要了解学生的归因倾向,对学生的归因进行训练,教会他们学会正确归因,促进其学习。教师训练学生归因的方法主要有下面三种(见表6-4)。

表 6-4　训练小学生归因的方法

方法	训练过程
观察学习法	小学生观察榜样归因,模仿榜样的归因,从而学会正确的归因。这种方法较适合小学低年级的学生
团体讨论法	把学生分为小组讨论学习成败的原因,集思广益,教师指出学生归因的误差,引导他们做出符合实际的正确归因。这种方法适合小学高年级的学生
强化矫正法	教师结合教学内容,根据学生的归因情况,进行奖励与批评,使学生形成比较正确的归因

(三)教育小学生正确认识自我,形成积极的自我概念

正确自我概念的标志是具有自尊心。人本主义学家罗杰斯(Rogers Carl Ransom)认为,自尊心是经由自我评价之后自我接纳时的自我价值感(self-worth)。古柏史密斯(S. Coopersmith)认为,自尊心的满足必须具有三个条件:(1)重要感,指个人觉得他的存在是重要和有意义的。小学生的重要感主要来自父母的关爱、老师和同学的认同。(2)成就感,指个人在具有挑战性的工作中表现出成就,达到预期目标时所产生的满足感。小学生在学业上的成就感是形成正确自我概念的关键。(3)有力感,指个人觉得自己有处理事务与适应困境的能力。小学生能够应付学习任务的压力,独立完成作业,就会产生有力感。有力感是使学生敢于面对困难接受挑战的重要心理特征,也是克服困难获得成功的重要因素。因此,教师应创设各种条件,教导小学生正确认识自我,发现自己的长处与短处,积极培养小学生的重要感、成就感和有力感。例如,教师要接纳和关爱每个学生,减少或杜绝对差生的偏见,根据学生的个体差异,因材施教,使其获得成功经验,促进小学生积极的自我概念的形成。

二、小学生学习动机的激发

为了使小学生具有较高水平的学习动机,就需要将他们的潜在学习动机激发为活跃的学习动机。只有充分激发小学生的学习动机,才能搞好学习,提高学习效果。主要有以下五种方法。

(一)创设问题情境,激发小学生的求知欲

创设问题情境是激发小学生认识兴趣和求知欲的有效方法。创设问题情境是指在教学内容和小学生求知心理之间制造一种不协调,把小学生引入一种与问题有关的情境过程。这个过程就是不协调—探究—深思—发现—解决问题的过程。教师设置的问题情境要符合小学生的认知水平和知识基础,在他们心理上造成悬念,从而使他们的智力活动达到最佳状态。教师通常通过实验演示、趣味故事叙述、生动的描述、利用教学内容所包含的矛盾事实等方式来设置问题情境。

(二)正确运用奖励与惩罚的手段,强化小学生

奖励与惩罚是对小学生学习动机的一种强化方式。它可以提高小学生的认知水平,激发他们的学习动机。一般来说,表扬和奖励比批评和指责更能激发小学生的学习动机。心理学家赫洛克(Hurlock)曾研究了奖励和惩罚对学习动机的影响。他将四、五年级的学生分为能力相当的四组,给予不同的表扬与批评。控制组单独练习,不给评定,且与其他三个组的学习相隔离;受表扬组、受训斥组和受忽视组在一起练习,不管成绩如何,受表扬组始终受到表扬,受训斥组始终受到训斥,受忽视组不给任何评价(见图6-3)。

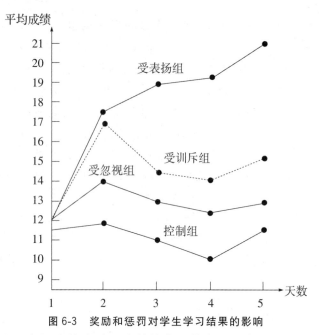

图 6-3 奖励和惩罚对学生学习结果的影响

由研究结果可以看出,三个实验组成绩均优于控制组,受忽视组成绩低于受训斥组,受表扬组成绩最好,并且不断上升。因此,教师要注意,对学生适当的表扬效果要优于批评。

美国心理学家罗斯和亨利(Henry)的研究表明,及时得到评价的学生比没有及时得到评价的学生的学习效果要好。佩奇(E. B. Page)的研究也发现,教师对学生的针对性评价要优于泛泛而谈的评价。由此可见,教师的及时和针对性评价对小学生学习动机的激发具有重要作用。

教师在运用奖励和惩罚时应注意:(1)不能滥用。教师对学生的表扬或批评必须坚持实事求是、客观公正的原则,避免负面作用的产生。对学生的过度批评会使他们丧失学习信心,挫伤学习积极性,甚至形成学习无助感;滥用表扬则会滋生学生的骄傲情绪,使他们放松努力,学习动机减弱。(2)多表扬、少批评。行为主义理论认为,受到奖励的行为重复出现的可能性高于没受到奖励的行为。因此,教师要多用表扬,少用批评,尤其是对学习困难的学生,更要善于发现他们的闪光点,及时给予表扬,帮助他们树立学习信心。(3)有针对性地表扬和批评。研究发现,男生易受批评影响,女生易受表扬影响;对成绩差的小学生,表扬更起作用;对自卑、内向者应表扬多于批评,对自傲者则应批评多于表扬。因此,教师在表扬和批评学生时应考虑其个别差异,有的放矢,方可起到事半功倍的效果。

(三)妥善处理学习竞争问题,引导小学生正确竞争

竞争是激发小学生学习积极性和求胜心的一种有效手段。研究表明,竞争能加强小学生的学习动机,激发他们的积极性,满足他们的成就需要,但竞争也会带来负面作用。因此,教师在运用竞争方式时应注意以下几点:(1)不可滥用竞争。频繁的竞争会造成过度紧张的学习气氛,加重学生的学习负担,使胜利者骄傲自满,目中无人,或为了保住第一,循规蹈矩,不敢创新;使失败者丧失学习信心,形成自卑感。(2)强调团体竞争。团体竞争可以增强学生的协作精神,有利于集体主义精神的培养,使他们免遭失败造成的伤害。但教师要避免团体竞争的不利影响,如依赖思想、责任分散等。(3)提倡个人的自我竞争和团体的自我竞争。鼓励学生或集体不断提出新目标,不断进步,力求发展,尽力做到"今天比昨天好,明天比今天更好"。(4)让学生在竞争中获得更多的成功机会。教师在组织竞争活动时,应考虑尽量让更多的学生获得成功的机会,以提高其自信心。

(四)注意小学生内外学习动机的相互作用与转化

小学教师在激发小学生学习动机时,应注意他们内外动机的相互作用。虽然小学生的内部动机要优于外部动机,但是,外部动机作为内部动机的有益补充,是必不可少的。教师要正确认识两者之间的关系。一般来说,小学生内部动机的形成往往离不开外部动机的支持。教师要通过外部的力量,如表扬、鼓励、批评等,使学生的外部动机逐步转化为内部动机。当学生的内部动机逐步形成并稳定后,则应把学生的外部动机作为辅助手段,维持和巩固其内部动机。通过这种内外动机的相互作用和转化,才能有效激发小学生的学习动机,推动小学生持久稳定地学习。

(五)根据作业难度,恰当控制小学生的动机水平

美国心理学家叶克斯和道得森(Dodson)的研究认为,学习动机根据学习任务的难易程度而转移。因此,教师要根据学习任务的难易程度,恰当控制小学生学习动机的高低程度。学习任务较容易时,教师要使学生集中注意力,保持较紧张的状态,使他们全神贯注,维持较高的学习动机,促进学习;在学习任务较困难时,教师要创造轻松的学习气氛,减少他们的焦虑与担忧,使他们的学习动机维持在适当水平,能够正常发挥学习的潜力。

本章小结

1.学习动机是指激发个体进行学习活动,并使行为朝向一定学习目标的一种内在过程或内部心理状态。学习动机与需要、内驱力、诱因、目的关系密切;对学习动机有不同的分类。

2.学习动机理论主要有:需要层次理论、成就动机理论、强化理论、归因理论、自我效能理论。每种学习理论对于学习动机的解释都有其特点,对小学生学习动机的培养和激发有不同启发。

3.影响小学生学习动机形成的因素主要包括外部和内部两个方面。外部方面主要有家庭、学校、社会三个因素;内部方面主要有小学生的需要层次、年龄特点、个别差异、志向水平和成败经验等。

4.对小学生学习动机的培养应注意:加强小学生的立志教育,重视学习成就动机的训练;对小学生进行归因训练、帮助形成正确的归因观;教育小学生正确认识自我,形成积极的自我概念。

5.对小学生学习动机的激发应做到:创设问题情境,激发小学生的求知欲;正确运用奖励与惩罚的手段强化小学生;妥善处理学习竞争问题,引导小学生学会正确的竞争;注意小学生内外动机的相互作用与转化;根据作业难度,恰当控制小学生的动机水平。

复习思考题

1.概念解释

学习动机　需要　内驱力　诱因　成就动机　归因　自我效能感

2.问题简答

(1)学习动机的含义是什么,学习动机的分类有哪些?

(2)马斯洛需要层次理论的要点有哪些,如何理解?

(3)韦纳的归因理论将归因分为哪几个方面,如何理解?

3.理论论述

(1)论成就动机理论的主要观点及作用。

(2)论自我效能感理论的主要观点及意义。

(3)论影响小学生学习动机的因素。

4.实践探索

(1)教师如何培养小学生的学习动机,有哪些方法?

(2)教师如何激发小学生的学习动机,有哪些方法?

5.案例分析

小强是个五年级的小学生,他的爸爸没有多少文化,是个有钱的老板。小强认为,即使自己认真学习考上大学,毕业后也不能保证找到好的工作,也不能够赚大钱,社会上一些没有读多少书的人反而能够挣大钱。于是,小强学习动机不强烈,学习不努力,对学习抱着应付的态度。你对小强的这种想法和学习行为有何看法,教师如何改变和激发小强的学习动机? 请提出你的见解。

第七章　小学生知识的学习

【学习问题】

什么是知识？小学生学习的知识类型主要有哪些？这些知识在小学生头脑中是如何表征和获得的？如何才能使小学生更好地掌握所学知识，进行知识迁移？这些是师生在教与学的过程中共同关注的问题。

【学习目标】

了解知识的含义及知识的分类，理解陈述性知识和程序性知识学习的心理机制，以及这两种知识的区别与联系，掌握陈述性知识向程序性知识转化的方法，以及知识迁移的途径，能运用所学知识的原理组织教学。

【学习方法】

学习本章要多看有关知识学习和学习迁移的参考文献，联系小学教育的教学与实际进行思考，进一步加深对所学知识的理解。

第一节　概述

学习和掌握知识历来是小学生学习的主要任务之一。在现代社会，知识已成为推动科学技术进步和社会经济发展的重要动力。因此，知识的学习和掌握对小学生尤为重要。

一、知识的含义及类型

知识是人们在日常生活中使用非常广泛的一个术语。长期以来对知识的研究涉及哲学、教育学、心理学等领域。不同的学科领域，对知识有不同的探讨和理解。20 世纪 50 年代以前，行为主义流派在心理学领域占统治地位，行为主义心理学只关心有机体的行为变化，拒绝研究知识，认为研究知识是哲学家的专利，对知识的认识仅停留于哲学层面。因此，传统的心理学知识观受哲学的影响，认为"知识是人们在改造世界的实践中获得的认识和经验的总和"[①]。20 世纪 80 年代以后，现代心理学受信息论、计算机等其他学科的影响，对知识有了全新的认识，形成了新的知识观。但关于知识的定义，一直存在学术争论。如加涅（R. M. Gagne，1985）认为，知识是用言语符号来标志某种事物或表述某些事实。有的研究者（Howard，1995）将知识定义为由信息构成的、存于长时记忆的表

---

① 中国社会科学院语言研究所词典编辑室.现代汉语词典[M].北京:商务印书馆,1996.

征。我国的心理学家一般认为,知识是个体通过与其环境相互作用后获得的信息。知识是个体为适应生活环境所拥有的一切信息。尽管心理学家对知识的解释不完全相同,但他们都认为知识是人类所拥有的信息,知识能通过书籍、计算机或其他媒介贮存。根据不同的分类标准,可以把知识分成不同的类型(见表 7-1)。

表 7-1　知识的分类

分类标准	知识类型	特征
知识的来源	直接经验知识	个体通过亲身实践活动而获得的知识,如通过参观访问、调查获得的知识
	间接经验知识	个体通过书本和大众传媒等途径而获得的知识
知识的层次	感性知识	个体通过感觉器官直接获得的知识。这种知识主要是对事物的外部特征与外部联系的反映
	理性知识	个体通过思维活动而获得的知识。这种知识主要是对事物的本质特征与内部联系的反映
知识的范围	一般知识	个体具有的对一类事物的普遍知识,如生活知识
	特殊知识	个体对具体事物或专门事物的知识,如医学知识
知识传递难易	显性编码化知识	易于用言语传递,可以编码外显的知识,如文字、数据的陈述和处理
	隐含经验类知识	只能意会的内隐经验类知识,如观念、表象
知识的功能	陈述性知识	主要反映事物的形态、内容及变化发展的原因,说明事物"是什么""为什么""怎么样"的知识。如圆周长与直径的比是多少。这种知识可用言语清楚地描述,也叫描述性知识
	程序性知识	是用于具体情境的算法或一套操作步骤,说明"做什么"和"怎么做"的知识。如写字、打篮球。由于这种知识与实践操作密切,也叫操作性知识或过程性知识

虽然知识的类型多种多样,但本章仅限于探讨陈述性知识与程序性知识的学习。

二、知识获得的心理机制

小学生如何获得知识,其心理机制是什么? 机制原指机器的构造和动作,心理学通过类比借用此词。在这里,心理机制是指对知识获得的认识已从现象的描述到本质的说明。关于知识获得的心理机制问题,心理学家提出了不同的理论来解释。

（一）陈述性知识获得的心理机制

认知心理学家认为陈述性知识获得的心理机制是同化（assimilation）。同化一词来源于生理学，意思是有机体吸收食物并使之转化为原生质。在心理学中指学习者接纳、吸收和合并知识并转化为自身的一部分。最早把同化一词运用于心理学的是德国教育家赫尔巴特（J. F. Herbart），他用同化的概念来解释知识的学习。他认为，学习过程是新观念进入原来的观念团内，使原有观念得到丰富和发展，从而吸收新观念做好统觉过程，即新旧观念的同化过程。瑞士著名心理学家皮亚杰发展了赫尔巴特的同化思想，他认为，个体已掌握的知识经验是学习新知识的基础和关键，个体通过同化和顺应（accommodation）两种方式把新旧知识联系起来进行学习。同化是指新知识纳入原有的认知结构而引起认知结构发生量变的过程。如小学生学会了加法再学乘法，知道乘法是相同加数连加的简便运算。顺应是指新知识的纳入使原有的认知结构得到调节和改造而引起认知结构发生质变的过程。如小学生学习了数学的负数知识以后，以前头脑中形成的数只有大小而没有正负方向的认知结构发生了改变，认识到数不仅有大小之分，而且有正负方向之分。

美国心理学家奥苏伯尔（D. P. Ausubel）继承和发展了皮亚杰的认知同化论思想。他认为，学生的认知结构在抽象性、概括性和容纳性等方面是按照一定的层次和条件组织起来的。新知识的学习依赖于学生认知结构中原有的适当观念，即学习者已形成和掌握的表象、概念、原理和命题，原有的观念为新知识的学习提供了固定点的作用，新意义的获得是通过新知识与起固定作用的原有的观念进行相互作用而获得的，其结果是旧知识发生了变化或得到改造，新知识获得了实际的心理意义，从而促使学生认知结构的不断发展。于是他提出了有意义学习理论。

奥苏伯尔的有意义学习，指符号所代表的新知识与学习者认知结构中已有的适当观念建立非人为的和实质性的联系。"非人为的联系"指新知识同原有的旧知识的联系必须符合知识的内在逻辑联系。如教师给小学生讲解扇形要联系圆的知识进行讲解，而不能联系其他毫不相干的知识。"实质性的联系"指不同的符号表达的是同一认知内容。如"三条边相等的三角形是等边三角形"与"等边三角形有三条边相等"陈述的是一回事，其关键性本质特征未变。奥苏伯尔认为，新旧知识是否建立这种非人为的和实质性的联系，是划分机械学习与有意义学习的标准。陈述性知识的学习从本质上讲就是使学习者获得或理解知识的意义，而意义的获得则是个体的认知结构与外界刺激交互作用情况下的同化过程。他认为，同化是一个促使知识从一般到个别，由上位到下位逐渐分化和横向的相互作用的过程。同化不仅是知识的量变过程，而且还是知识发生质变的过程。同化有三种模式。

1. 下位学习

下位学习指学习者认知结构中原有的观念在包摄和概括的水平上高于新知识，因而新旧知识之间构成一种类属关系，所以下位学习又称类属学习。下位学习有两种。

（1）派生类属学习

即新知识是学习者认知结构中原有观念的特例或证实。如小学生已掌握"水果"的概念，学习的新概念是"荔枝"，教师只要告诉小学生"荔枝也是一种水果"，小学生就懂得了荔枝具有水果的本质属性。原有概念（水果）的本质属性并没有发生改变。

（2）相关类属学习

即新知识纳入原有的观念后，原有的观念得到进一步扩展、深化、精制或限制。如小学生已形成自然数的概念，再学习新概念"负数"，当"负数"纳入原有数概念后，原有数概念扩展为"有理数"。

上述两种下位学习的内部条件是小学生认知结构中已具备相关的上位观念，外部条件是由教师或教科书呈现新知识。小学生的思维过程主要是区分新知识与同化它的原有知识之间的异同。下位学习模式遵循从一般到特殊的过程，属于接受学习。这种下位学习过程不断进行，使知识不断分化与精确化，不断产生新层次。以这种形式学习新知识效率最高。因为这种比较广泛和一般的知识在认知结构中一旦比较牢固地形成后，就能用来解释与此相关的新知识，有利于理解新知识的意义。

2.上位学习

上位学习指学习者的认知结构中已经形成若干观念，在此基础上学习包摄程度更高的知识，这种学习又称总括学习。如学生通过认识三角形、时钟、折扇等而形成"角"的概念。上位学习遵循从具体到一般的归纳概括过程，属于发现学习。上位学习的内部条件是学生认知结构中已经具备相应的概念、命题或规则等下位观念，外部条件是由教师或教科书呈现的结论或反馈信息。小学生对已学过的知识进行归纳或综合时，就十分需要这种学习。这种学习模式对学生获得基本概念和一般性原理和规则具有重要意义。

3.并列结合学习

当新知识与学生认知结构中的原有观念既不是下位关系，也不是上位关系，而是并列或类比关系时，便产生并列结合学习。如教师向小学生讲解心理健康课程中的心理平衡这个概念，学生不易理解，但学生对跷跷板却是熟悉的，教师可以利用其经验，运用他们跷跷板的知识进行类比，帮助他们理解心理平衡的概念。

并列结合学习的条件是新知识与原有的知识有一种一般的吻合性或处于同一层次，因而新知识可以被原有的知识同化。小学生可以利用自己已掌握的知识来理解新知识，使自己的知识得到广泛的迁移。由于并列结合学习缺乏最适当的起固定作用的旧知识，小学生只能利用一般的非特殊的有关知识起固定作用，因此，学习这种知识比较困难。

（二）程序性知识获得的心理机制

现代认知心理学运用产生式理论来解释程序性知识获得的心理机制。产生式（production）术语来自计算机科学，美国信息加工心理学创始人西蒙（H. A. Simon）和纽厄尔（A. Newell）1970年首次引用于心理学来说明程序性知识的表征和获得机制。他们认为，人体和计算机一样，都是"物理信号系统"，其功能都是操作符号。计算机之所以具有智能，能完成各种运算和解决问题，是由于它储存了一系列以"如果……那么……"（if...then...）形式编码的规则的缘故。人经过学习，头脑中也储存了一系列以"如果……那么……"形式表示的规则。这种规则被称为产生式。

产生式由条件（condition）和行动（action）两部分组成。产生式的基本原则是"如果条件为X，那么实施行动Y"，即当一个产生式的条件得到满足，则执行该产生式规定的某个行动。例如，识别哺乳动物和识别等边三角形的产生式（见表7-2）。

表 7-2　识别哺乳动物和等边三角形的产生式

产生式	内容
产生式 1	如果一个动物是胎生并能够哺乳,那么这个动物为哺乳动物
产生式 2	如果一个图形有三条边,这三条边相等,那么这个三角形是等边三角形

通常解决一个简单的问题只需要一个产生式,而解决一个复杂的问题则需要若干个产生式,这些产生式组成了产生式系统。所谓产生式系统,就是人所能执行的一组内隐的智力活动。例如,解决"1/4＋1/5"这样的问题的产生式系统(见表 7-3)。

表 7-3　解决"1/4＋1/5"问题的产生式系统

产生式	内容
产生式 1	如果求两个分数的和,且分母不同,那么先求出两个分数的最小公分母
产生式 2	如果求两个分数的和,且已知最小公分母的值,那么以公分母的值分别作为两个分数的分母,两个分数的分子扩大与其分母扩大相应倍数
产生式 3	如果求两个分数的和,已知两个分数的分母相同,那么直接将两个分数的分子相加,分母不变

程序性知识的学习本质上是掌握一个程序,即在长时记忆中形成一个解决问题的产生式系统,以后若遇到同样类型的问题,就可以按照这一产生式系统的程序,一步一步地做下去,直至解决问题。现代认知心理学家所提出的产生式系统理论,为揭示程序性知识的表征和获得的心理机制提供了新思路,为程序性知识教学提供了便于操作的方法。

第二节　陈述性知识的学习

陈述性知识是一种事实性知识,描述的是知识的基本概念和基本原理。要进一步探讨陈述性知识的学习问题,必须弄清楚陈述性知识的种类、表征及形成过程等问题。

一、陈述性知识的种类

不同的心理学家从不同的角度对陈述性知识进行分类。加涅(R. M. Gagne)把陈述性知识视为言语信息,把它由简到繁分为:(1)符号(labels),主要指各种事物的名称或标记;(2)事实(facts),主要指表明两个或两个以上事物之间关系的言语陈述,事实可分为具体的和抽象的,前者如"北京是举世闻名的游览胜地,有故宫、长城等驰名中外的名胜古迹",后者如"科学技术是生产力";(3)有组织的知识,主要指由多个事实联结成的整体,如学生形成的关于我国地形地貌特点的知识。

布鲁姆(J.S.Bruner)从教育目标分类学和测量学的角度,把陈述性知识分为十二类:(1)具体的知识,指对具体的、独立的信息的回忆,如对某个具体物体的知识;(2)术语的知识,指言语和非言语的对某个物体的称谓;(3)具体事实的知识,即日期、事件、人物、地点等方面的知识;(4)处理具体事物的方式和方法的知识,指有关组织、研究、判断和批评的方式和方法的知识;(5)惯例的知识,指对待和表达各种现象和观念的独特方式的知识;(6)趋势和顺序的知识,指有关时间方面各种现象发生的知识;(7)分类和类别的知识,指有关类别、组织及排列的知识;(8)准则的知识,指有关检验、判断各种事实、原理、观点所依据的准则的知识;(9)方法论的知识,指拥有的在某一特定学科领域里使用的以及在调查特定问题和现象所使用的探究的方法、技巧和步骤的知识;(10)学科领域中的普遍原理和抽象概念的知识,指把各种现象与观念联系起来的主要体系和范式的知识;(11)原理和概括的知识,即对各种现象观察的结果进行概括的特定抽象概念方面的知识;(12)理论和结构的知识,指为某种复杂的现象、问题或领域提供一种清晰的、完整的、系统的观点的重要原理和概括及其相互关系方面的知识。

奥苏伯尔则把陈述性知识视为有意义学习,将其分为以下三类:(1)代表性学习,指学习单个符号或一组符号的意义,或者说学习它们代表什么。代表性学习的主要内容是词汇学习,即学习单词代表什么。(2)概念学习,指掌握以符号代表的同类事物或性质的共同的本质特征。如学习"鸟"的概念,就是掌握鸟是有"羽毛"的"动物"的本质特征,而与它的大小、形状、颜色、是否会飞等特征无关。(3)命题学习,指学习某个句子的意义。由于构成命题的基本单位是概念或词汇,所以,命题学习实际上是学习若干概念之间的关系。学习者必须先了解组成命题的有关概念的意义,才能获得命题的意义。例如,学生没有获得"直径""半径"和"倍"的概念,便不能学习"直径等于半径的两倍"这个命题。命题学习必须以概念学习为前提,它比一般的概念学习更复杂,水平更高。

加涅与奥苏伯尔对陈述性知识的分类有许多相似之处。如"符号"与"代表性学习"相似,但也有不同的地方。加涅只是区别了陈述性知识的不同类型,奥苏伯尔却在对该知识分类的基础上,揭示了其内在的心理机制。他的研究有助于我们更好地认识陈述性知识。

二、陈述性知识的表征

知识的表征(representation)是指知识在头脑中的储存和转化的方式。现代认知心理学认为,陈述性知识主要是以命题、命题网络和图式等方式在头脑中表征的。

(一)命题

在心理学中,命题是语词表达意义的最小单元。命题一般由两个成分构成:论题和关系。论题是命题的话题,通常用名词或代词来表示;关系要制约话题,通常用动词、形容词、副词和关联词等来表示。如"小张在教室里看书。"可以分解为以下两个更简单的句子:①小张在教室里。②小张看书。这两个句子各表达一个命题。句子①中的话题是"小张"和"教室",关系是"在……里"。句子②中的话题是"小张看书",关系是"看"。认知心理学家常用以下方法来表示命题,用一个圆(或椭圆)表示一个命题,用箭头将命题的话题和关系联系起来。如上述"小张在教室里看书"中包含两个命题,用上述方法表示如下(见图 7-1)。

命题 1(简称 P1)　　　　　　　　　　　命题 2(简称 P2)

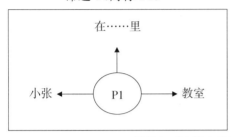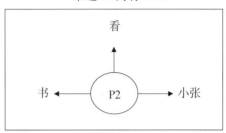

图 7-1　"小张在教室里看书"包含的命题

(二)命题网络

如果若干个命题中具有共同成分,通过这种共同成分,可以彼此联系组成命题网络。如上面两个命题中有共同成分"小张",通过它可以把两个命题联系起来。命题由句子表达,但命题不等于句子。命题涉及的是句子表达的意义。实际上,人们在长时记忆中保持的不是句子,而是句子表达的意义。现代认知心理学家运用自由回忆法以及反应时法,证实了命题网络是知识表征的重要方式,而且它们通常是按一定层次结构进行储存的。一般来说较为抽象、概括的知识处于高层,较为具体的内容处于底层。如科林斯和奎廉(A. M. Couins and M. R Quillin,1969)的一个经典实验发现了有关动物、鸟、鱼方面的知识是按下图的层次结构在人们头脑中组织和储存的(见图 7-2)。

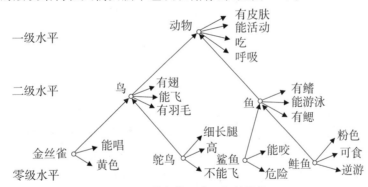

图 7-2　信息按层次组织的网络

科林斯和奎廉通过反应时测定发现人们对"金丝雀会唱歌吗?""金丝雀会飞吗?""金丝雀有皮肤吗?"三个概括水平不同的问题的反应时依次增长。同样,人们对"金丝雀是金丝雀吗?""金丝雀是鸟吗?""金丝雀是动物吗?"三个问题的反应时也依次增长。由于在这种储存中"金丝雀是金丝雀"相对于"金丝雀是动物"来说,所表达的关系较近,所以反应时较短。同样"金丝雀会唱歌"的反应时较"金丝雀有皮肤"要短。他们的研究结果支持了知识信息以命题网络的形式分层次进行组织的假设。

(三)图式

认知心理学家安德森(J. R. Anderson)认为,命题对于表征小的意义单元是合适的,但对于表征已知的、有关一些特殊概念的、较大的有组织的信息组合,命题就不合适。如

"房子是人们的居住场所"这一命题表征,则不足以表征与人有关的房子的全部知识,对于"房子"我们还知道如下的事实:

房子是一种建筑物。

房子有房间。

房子用木头、砖头或石头盖成。

房子供人居住。

房子通常为方形和三角形。

房子一般是 40~150 平方米之间。

我们仅罗列房子的这些事实并没有把握房子相互联系的内在结构。事实上,人们对于某个主题的知识(如上述房子的知识)往往具有综合的性质。为了探讨人们的大多数知识具有这种综合性的事实,认知心理学家提出了图式(schema)的概念。

鲁梅哈特和诺曼(D. Rumelhart & D. A. Norman,1983)认为,图式是表征记忆中已贮存的有关概念的资料结构。安德森指出,图式是对范畴的规律性做出编码的一种形式。这些规律性既可以是知觉性的,也可以是命题性的。大多数的心理学家普遍认为,图式是人们对客体和事件有关属性组合的知识储存方式。图式按其表征对象的不同,主要分为三类:第一类为客体分类的图式。如有关动物、植物、种族、性别、职业等的分类。第二类为时空知识的图式。如有关季节、学期、年龄、成长等时间历程和空间位移的知识。第三类为事件或做事的图式。如看电影、参加舞会、到餐馆进餐等。如房子的部分图式如下:

上位集合:建筑物

组成部分:房间

材料:木头、砖头、石头

功能:供人居住

形状:方形和三角形

大小:40~150 平方米。

从上述图式中,我们看到房子的有些特征,如房子供人居住的特征基本上是属于命题性的,而另一些特征,如房子的形状及面积则基本上属于知觉性的。所以,图式是一种组织化的认知结构,是对同类事物的命题或知觉共性的编码方式。

加涅认为图式具有三方面的特征:第一,图式含有变量。如房子的面积、建材等许多属性是可以改变的。第二,图式可以按层级组织,嵌入到另一个图式中。如房子的图式中包含有墙壁、房间等子图式,而房子又是建筑物的子图式。高一层次的图式可以包容低一层次的图式。第三,图式能促进推论。如从房子的图式可以推论出房子有屋顶、有墙壁等特征。应该注意的是,图式不仅用于陈述性知识,而且包含着如何做的程序性知识。

三、陈述性知识的学习与保持

完整的陈述性知识的学习过程包括三个阶段:第一阶段,新信息进入短时记忆,与长时记忆中被激活的相关知识建立联系,从而形成新的意义的建构;第二阶段,新建构的意义储存于长时记忆中,如果没有复习或新的学习,这些意义会随着时间的延长而出现遗忘。第三阶段是意义的提取和运用阶段。与上述三个阶段相对应的是，学习者要解决的主要心理问题分别是陈述性知识的同化、保持和应用。由于陈述性知识的同化已在本章第一节详细论述，而陈述性知识的应用更多涉及的是如何做的程序问题，即表现为解决问题的过程。所以，程序性知识的应用，会在后面专门论述，在此不赘言。在这里只着重论述陈述性知识的保持阶段。

认知同化论认为，学习者获得新知识的意义以后，新旧观念的同化并未停止，因为新知识不是原封不动地储存在认知结构中，而是要经过进一步的加工和组织以构成新的认知结构。新意义的保持是新旧知识同化的继续。因此，保持是指新意义的可利用性的维持。反之，遗忘则是已经获得的意义的可利用性的下降。

那么，可利用性的内在心理机制如何呢？认知同化论假设，新的意义在保持的初期既与同化它的原有观念相联系，又可以从原有观念中分离出来，即新旧知识存在着可分离性。所以，人们在新的意义获得的初期，能够较好地保持、回忆和区分新旧知识的异同。比如，学生的原有知识为圆概念（A 表示），新学习的知识为扇形概念（a 表示），由于处于下位意义的 a 被 A 所同化，从而使 a 和 A 都发生了变化，产生新的复合观念，以 Aa 表示。此时，新知识 a 不仅已转化为学生的心理意义，而且原有知识 A 也发生变化。在 A 与 a 同化的初期，a 的意义可以从 Aa 中单独分离出来，用如下公式表示为：$Aa \leftrightarrow A + a$。因而，学生才能区别新旧知识的异同。在保持的后期，若没有新的练习，a 和 A 的分离强度逐渐下降，直至下降到某一最低值，此时，a 不能从 Aa 中分离出来，a 便被遗忘或还原为原有的知识。

当然，我们可以采取必要的措施延长新旧知识的可分离性，如有针对性地复习、提高加工水平、多重编码、过度学习，以提高新旧知识的区分度，促进新知识的保持。此外，从动态的角度看，陈述性知识的获得和保持，并不是两个截然区分开来的阶段，而是几乎同时发生的过程。同化论假定，学生原有的知识是一个分层次组织的结构，储存在人的长时记忆系统中。新学习的知识与原有知识建立实质性的和非人为的联系，包括由个别到一般的上位关系、由一般到个别的派生关系和相关关系以及横向的并列结合关系。这些关系的网络本身就蕴含着新意义储存和保持的机制。这也是有意义学习比机械学习得快、保持得好的根本原因所在。

第三节　程序性知识的学习

程序性知识是一种操作性知识，解决的是"如何做""怎么办"的问题。程序性知识的学习不仅要求学生必须具备事先掌握的有关的陈述性知识，即掌握已经学习过的基本概念和基本原理，关键是必须能够将这些基本概念和原理进行运用，掌握其使用的方法或操作的步骤。

一、程序性知识的种类

按程序性知识的性质和特点，可以把程序性知识分为智慧技能和动作技能两类。

（一）智慧技能

智慧技能也称心智技能。我国过去大部分心理学方面的教科书和词典把智慧技能解释为，是借助于内部言语在头脑中进行的智力活动方式，其中抽象思维因素占据着最主要的地位，并按其内容和概括化程度，区分为一般智慧技能和特殊智慧技能两类。一般智慧技能适合于所有的领域，如学生在日常生活中学习和掌握的观察、记忆、比较、分析、抽象、概括和解决问题的知识；特殊智慧技能适用于专门领域，如学生在中文学习中利用偏旁结构记忆生字的方法。

随着认知心理学的发展，以加涅（1977，1985）为代表的一批西方认知心理学家对智慧技能的解释成为主流看法。他们认为，智慧技能是将已习得的知觉模式、概念、规则运用于实际情境，顺利完成任务的能力，并按其复杂程度将智慧技能分为五个层次（见表7-4）。

表 7-4　智慧技能的五个层次

层次	特征	举例
辨别	能区分事物的特征，发现其差异	例如，区分大和小、人与入等
具体概念	能列举事物的名称	例如，识别各类轿车的共同属性，并赋予其类别术语
定义概念	能理解命题或公式表达的本质属性	例如，理解哺乳动物的本质特征
规则	能按规则进行操作，做出正确反应	例如，造句、解化学方程式
高级规则	能用简单规则解决较复杂的问题	例如，运用 $V = IR$ 的公式来对串联、并联电路的 V、I 或 R 求解

另外，认知心理学家根据自动与受控维度，区分为受意识控制的智慧技能和自动化的智慧技能。前者如学生对作文的审题、立意、选材、确定中心等一系列步骤，这些步骤受学生的意识控制，后者如人们在说话时，一般只注意说话的内容，对词之间的读音和搭配往往是自动进行的，一般不需要有意识注意。

上述对智慧技能的划分，只是指出了每一维度的两极的情况。介于这两极之间，有许多非典型的中间类型。尽管不同心理学家对智慧技能的解释不尽相同，但他们的看法中却蕴藏着某种内在的一致性。第一，他们都认为智慧技能不是由单一因素构成的，而是由复杂因素构成的；第二，智慧技能也是一种操作方法，其发展从低级到高级，从简单到复杂。

（二）动作技能

动作技能也称运动技能。不同的心理学家对其有不同的解释。例如，克伦巴赫（J. Cronbach，1977）认为，动作技能是习得的，能相当精确且对其组成的动作很少或不需要有意识地注意的一种操作。加涅认为，运动程序性知识是协调运动的能力，或者与运动的选择有关，或者与运动的顺序有关。我国的传统动作技能概念来自苏联，认为动作技能是依靠肌肉骨骼与相应的神经系统活动实现的活动方式。根据现代认知心理学研究成果，我国有的教育心理学家把动作技能定义为，在练习的基础上形成的，按某种规则或程序顺利完成身体协调任务的能力。

尽管心理学家对动作技能的定义不尽相同,但都认为动作技能的构成包括三种成分:(1)动作或动作组。动作并非动作技能,只有当人们用一组动作去完成一项具体任务,如用一组舞蹈动作去表现情感,才是动作技能。像走路、穿衣、吃饭、摇头、打哈欠等不是动作技能。(2)体能。主要包括耐力、力量、韧性、敏捷性等。(3)认知能力。包括视觉、听觉、触觉、动觉等多种知觉能力,其中手脚协调、身体平衡对完成动作技能的意义更大。知觉能力的完全丧失或部分缺陷往往难以完成动作技能。此外,学习者还需要理解和记住训练的项目,富有想象力和创造性地解决问题等。因此,我们认为,动作技能是在练习的基础上,由一系列实际动作以合理、完善的程序构成的操作活动方式。

按动作是否连贯,动作技能可分为连续与不连续的动作技能。如开车、打字、滑冰等属于连续的动作技能,是刺激—反应的一长串联结系统;射箭、举重等属于不连续的动作技能,其刺激—反应的序列短,反应比较精确,便于计数。动作技能也可按动作过程中外部情境是否变化,分为开放性与封闭性的动作技能。如打球、开车、滑冰需视外部情境的变化而调整动作,随机应变,属于开放性的动作技能;而射箭、写字是在预先确定的较静态的环境中进行,动作的灵活性与变通性不大,属于封闭性动作技能。此外,还可以根据动作技能的反馈条件,把动作技能分为内循环的和外循环的两类。内循环的动作技能是一种完全依赖内部肌肉反馈的程序性知识,这种动作是闭着眼睛也能完成的,如在黑板上画圈;外循环的动作技能在某种程度上要受客观外界环境的控制,不可能仅依靠条条肌肉的反馈动作加以矫正,如踢足球、骑自行车等程序性知识就是如此。因为这类程序性知识不是一些特定的动作的简单联结,操作者必须获得某些"监控程序"才能完成。上述动作技能的分类既有交叉,又有重叠,但不能彼此替代,因为每种分类法强调的侧面不同,对学习者而言所需要的陈述性知识和策略也不同。

(三)智慧技能与动作技能的关系

智慧技能与动作技能的关系是既有区别也有联系。两者的区别主要表现在下面几方面(见表 7-5)。

表 7-5　两种技能的区别

种类	区别
活动对象不同	智慧技能的活动对象是头脑中的映象,不是客体本身,具有主观性和抽象性,从外部难以觉察头脑中的思维过程
	动作技能的活动对象是物质的和具体的,如打字、射击,表现为外显的骨骼和肌肉的操作
活动结构不同	智慧技能是借助于内部言语实现的,可以高度省略和简缩,甚至使人觉察不到操作的过程。例如,熟练掌握了代数的学生,在解代数方程式时,由上一步直接可以看出下一步,把推论的步骤省略了
	动作技能是系列动作的连锁,因而动作结构必须从实际出发,符合实际,不能省略和简缩
活动要求不同	智慧技能要求学习者掌握正确的思维方法,即获得产生式或产生式系统
	动作技能要求学习者掌握一套刺激—反应的联结

但两种技能又是相互联系的。动作技能是智慧技能形成的最初依据，智慧技能的形成常常是在外部动作技能的基础上，逐步脱离外部动作而借助于内部言语实现的。如学生心算、写作文等智慧技能，是从依赖数小棍或手指、依赖笔算、看图说话，逐渐脱离外部动作（动手、动口）而依赖内隐的思维操作活动实现的。反之，智慧技能往往是外部动作技能的支配者、调节者，复杂的动作技能往往总是包含有一系列的认知成分，需要学习者的智慧活动的参与，手脑并用才能完成。

二、程序性知识的学习过程

由于程序性知识有不同的种类，其学习过程不同。因此，有必要分别加以讨论。

（一）智慧技能的学习过程

不同的研究者对智慧技能的形成有不同的看法。现在比较流行的是认知心理学的产生式系统理论对智慧技能的理解。该理论认为，智慧技能的形成需要经过以下两个阶段。

1. 模式识别学习

模式识别学习指学习者对某一特定内外刺激模式进行辨认和判断，即学习一个简单的产生式所需要的条件和相应的动作。模式识别具有两种不同的水平：低级水平的模式识别主要是识别事物的外部物理或化学的特征。如识字、听声音、辨别味道等。高级水平的模式识别则是识别同类事物的共同本质特征。通过模式识别，我们才能对事物加以分类和判断。模式识别与陈述性知识的运用不同。如"什么是哺乳动物？"我们可用"哺乳动物是胎生和靠母体的乳腺分泌乳汁哺育的动物。"这一陈述性知识来回答。而对于"下列图形中哪些是哺乳动物？"这类问题，则需要运用模式识别的程序性知识来解决。

模式识别学习的主要任务是学会把握产生式的条件项，其心理机制是概括和分化。

概括指学习者对同类刺激模式中的不同个体做出相同的反应。如学生根据哺乳动物的两个关键的共同特征：即胎生和哺乳，判断猫、狗、猪、羊等动物为哺乳动物。概括实质上是在同类刺激模式中抽取出共同的特征，经由概括而形成的模式识别的产生式中，所有的条件项均不可缺少。美国心理学家安德森等人（1980）把概括看成产生式的变化，当具有相同动作的两个产生式同时在工作记忆中被激活时，就会自动出现概括。我国心理学家皮连生则认为，概括相当于奥苏伯尔的上位学习。在上位学习中，学生从识别个别的例子到形成概念的过程也就是排除同一类别的例子的无关特征，概括出它们共同的关键特征的过程。

分化指对不同类的刺激具有不同的反应。如教师教"鱼"的概念时，要求学生判断下列图片中是否是"鱼"，学生通常只注意"鱼生活在水中，有鳞和鳍"这一条件，但当教师指向鲸鱼图片时，许多学生才意识到判断"鱼"必须加上"用鳃呼吸"这一必要条件。鲸鱼虽然也生活在水中，由于其主要特征是胎生和哺乳，因而鲸鱼应归类为哺乳动物。由此可见，分化的主要作用是导致产生式条件项的增加，使产生式的适用范围缩小，有利于提高模式识别中辨别和区分的准确度，避免将"不是"判断为"是"。

2. 动作步骤学习

动作步骤学习指学习者学会顺利执行完成一项活动的一系列操作步骤。如学生学习两位数的乘法时，必须理解并记住两位数的乘法规则，根据其规则进行练习直到运算熟练,达到自动化程度。动作步骤的学习实际上是从陈述性的规则和步骤开始,动作步骤的执行则从模式识别开始,即只有对需要执行某一动作步骤的情境条件的模式做出准确判别,动作步骤的执行才能有效地解决问题。动作步骤的学习通过程序化和程序的合成来完成。

程序化指动作序列从陈述性知识的表征转换为程序性知识的表征,不再依赖于陈述性知识而独立完成动作步骤的过程。这个过程包括两步:一是建立规则和步骤的命题特征。如学习分数加法时,小学生通过阅读、教师讲解解题步骤,逐渐理解分数加法的陈述性知识规则并将它们正确地表征为命题,以供自己演算作为指导和提示。二是将动作步骤的陈述性知识转化为程序性的产生式表征,在执行动作步骤的过程中逐渐脱离陈述性命题的检索、提取和监控。如教师在分数加法的例题示范中,带领小学生对照演算步骤逐一进行演算,小学生模仿教师的演算,经过反复练习后,不再依赖教师或自己的逐步演示,顺利地依次自动执行每个操作步骤,熟练地完成分数加法。

程序的合成是指把若干个产生式合成一个产生式,把简单的产生式合成复杂的产生式。如前所述"1/4+1/5"的三个产生式系统合并为一个产生式:即"如果求两个分数相加,且有两个分数,那么求出它们的最小公分母,然后用最小公分母除以第一个分数的分母"。程序合成有两大好处:一是减少了产生式的数量;二是减轻了记忆的负担,使学习者激活知识的时间更短,复杂的动作步骤更加流畅。

程序合成实际上是要求两个有关联的产生式同时进入工作记忆,第一个产生式的行为项成为第二个产生式的条件项,保留第一个产生式的条件项,将两个产生式的动作项合并为一个复杂的动作项,并通过大量练习使之成为巩固的产生式。需要指出的是,不是所有的程序都应合成在一起。有的程序合成可能会导致学习者的思维僵化或思维定式而缺乏解决问题的灵活性,只有基础的、变化较少的、能大量使用的产生式才能考虑使其达到合成程度,如基本的读、写、算等产生式。对于那些只在解决特殊问题时才需要合成的产生式,使其保持一定的独立性,将更有利于提高其运用的灵活性和变通性。

认知心理学的产生式系统理论,借助"模式识别""程序化""程序合成"等计算机学科的专业术语,形象地说明了智慧技能的思维操作过程,这对于我们进一步认识智慧技能的形成发展,无疑具有启发意义。

【扩展性阅读】

加里培林的智慧活动按阶段形成理论

苏联心理学家加里培林提出了著名的智慧活动按阶段形成理论。他认为,智慧活动是外部的、物质活动的反映,是外部物质活动向反映方面——知觉、表象和概念方面转化的结果。这种转化要经过五个阶段:(1)活动定向阶段。学生要了解熟悉活动的任务,知道做什么和怎么做,在头脑中构成活动本身和结果的表象,对活动进行定向。(2)物质活动或物质化活动阶段。学生借助于实物或实物的模型、图表、标本等进行学习。如利用小石子、小棍、手指来完成计算活动。(3)出声的外部言语活动阶段。学生已摆脱了实物或实物的替代物,代之以外部言语为支持物进行学习。如学习加法,用言语表现"数位对齐,个位对个位"的运算过程。(4)无声"外部"言语阶段。学生学习只看到嘴动听不到声音,如心算。(5)内部言语活动阶段。学生的智慧活动具有压缩和自动化的特点,似乎不需要意识的参与。

加里培林的理论在心理学界产生了重大的影响,也激起了心理学家的思考和争鸣。

(二)动作技能的学习过程

动作技能的形成是通过领悟和练习逐步掌握某种动作操作程序的过程。复杂运动技能的形成,一般要经历四个主要阶段。在不同的阶段,学习者学习的重点及表现出的特征不同。

1.认知阶段

这是动作技能形成的开始阶段。从传授者的角度看,主要是讲解与示范;从学习者的角度看,主要是理解学习任务,形成目标表象和目标期望。目标表象是指学习者了解和认识动作的要求,记住有关动作的知识及事项,在头脑中形成动作的完整表象,以此作为实际操作的参照;目标期望是指学习者根据以往成功与失败的经验,以及自己的能力和任务的难易程度,对自己所能达到的操作水平的估计,即明确自己能做得如何。例如,上体育课,小学生通过视觉观察教师的示范,通过听觉倾听老师讲解的动作要领,并把教师的示范、讲解进行编码,形成体操表象,作为自己学习体操的指南,来调节控制自己做体操的动作方式。

在认知阶段,学习者认知的质量和学习时间,取决于对现有任务(即动作技能)的知觉和有关线索的编码,有助于此后在长时记忆中依据线索提取关于现有任务的知觉信息,以及从长时记忆中激活先前有关的信息,并有效地检索、提取出来。

2.分解阶段

在这一阶段,传授者把整套动作分解成若干局部动作,学习者则初步尝试,逐个学习。学习者由于初学,注意的范围狭小,记忆紧张,不善于注意的分配与转移,虽然分解后的动作较简单,容易掌握,但在前后两个动作的交替和过渡上则比较困难,因而导致学习者出现动作忙乱、紧张呆板、不准确协调、顾此失彼等现象。如学生初学写字时,往往头部过低,身体歪斜,握笔太紧,用力过大,初学剪纸时手忙脚乱等。

3.联系定位阶段

该阶段重点是使适当的刺激与反应形成联系而固定下来,整套动作联为整体,变成固定程序式的反应系统。学习者首先要弄清刺激与反应之间的步骤,使之形成联系;其次,要增加练习次数和练习时间,加强动觉反馈,以提高动作的熟练性和准确性,提高动作质量。注意排除过去经验中的习惯干扰,防止负迁移产生。

4.自动化阶段

这是动作技能的熟练期阶段。各个动作似乎自动流出,娴熟协调,得心应手,甚至出神入化,令旁观者眼花缭乱,叹为观止。如熟练的车技演员一边骑车,一边做出优美、复杂的动作。

第四节　知识的转化与迁移

前面我们论述了陈述性和程序性两种知识的种类和学习的原理。这两种知识各有特点,使用的范围不同。陈述性知识对于小学生认识社会、开发智力是必不可少的前提和条件。但学校教育不能只是停留或满足于向小学生传授陈述性知识,关键是要把小学生的陈述性知识转化为程序性知识。因为小学生学习的各种陈述性知识不能直接转化为能力,必须通过程序性知识这个中介环节。如小学生掌握了分数和小数的陈述性知识,必须通过实际练习,获得如何把分数化为小数、小数化为分数的程序性知识,才能发展为数学方面的能力。所以,要培养小学生的能力,教师只向小学生传授陈述性知识是不够的,必须把陈述性知识的教学和程序性知识的训练有机结合起来,重视培养小学生把陈述性知识转化为程序性知识的能力,提高小学生的迁移能力,促进小学生的全面发展。

一、知识的转化

知识的转化是指把陈述性知识转化为程序性知识。要完成这两种知识的转化,必须弄清楚这两种知识的关系及转化的方法。

(一)陈述性知识与程序性知识的关系

陈述性知识与程序性知识是既有区别又有联系的,其区别表现在以下几个方面(见表 7-6)。

表 7-6 两种知识的区别

内容	具体表现
基本结构	陈述性知识是符号所代表的概念、命题与原理的意义,掌握陈述性知识的关键是理解符号所表征的意义
	程序性知识是对陈述性知识的应用,基本结构是动作或产生式,形成程序性知识的关键是对操作方法的熟练掌握
输入输出	陈述性知识是相对静态的,容易用言语表达清楚
	程序性知识是相对动态的,不太容易用言语表达清楚
意识控制程度	陈述性知识的意识控制程度较高,激活速度较慢,往往是有意识的搜寻过程
	程序性知识的意识控制程度较低,激活速度较快
学习速度	陈述性知识的学习速度较快,能在短时期内突飞猛进或积累,但遗忘较快
	程序性知识的学习速度较慢,需要大量练习才会达到熟能生巧的程度,保持比陈述性知识牢固
记忆储存	陈述性知识具有结构化、层次化的特点,因而陈述性知识的储存呈现非独立的网络性,具有叠加扩充的特性
	程序性知识的储存呈现独立的模块性,具有序列转移的特性
测量角度	陈述性知识通过口头或书面"陈述"或"告诉"的方式测量
	程序性知识通过观察行为,是否能做、会做什么的方式测量

两种知识的联系表现在：一方面，程序性知识的形成以掌握陈述性知识为必要条件。人们掌握的陈述性知识越牢固，越有助于程序性知识的形成。另一方面，程序性知识一经形成又会促进对新的陈述性知识的掌握。

(二)陈述性知识向程序性知识的转化

陈述性知识转化为程序性知识，主要涉及陈述性知识的概念和规则的运用。概念是知识网络的细胞或纽结，规则是执行操作知识步骤的基础。从知识的结构看，知识就是概念与规则形成的这样或者那样的联系。没有概念和规则，人们就不能进行抽象思维，不能建立对于客观世界的一般理论框架和解决问题的法则，不能进行知识经验的传递和运用。所以，陈述性知识转化为程序性知识的重要标志，就是学生能否运用所学的概念与规则去解决问题。教师如何才能促进学生的陈述性知识向程序性知识转化呢？主要有以下几种方法。

1.使学生形成正确的概念或规则

从心理学的角度看，概念是具有一类共同关键属性的人、物体、事件或观念的符号。概念包括四个要素：(1)概念名称。即用词给概念命名。通常一个概念的名称代表了一类具有共同特性的事物。如水果、房子、植物、等边三角形等都是概念的名称。(2)概念定义。即用语言描述概念时，明确界定这个概念的范畴和特性。如"鸟"的定义是"鸟是脊椎动物的一纲，体温恒定，卵生，嘴内无齿，全身有羽毛，胸部有龙骨突起，前肢变成翼，后肢能行走。一般的鸟都会飞，也有的两翼退化，不能飞行"。(3)概念特性。指某一类事物所特有的属性，也称为关键属性。如"鸟"的关键特征是有"卵生、有翼、有羽毛"。飞行能力则不是"鸟"的关键属性。例如，鸵鸟是鸟，但并不会飞。(4)概念实例。指概念可知觉的实际例子。如"鸟"的实例有麻雀、燕、鹰、鸡、鸭、鸵鸟等，但有些概念是难以观察实例的，如"分数""道德"等等。

规则是计算公式、处理事情的法则、科学原理、定律等。概念与规则的存在，对小学生形成陈述性知识起着非常重要的作用。首先，使小学生能够把面目各异但具有共同本质特性的客体归成一类，然后再根据它们所属的类别做出反应，这就有利于简化或扩充小学生的知识，促使知识的条理化、系统化，提高他们的反应效率。比如，虽然小轿车的品牌很多，各种牌子的车型、颜色、内部设备、车速、性能也有很大的差异，但只要小学生了解"小轿车"的概念，就能认识它的特性，把小轿车与卡车、大客车、摩托车区分开来。其次，小学生可以把掌握的概念和规则，转化为程序性知识，形成智慧技能和认知策略，用以调节和控制自己的学习行为。概念与规则对小学生的学习如此重要，它们有哪些类型呢？

小学生的学习概念和规则就是获得其意义，掌握其本质特征。奥苏伯尔认为，概念学习通常有两种方法：一是概念形成，即学生通过直接观察某类事物，经过分析、比较、抽象、概括、假设、检验等思维活动，找出这类事物共同的关键特征，并用词表示这个概念。如小学生观察了苹果、西瓜、地球仪等圆形的物体以后，形成"圆"的概念。二是概念同化，即在学生已有认知结构的基础上，教师以定义的方式直接向学生讲授概念的关键特征，使其获得概念。如教师在小学生认识了猫、狗、猪、羊、牛等动物的基础上，教给他们"动物"的概念。

加涅认为,规则学习就是理解若干概念之间的关系。掌握概念是掌握规则的前提条件。如小学生学习"直径等于半径的两倍"的规则,必须弄清楚半径与倍的概念。规则学习,也有两种主要的方法:一是例规法,即教师先向学生大量举例,要求学生从例子中概括出相应的规则;二是规例法,即教师先向学生讲授规则,然后举例证明其规则。

　　为了使学生能顺利掌握概念或规则,教师要注意采用以下恰当的教学方法。

　　(1)提供丰富多彩的变式

　　变式即变换各种直观材料或事例的呈现形式,以突出概念或规则的本质特征。如教师讲授"垂线"的概念,除让小学生观察水平位置与垂直位置的垂线外,还应让学生观察其他方向的垂线。教师让学生认识物体"热胀冷缩"的性质,不能只用固体物质做实验,还要用液体和气体物质做实验。变式运用的关键是要注意其正确性、典型性,帮助学生摆脱感性经验的片面消极影响。

　　(2)正例与反例的运用

　　概念与规则的教学,离不开实例。特别是在教那些对学生而言比较抽象的概念和规则时,需要较多的例子加以说明。学生掌握概念与规则,实际上就是学生能够用大量的实例来说明概念的内涵以及规则所能反映的某些概念之间的关系。肯定实例传递了概念或规则最有利于概括的信息,否定实例则传递了最有利于辨别的信息。如果学生缺乏对大量的肯定或否定实例的分析和比较,就不能正确地运用概念或规则。所以,教师在讲解概念与规则时,要采用大量的实例予以说明。邓尼森等人(Tennyson & Park,1980)指出,教师在运用实例说明概念与规则时,要注意以下三点:①按照由易到难的顺序呈现例子;②选择彼此不同的例子;③对肯定实例与否定实例进行对比。如,教师讲解"鸟"的概念,不能只是用麻雀、燕、鹰等肯定实例来说明,还要举几个否定实例,如蝙蝠、蝴蝶等来让学生辨别,说明它们虽然也会飞,但不是鸟。

　　(3)科学地进行比较

　　比较即帮助小学生认识新旧知识异同的主要方法。首先,教师要确立比较的标准。因为事物的本质是多种多样的,不同的比较标准往往会得到不同的结论。一般应以教科书上提供的有关概念和规则作为比较的标准。其次,要采用正确的比较方法。对相似、相近、相关知识的比较,宜采用同时对比法。例如,英语中清辅音与浊辅音的比较。通过比较找出共有的本质特征,舍弃彼此差异的特征,防止知识间的混淆与割裂。对事物的历史形态或发展变化的比较,宜采用前后对比法。例如,改革前后的中国经济发展的比较。教师要鼓励学生采用比较的方法来发现知识的异同,以促进学生对知识的深刻理解。

　　(4)建构概念与规则的体系

　　按照认知心理学的观点,不同的概念与规则都是按照内在的关系组成的层次结构,存在上位和下位的关系。这种层次结构有利于概念或规则的激活和提取,有利于将新知识纳入已有概念和规则的体系当中。如果小学生所学过的概念与规则都是孤立的,缺乏层次和系统化,不仅妨碍他们对已有知识的巩固,而且会影响他们利用已有的知识去学习新知识。所以,教师要帮助学生建构概念与规则的体系。教师可以画一个概念地图(concept map),用以说明概念之间的关系。另外,教师也可以启发学生概括所学的概念与规则,发现其联系。

2.学习材料具有逻辑意义,调动学生学习心向

奥苏伯尔的有意义学习理论的研究发现,有逻辑组织的学习材料便于学生理解、保持和应用。而在教学中,有的教师却违背小学生学习的规律,随意向他们呈现一些毫无关系的事实、命题或原理,使其不得要领,出现呆读死记的机械学习。要克服上述问题,教师给小学生呈现的学习教材必须具有逻辑联系,同时还要注意调动和保持学生理解学习的心向,即指导学生发现新旧知识之间的内在逻辑联系,促进学生认知结构的改组和重构,使其能够产生有意义的学习,更好地理解新知识。

3.指导科学练习,促使学生程序性知识的运用

练习是促使陈述性知识向程序性知识转化的必要条件。没有练习,陈述性知识只能以命题及命题网络表征储存在人脑的记忆中,无法实现程序化,更无法达到自动化的熟练运用。

目前我国教育现状是,教师讲得太多,留给小学生思考和练习的时间太少。使有的学生"习得了知识,没有习得技能",学生对程序性知识的学习仅停留在陈述性阶段,只能背诵一些概念、公式、定理,却不会使用。要避免上述问题的产生,教师就要注意做到精讲多练。"精讲"就是教师上课要突出重点、难点、讲关键、讲主干、讲方法;"多练"不是教师搞题海战术,而是通过适度适量的变式练习、操作等学习活动,增加学生灵活应用知识的机会,促使学生对程序性知识的运用。

二、知识的迁移

小学生在学习中能否做到举一反三、触类旁通,能否运用所学的知识解决问题,这实质上是知识的迁移问题,也是学习的迁移问题。学习迁移(transfer)是一种学习对另一种学习的影响。如小学生掌握了汉语拼音,能更好地识字;会跳舞的学生学习体操更快;等等。学习的迁移对小学生的发展非常重要。在知识迅猛发展的现代社会,教师教给小学生的知识总是有限的。小学生学会知识的迁移,不仅学习的内容会更加广泛,而且适应新情境、解决问题的能力会变得更强。从这种意义上说,教育的首要任务就是让小学生学会知识的迁移。

(一)陈述性知识的迁移

心理学对陈述性知识的迁移研究分为两个时期:第一时期,重视从学习活动的形式、学习活动的共同要素等方面研究陈述性知识的迁移;第二时期,重视用认知的观点与术语,从认知结构的重要性及认知结构的形成等方面研究陈述性知识的迁移。

在众多陈述性知识的迁移理论中,对教育界影响比较大的主要有以下几种。

一是形式训练说。该理论来自官能心理学(faculty psychology),这是一种古老的学习迁移理论。它认为人类的心理由许多不同的心理官能,如观察、注意、记忆、想象、思维等组成。这些心理官能只有经过训练才能发挥作用。知识的迁移就是心理官能得到训练的结果。他们把训练和改进心理官能作为教学的重要目标,忽视学习的内容。这种理论运用到教育上造成的直接后果就是题海战术,偏重学习所学内容的难度和训练价值。这种学说对近现代教育产生过重要的影响,后来由于通过实验证明缺乏科学依据,而受到许多学者的反对。

二是共同要素说。桑代克(E. L. Thorndike)和伍德沃斯(R. S. Woodworth)(1901)通过让学生判断一系列不同大小和形状的面积的实验发现,学习迁移是由于两种学习情境存在共同要素。如学生学习"going"的"ing",就能拼"morning、playing、coming",且记忆方便。共同要素说只能解释部分知识迁移的现象,难以揭示全部知识迁移的实质。如难以解释由于两种学习材料的相似成分愈多,干扰愈烈的前摄抑制和倒摄抑制现象。

三是概括化理论。贾德(C. H. Judd,1908)通过著名的"水下击靶"实验而得出概括化理论。他让一组儿童学习折光原理,另一组儿童不予学习,让两组儿童用镖枪投掷水下的靶子,起初射击离水面1.2英寸的靶子时,两组儿童的射击成绩大致相等,之后射击离水面4英寸的靶子时,掌握了折光原理的一组儿童,其射击成绩在速度、准确性上都超过另一组儿童。贾德认为是因为这组儿童掌握了折光原理,把折光原理迁移于学习中的结果。于是他认为,两种学习之间的共同成分只是学习迁移产生的必要条件,概括出两种学习活动的共同原理是学习迁移产生的关键。后来有些心理学家做过类似的实验,证实了贾德的概括化理论,发现学生是否善于概括与教师的教学方法、学生的思维水平等有密切的关系。

四是认知结构迁移理论。奥苏伯尔认为,学习者的认知结构是影响学习迁移的重要因素。一切有意义学习都是在原有认知结构基础上产生的。在有意义学习中,学生积极主动地使新知识与认知结构中有关的旧知识发生相互作用,利用旧知识理解新知识,结果旧知识得到充实或改造,新知识获得了实际意义。这个过程实际上是陈述性知识迁移的过程。认知结构是影响迁移的关键因素。奥苏伯尔认为,认知结构的加强能促进新的学习与保持,教学的目标就是使学生形成良好的认知结构。

奥苏伯尔提出了影响迁移的三个主要的认知结构变量:(1)可利用性。即学生面对新的学习任务时,其认知结构中应具有吸收并固定新知识的原有观念,这样才能够产生有意义学习。(2)可辨别性。指学生新的学习任务与同化它的相关知识的可分辨程度。两者的分辨程度愈高,愈有助于迁移并避免因新旧知识的混淆而带来的干扰。(3)稳定性。指学生面临新的学习任务时,其认知结构中的原有知识是否稳定巩固。学生先前知识的掌握程度与后继知识的学习呈正相关。原有知识越巩固稳定,越有助于迁移。奥苏伯尔曾进行过大量的有关认知结构变量影响学习效果的实验,结果表明,如果在教学中使用"先行组织者"作为一种引导性材料,由于它要比学习材料本身具有更高的抽象、概括和包容水平,并且能与原有的认知结构相关联,所以,可以有效地促进迁移。奥苏伯尔的研究代表了当代认知心理学从认知角度来解释迁移的主流倾向,随后有的心理学家对迁移的过程、原有认知结构的特性等进行了更为深入而具体的探讨。

根据上述陈述性知识的迁移时理论,促进学生陈述性知识的迁移教师应注意以下问题。

1.科学编排呈现教材,使学生形成良好的认知结构

根据奥苏伯尔的认知结构迁移理论,小学生的认知结构是从教材的知识结构转化而来的。好的教材结构能够简化知识,促进知识的迁移。所以,教材的呈现应体现以下要求:(1)有序性。由于小学生实现迁移的重要条件是发现新旧知识之间的相同点,因此,教材的呈现顺序要合理,尽量在回忆旧知识的基础上引出新知识。好的教材本身就可以起到"先行组织者"的作用。最佳的教材序列要反映知识的逻辑结构,体现不断分化和融会贯通的原则,适合小学生的认知发展水平。教材的呈现应由浅到深,由易到难,从已知

到未知。总之,教师选择和组织教学内容要有利于学生获得知识,促进知识的迁移。(2)概括性。教材中要有较高概括性、包容性和强有力解释效力的基本概念、原理和规则,它们是教材的中心,小学生领会这些知识,可以促进其举一反三、触类旁通。(3)实用性。教材的内容要考虑有用性,小学生通过学习后,能经常运用这些知识。如成语、四则运算等知识就具有较高的价值性,这些知识对于小学生的迁移广泛且效果好。

2.重视基础知识的教学,提高学生的概括水平

贾德的概括化理论表明,学生一旦掌握有关的原理并概括化,就能产生广泛的迁移。因此,教师要重视对基础知识,即基本概念和原理的教学。因为基础知识总是包含某些一般原理,是知识结构中的骨干和联系知识的中心,具有普遍性和概括性。学生掌握的基础知识越多,越容易产生迁移。教师要采取多种教学措施,帮助学生理解所学的基本知识,使学生学会概括的方法,提高学生的概括水平,并在此基础上进行复习和练习,以达到熟练记忆和运用的目的。

3.注意学习材料的共同性,促进小学生知识的综合贯通

根据桑代克的迁移理论,两种学习之间要产生迁移,关键在于发现它们之间的同一性或相似性。而在实际的学习中,知识之间的共同因素往往潜藏于内部,这就要求学生具有一定的辨别能力。要培养小学生的这种能力,教师应给学生提供练习认识事物之间同一性或相似性的机会,使学生形成概括或归纳思维,善于发现事物的共同性。此外,教师要引导学生把课堂知识迁移到其他学习情境中,如学习面积同实地勘测相结合,促进学生知识的综合贯通,学以致用。

(二)程序性知识的迁移

1.智慧技能的迁移

智慧技能的学习是获得一系列的产生式,运用已获得的产生式去解决新情境中的问题。因此,在智慧技能的迁移中,教师应注意以下问题。

(1)形成条件化知识,使学生掌握产生式规则

智慧技能形成的关键是把所学知识与该知识的应用触发条件结合起来,形成条件化知识,即在头脑中储存大量的"如果……那么……"的产生式。教师帮助小学生形成条件化知识的主要途径,一是编制产生式样例学习;二是向学生呈现与实际生活背景相似的知识,提高知识在解决问题中的可检索性和应用性。

所谓样例题,"是一套通向问题解决的解题程序"[①],其中蕴含着"条件—行动"的产生式。样例学习就是学生通过学习或阅读样例题,从中找出解决问题的条件,根据条件采取行动,最终形成解决问题的产生式系统。例如,学生学习"$9+2=9+1+1=10+1=11$"的例题,就包含了这样的条件化知识:如果两个一位数相加的和超过 10,那么将其中较小的一个加数分成两个数,分出来的一个数要和较大的一个数加起来为 10……

通过样例学习,学生能得到一个智慧技能习得所必需的信息或步骤,把一些无关的信息排除在知觉范围之外,从而减轻认知负担,促进学生对产生式"条件"的认知与概括,最终掌握一般的产生式规则。

学生在样例学习中的知识有时会变成僵化的知识。僵化的知识只能在一个有限的背景中才能提取,应用时生搬硬套,不能举一反三。这是一种应用性缺陷。要克服上述

---

① 李伯黍,燕国材.教育心理学[M].上海:华东师范大学出版社,1993.

缺陷,教师在教学中应注意理论联系实际,向学生呈现与实际生活相类似的知识。如教师给学生讲解了面积的概念与计算方法以后,让学生回家计算自己家的居住面积有多大,把课堂学习与课外生活情景联系起来,以保持知识的可检索性和活跃性。

(2)加强学生言语表达训练,促使智慧活动内化

许多学者的研究发现,言语活动能体现人们的内部思维水平,减少思维的盲目性,使注意集中于解决问题的关键因素,提高解决问题的速度和迁移水平。因此,教师要为小学生创造一个民主、宽松的课堂心理环境,使小学生喜欢、愿意和敢于进行言语表达。要加强对小学生言语表达能力的训练,如要求他们大声报告思维活动,鼓励他们相互讨论等,促使他们智慧活动的内化,促进其思维水平的提高。

(3)注意练习的同一性与多样性问题

促使智慧技能迁移的重要的教学条件是在相似情境和不同情境中的练习。学生在解决一类问题或学习一类课题时,所掌握的一般认识方法或规则,能促使类似问题的解决与类似课题的学习。所以,练习中要保持课题的同一性和连续性,通过一系列彼此联系的练习,促进学生对智慧技能的学习掌握。教师要有意识、有计划地指导小学生逐步概括出一类课题的共有特征和共有规则,以后再碰到有关的具体课题,学生就会纳入相应的课题之中。例如,小学数学的归一问题、归总问题、和差问题、和倍问题、相遇问题等有何规律和特点、有哪些规则可以使用,教师要教给学生,让学生通过适当的练习来掌握。需要指出,同类或相似课题间的不断练习,会干扰对灵活性课题的学习。因此,练习时要考虑在练习课题的同一基础上,注重课题变化,告之各种规则、原理、公式等的特征和适用范围,帮助其牢固掌握这些知识的特征。教师还需要教会学生去辨认各种现象或需要解决的问题的特点,才能保证学生顺利迁移。

2.加强动作技能的迁移

动作技能的学习同样存在着迁移问题,即一种动作技能的掌握对另一种动作技能的形成产生影响。动作技能的迁移主要有以下几种:(1)两侧性迁移。指身体一侧器官进行的学习向另一侧器官的迁移。人体的对称部位最易于产生两侧性迁移,如左手与右手的迁移;其次是同侧部位的迁移,如左手向左脚,右手向右脚的迁移;人体对角线部位的迁移最弱。(2)言语—动作迁移。即事先的语言训练有助于动作技能的形成,如在学习某动作时,首先进行言语指导,从而提高言语的辨别能力,最终可达到提高动作技能掌握的目的。(3)动作—动作迁移。这种迁移在日常生活中十分常见。如学会骑自行车有助于掌握摩托车的技能,因为这两种技能存在着相似的注意分配、反应速度以及处理操作步骤。

根据动作技能迁移的特点,教师促进小学生动作技能的迁移应注意以下问题。

(1)理解任务性质和学习情境

学习任何一种动作技能都必须首先理解任务的性质和学习的情境,这是培养动作技能的必要条件和内在原因。首先,教师要使学生懂得掌握某种动作技能的重要性,形成强烈的学习动机,使学生乐于学习,认真钻研,力求掌握;其次,要向学生明确提出动作技能应达到的目标,使学生明确“做什么”和“怎么做”,形成对自己的正确估计,根据自己的能力与学习任务的目标而调控自己的练习过程。

(2)教师示范与讲解要准确清晰

教师的示范与讲解在动作技能的形成中具有导向功能,使学生能够形成规范性的动

作。研究表明,指导者的示范与讲解不同,学习者的学习效果也会不同。如汤普森(L.Thompson)把儿童分为五组,在不同的示范方法下让其学习装配齿轮的七巧板,由于示范时对各组儿童活动的要求不同,各组儿童独立完成拼装的效果呈现明显的差异(见表7-7)。

表 7-7　不同指导方法的不同效果

组别	儿童观察时的活动	示范者的言语解释	拼容易七巧板需要的时间（分钟）	拼困难七巧板需要的时间（分钟）
1	连续加 2 至 100	无	5.7	25 *
2	说出示范者所演示的	无	3.1	22
3	静静观看	不完整的描述	3.5	16
4	静静观看	完整的描述	3.2	14
5	说出示范者所演示的	纠正儿童叙述中的错误	2.2	12

* 25 名儿童中仅有 3 名完成了任务。

由表 7-7 可见,"教师示范—学习者描述示范动作—教师纠正学生的错误"(即第 5 组)是最有效的指导方法。

根据班杜拉的观察学习原理,教师在示范之初要注意降低示范速度,分解示范动作,以提高小学生的注意力,使学生能够准确把握动作结构与特点,更好地观察与模仿。

(3)加强动作技能的练习与反馈

任何复杂的动作技能都必须通过练习才能达到熟能生巧的程度。但练习不是简单的机械重复。小学生在练习时,必须调动感知、记忆、思维等多种认知成分的积极参与,才能有效形成和掌握动作技能。动作技能的主要练习方法有以下几种(见表7-8)。

表 7-8　动作技能的主要练习方法

练习方法	具体内容
实地练习法	依据所学知识从事实际操作,以形成动作技能
程序训练法	把动作技能划分为若干阶段,由易到难,由简到繁地学习,并不断给予强化矫正,以提高动作效率
动作—时间分析法	测量每个动作所需要的时间,排除无效动作,减少不必要的动作环节,取得最佳活动效率
集中练习法	对比较简单的动作技能进行连续地练习,直到掌握为止
分散练习法	将动作技能练习的时间分为多次进行,避免长时间练习所产生的抑制疲劳或厌烦情绪的方法
心理练习法	身体不进行实际活动,而是在头脑内进行动作技能的练习

上述动机技能练习的方法各有特点。在动作技能的练习中,要注意克服小学生的"高原现象",提供恰当的反馈。所谓高原现象是指,小学生在动作技能的形成过程中,会出现练习成绩时而进步、时而退步的现象。究其原因,主要是由于练习时间过长、练习兴趣下降、注意力分散、产生厌倦或疲劳的消极情绪所致。要克服这种现象,关键是教师要帮助小学生改善练习方法和练习环境,利用他们对未来进步的憧憬,以增强其努力的信心和学习的兴趣。

练习并提供反馈,小学生才能辨别动作的正误,知晓自己的动作是否达到要求。教师采取何种反馈,应根据任务的性质、学生的学习情况而定。埃尔林的研究发现,若是连续的任务,如开车、滑冰等,及时反馈十分重要;若是不连续的任务,如徒手画一条规定长度的线段、投掷铅球等,延迟反馈并不影响效果。

本章小结

1.陈述性知识是反映事物的形态、内容及变化发展的原因,说明事物"是什么""为什么""怎么样"的知识。陈述性知识主要是以命题、命题网络和图式等方式在头脑中表征的。程序性知识是用于具体情境的算法或一套操作步骤。程序性知识的本质是一套操作程序控制了人的行为,包括内在的思维活动与外显的身体活动。

2.认知心理学家通常用同化理论来解释陈述性知识获得的心理机制。同化是学习者接纳、吸收和合并知识并转化为自身的一部分。同化有上位学习、下位学习和并列结合学习三种模式。程序性知识获得的心理机制是产生式。

3.陈述性知识与程序性知识是既有区别也有联系的。将陈述性知识转化为程序性知识的主要方法有:采用恰当的教学方法,形成概念或规则;学习材料要具有逻辑意义,调动小学生学习的心向;指导小学生科学地练习,促进小学生程序性知识的运用。

4.教师促进陈述性知识的迁移时要注意:科学编排和呈现教材,促进学生形成良好的认识结构;重视基础知识的教学,提高学生的概括水平;注意学习材料的共同性,促进学生知识的综合贯通。

5.程序性知识的迁移包括智慧技能的迁移与动作技能的迁移。智慧技能的迁移要注意:形成条件化知识,使学生掌握产生式规则;加强学生的言语表达训练,促使智慧活动内化;注意练习的同一性与多样性问题。动作技能的迁移要注意:理解任务性质和学习情境;教师的示范与讲解要准确清晰;加强动作技能的练习与反馈。

复习思考题

1.概念解释

陈述性知识　程序性知识　智慧技能　动作技能　同化　产生式

2.问题简答

(1)陈述性知识是如何学习和保持的?

(2)智慧技能的学习包括哪些步骤,如何理解?

(3)动作技能的学习过程包括哪些步骤,要注意哪些问题?

(4)智慧技能与动作技能的主要区别在哪里?

3.理论论述

(1)论陈述性知识与程序性知识的关系。

(2)论陈述性知识学习的心理机制以及同化的方式。

(3)论程序性知识学习的产生式原理。

4.实践探索

(1)教师如何帮助小学生把陈述性知识转化为程序性知识,有哪些方法?

(2)教师如何促进小学生知识的迁移?

5.案例分析

(1)张老师常给学生布置大量的作业题,她认为学生练习得越多,学习的效果就会越好,但学生的学习效果却不尽人意。分析张老师这样做的原因,教师应该如何指导学生练习,谈谈你的看法。

(2)在小学教学中,往往有许多比较抽象的概念、规则和原理,教师应采取什么教学方法或手段来讲授这些抽象的知识,小学生才能更好地理解和掌握这些知识,提出你的见解。

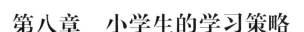

第八章　小学生的学习策略

【学习问题】

什么是学习策略？学习策略有哪些类型？小学生有哪些主要的学习策略？小学教师应该如何向学生传授学习策略？

【学习目标】

领会学习策略的含义及对小学生学习的重要性，理解小学生的主要学习策略，掌握学习策略的教学方法。

【学习方法】

建议学习本章内容时，结合小学生的学习特点以及小学具体学科及教学特点，领会小学生的学习策略，结合小学教学案例，加强对小学生学习策略的理解与应用。

第一节　概　述

学生是积极的信息加工者、理解者和综合者，能使用不同的策略储存和提取信息，主动地使学习环境适应自己的需求和目标。在我国，有关学习方法的论述古已有之。如"授人以鱼，不如授人以渔"，"学而不思则罔，思而不学则殆"，这说明古人已认识到方法或策略的重要性。从20世纪60年代开始，心理学界对学习策略进行了大量研究。探讨学习策略的内涵及类型，摸索有效的学习策略、教学手段并应用于教学实际，提高学生的学习质量，已成为心理学界一个新的研究领域。2016年9月，《中国学生发展核心素养》在北京发布，"学会学习"是中国学生发展六大核心素养之一，足见学习策略对于小学生发展的重要性。

一、学习策略的含义

什么是学习策略？至今为止，对学习策略的界定仍没有达成共识。概括现有的文献和研究，可以将学习策略分为三种：一是把学习策略视作学习活动或步骤。如梅耶(R. E. Mayer)认为学习策略是在学习活动中用以提高学习效率的任何活动，是学习者有目的地影响自我信息加工的活动；琼斯等人(Jones, Amiran & Katims)认为学习策略是被用于编码、分析和提取信息的智力活动或思维步骤。二是把学习策略看作内隐的学习规则系统；如都费(Duffy)认为学习策略是内隐的学习规则系统；温斯坦(C. E. Weinstein, 1985)认为，学习策略在广义上指由研究工作者和实践工作者所假设的、对有效的学习和保持信息有帮助的，并且是必需的各种不同能力。三是把学习策略看作学习计划。如得瑞

(S. J. Derry,1986)认为,学习策略是学习者为了完成学习目标而制订的复杂计划。《中国学生核心素养》认为,学会学习主要是学生在学习意识形成、学习方式方法选择、学习进程评估调控等方面的综合表现,具体包括乐学善学、勤于反思、信息意识等基本要点。[①]

综合上述观点,我们认为,学习策略(learning strategy)是指学习者在学习活动中,为了提高学习效果和效率而采用的程序、规则、技巧以及监控方式等。它既可以是内隐的规则系统,也可以是外显的操作程序和步骤。[②]

准确、全面地理解学习策略的含义,应注意以下几点。

1.学习策略总是伴随学习活动的展开而形成。学习是学生在后天习得的,学习策略也是学生在练习中,为了不断提高活动效率和绩效而逐步积累获得的。

2.学习策略概念的外延很大,可以是一定的操作程序、规则、方法,也可以是适当的技巧、技能,还可以是有效的分配、调控方式。凡是有助于提高学习效率和质量的一切有效的手段都是学习策略。

3.学习策略有质的差异性。学习策略既是内隐的学习规则,也是外显的操作程序、步骤;既有低效的新手学习策略,也有高效的专家学习策略等。

4.学习策略是衡量学生学习能力的指标之一。学习策略是学生高质、高效学习的重要保证,是会学、学得好的标志。

二、学习策略的分类

不同心理学家根据不同的分类标准,对学习策略提出了各自的看法。

奈伯特与舒克史密斯(Nisbert & Schucksmith)认为,学习策略包括六个因素:(1)提问。确定假设,建立目标。(2)计划。决定策略以及实施方案。(3)调控。试图回答或发现最初的问题和意图。(4)审核。对活动结果做初步评估。(5)矫正。再设计或者再检查,包括调整目标的设置。(6)自检。对活动和项目做最后的自我评估。

温斯坦(1985)认为学习策略包括:(1)认知信息加工策略,如精细加工策略;(2)积极学习策略,如应试策略;(3)辅助性策略,如怎样处理焦虑;(4)元认知策略,如监控新信息的获得。

丹塞路(Dansereau,1985)认为,学习策略由两种相互作用的成分组成:一是基本策略(primary strategy),被用来直接操作课本材料,包括获得和存储信息的策略、提取和使用信息的策略。获得和存储信息的策略又包括理解(understand)、回忆(recall)、消化(digest)、扩展(expand)、复习(review)等子策略;提取和使用信息的策略又包括理解、回忆、详述(detail)、扩展和复习等。二是辅助性策略(support strategy),主要指帮助学习者维持适当的认知氛围,以保证基本策略顺利操作,包括计划和时间安排(planning and scheduling)、专心管理(concentration management)、监视管理(monitoring and diagnosing)等。其中专心管理包括心境设置(mood setting)和心境维持(mood maintenance)。

比格斯(Z.Biggs)把学习策略分为大策略、中策略、小策略。大策略具有高度的一般性,独立于学习内容,可以广泛用于各种学习中,可教性最差,但可迁移性最好;小策略具

① 核心素养研究课题组.中国学生发展核心素养[J].中国教育学刊,2016(10):1-3.
② 刘电芝.学习策略(一)[J].教育学报,1997(1):34-36,43.

有高度的特定性,专门用于特定的任务,依赖于具体的学科内容,可教性最好,但可迁移性小;中策略介于两者之间,即具有较好的可教性,又具有较大的可迁移性。

迈克卡等人(Mckeachie et al.,1990)在总结学习策略成分的基础上,将学习策略分为认知策略、元认知策略和资源管理策略,其结构见图 8-1。

学习策略
- 认知策略
  - 复述策略,如重复、抄写、做记录、画线等
  - 精加工策略,如想象、口述、做笔记、类比、答疑等
  - 组织策略,如组块、选择要点、列提纲、画地图等
- 元认知策略
  - 计划策略,如设置目标、浏览、设疑等
  - 监视策略,如自我检查、集中注意力、监视领会等
  - 调节策略,如调整阅读速度、复查、使用应试策略等
- 资源管理策略
  - 时间管理,如建立时间表、设置目标等
  - 学习环境管理,如寻找安静的地方、有利于学习的地方等
  - 努力管理,如归因努力、调整心境、坚持不懈、自我强化等
  - 其他人的支持,如寻找教师帮助、使用合作学习、获得个别指导等

图 8-1　学习策略的分类

三、学习策略的意义

时代的发展为教育创造了许多机会,同时也更具有挑战性。对于学生来说,掌握基本知识和基本技能,不再是学习的首要任务,也不是终极目标,学会学习和求知,才是最基本和最重要的任务。联合国教科文组织总干事纳依曼说:今天教育的内容百分之八十以上都应该是方法,方法比事实更重要。小学阶段是小学生学习策略的初步建立阶段,小学教师不仅要教授给学生知识,更要通过策略教学来提高小学生学习的能力,这是小学教学工作的重要任务。对小学生进行学习策略的教学意义在于:

(一)提高学生学习的主动性与积极性、促进自主发展

在信息时代,信息传输的高效率和高容量,客观上要求学生高质量的学习,这就涉及学习策略的获得和使用。正如林崇德教授所说:"学生的学习过程是一种运用学习策略的活动。学生学习策略的探索过程,是对学习过程特殊性的再认识过程。学习策略的获得,能使学生学会自觉地、有选择性地取舍学习任务,促进学生学习的主动性与积极性,为学生的自主发展提供条件。"

(二)为科学解释教育教学现象提供依据

学生学习质量的优劣,受很多因素的影响,单纯依据现有的一些心理学理论并不能完全给以科学的解释。例如,对智力正常的小学六年级实验班学生进行解数学应用题思维策略的训练,结果发现实验班学生的思维策略并不能同时进步,并且出现了优生与差生解数学应用题能力没有明显变化,而中等生的解数学应用题能力得到大幅提高的现象。若想解释这一现象,不仅涉及学生原有的基础知识,还与学生是否已经具备了与问题解决相关的、有效的学习策略有关。

(三)有利于提高教育教学质量

学习策略的研究,丰富了学习理论,同时也发展了教学理论。学习策略是影响学生

学和教师教的一个重要变量。教师要提高教学质量,减轻学生的学业负担,学生要提高学习效率,实现"学会学习",非探讨学习策略不可。否则,教师的教与学生的学都可能是一种低效、甚至是无效的活动。

【扩展性阅读】

我国学习策略研究的现状、问题及发展方向

我国对学习策略的研究开始于 20 世纪 70 年代。1979 年河南省平顶山心理学会首先在中小学进行学法指导的实验,随后这种研究扩展到全国其他省市的中小学。从 20 世纪 80 年代开始,学习策略成为我国心理学界研究的一个重要领域,这些研究主要分为三方面:一是发展研究。主要是比较不同年龄或不同能力学生使用学习策略的不同特征,探讨学生学习策略获得或运用的发展过程和特点。二是培养研究。教给学生一般的学习策略或结合具体学科的策略,并检验这些策略迁移到一般或某学科的实际学习情境中的情况,对学生进行学习策略的训练。三是相关研究。研究学习策略与各种影响学习因素之间的关系,如研究学生的思维品质、自我效能感、学习动机、归因等因素与学习策略的关系。

虽然我国对学习策略进行了大量研究,但也存在一些问题。问题主要表现为:学习策略研究局限于认知策略和元认知策略,相对忽略了资源管理策略和情感策略的研究;研究深度不够,实验研究主要针对一些比较低级的记忆策略,对高级的思维策略、问题解决策略、元认知策略的研究不够;对不同学生学习策略的结构、层次缺乏探讨,缺少适合我国学生的学习策略指导教程。

将来我国对学习策略的研究需要进一步拓展研究范围及研究内容,并进一步研究各种学习策略与其他影响学习因素之间的错综复杂的关系,同时加强对学习策略的干预与训练方面的研究。

第二节　小学生常见的学习策略

小学生在成人指导下可以学会使用策略,小学时期作为小学生建立学习策略的起始阶段,学习策略本身要适合小学生的心理发展特点。下面着重讨论小学生常见的学习策略。

一、选择、理解和保持信息的策略

认知心理学认为,学生是信息的主动获取者、加工者、处理者。学生面对大量的信息,总会从庞杂的信息中,选择某些对自己有用的信息进行加工处理,然后理解和保持这些信息。

(一)小学生的信息选择策略

信息选择策略是指学生在学习情境中,激活与维持学习心理状态,将注意集中于相关学习信息上,对学习资源保持高度的觉醒或警觉状态的学习策略。斯腾伯格(R. J. Sternberg)认为,信息选择过程包括三方面:(1)选择性编码。即根据学习目的,将相关的

信息从大量的无关信息中筛选出来。例如,小学生要观察平行四边形的特征,须从众多几何图形中,选择出与平行四边形相关的目标信息。(2)选择性组合。把已经编码的信息,有选择性地以某种习惯的方式组合起来,形成一个较合理的、有内部联系的整体。如将小学生视觉、听觉、触觉等多感官信息有机组织起来,形成一个完整的平行四边形形象。(3)选择性比较。将感知的信息与头脑中已有的知觉表象、知识经验等进行对比,找到其联系或区别。如小学生在认识平行四边形时会借助已有的长方形的知识来掌握平行四边形的相关知识,并了解二者间的联系和区别。

小学生的信息选择策略包括下列要素。

1.选择性注意策略

选择性注意策略指学生将心理能量集中在目标信息上,保持高度警觉。选择性注意策略对于发动和维持一定的信息加工过程,保证认知活动顺利进行有重要作用。许多研究表明,学习快的学生更善于注意有关的或新的信息;而学习慢的学生,可能更倾向于注意非常熟悉或曾经学过的内容,既重复消耗心理能量,效率又低。对信息的选择性注意,既有学生之间的个体差异,又有年龄差异。研究表明,年龄小的学生对新材料中重要部分和陌生部分的注意不如年长的学生。例如,布朗(A. L. Brown)和斯迈利(S. Smily)的研究表明,小学五年级学生还不善于区分重要性不同的概念,因此不能专注于重要概念。

2.目标定向选择性策略

目标定向选择性策略是学生把学习动机、能力、认知风格、已有知识基础等内部学习条件,指向学习任务、学习时间和环境等有关的外部学习条件,自觉地调节和监控学习活动的策略。

(1)加着重号技术

加着重号技术指对重要信息画线或加与众不同的标记符号,以便于信息选择的方法。它使重要信息或者目标信息从无关信息中凸显出来,增强学生对重要信息的敏感性。比如教师授课时,使用不同颜色的粉笔以表示不同内容的重要性;教科书上在重要性词汇或句子下加黑点或者使用粗体字。

研究发现,小学生对于正确判断信息的重要性程度有困难,六年级以下的学生不能恰当地分辨出课文中哪些词句是重要的,哪些是不重要的。所以"勾画重要信息"的策略,必须和区分重要信息的策略结合起来进行训练。[1] 而判断信息的重要性又与对学习目标的认识有关,所以提高小学生的学习目标意识十分重要。

(2)边注、眉批和脚注结合

一味勾画学习内容对学习的促进是有限的。因为它不能为学生提供思考的机会和引子。在勾画基础上辅之以边注、眉批或脚注是一种更有效的方法。边注指在学习内容旁边的空白内注释相关定义、读音、多音字、形近字、同义词或者反义词,以及自己有怀疑或不理解的提示。当然,在画线内容旁边还可以做注释,这是一种更为有用的方法。眉批指在书页上端空白处所做的批注。对于小学生,眉批内容可以是老师的提示、要求,该段内容的大意或者是重点词汇的解释等。脚注指类似书籍的注脚,位于书页的底端,它

---

① 张庆林.当代认知心理学在教学中的应用——如何教学生学会学习和思维[M].重庆:西南师范大学出版社,1995.

的标示内容可以灵活处理,诸如背景介绍、词语解释、同义词比较等。小学生要独立应用边注、眉批和脚注方法有一定难度,教师首先必须明确要求,并给予示范和指导,尤其对低年级学生更是如此。

3.加大知觉信息与背景的对比

增加知觉对象和背景的对比度,能提高小学生对目标信息的敏感性。人们通常习惯于将鲜艳的、凸出的客观事物作为知觉对象,而将其他事物作为背景。"万绿丛中一点红"就是这个道理。因此,教师可以将教具的颜色设计得鲜艳些;对学生进行听力训练时,可以把背景音乐设计成舒缓、音量较小的轻音乐;小学生可以使用不同颜色的笔或在不同内容旁做不同的记号,以区分信息的重要性程度。

4.让目标信息运动起来

动态的刺激更容易引起小学生的注意。因为小学生的注意稳定性不够,对持续呈现的静态刺激容易产生疲劳而分散注意力。教师可以借助现代多媒体手段将教学信息制作成视频课件;另外,教师授课时也要注意语调的抑扬顿挫、富有变化;通过组织小学生扮演角色参与课堂活动,以此吸引小学生的注意力。

(二)理解和保持信息策略

理解编码所获得的信息是比选择信息更高一级的学习,属于信息深加工策略。因为理解基础上的保持会更持久、更有效。布鲁纳曾指出"高明的理解不仅是现在记住对象的工具,而且也是明天用以回忆那个对象的工具"。小学生常见的理解和保持信息的策略有组织策略、精加工策略。

1.组织策略

组织策略就是将信息由繁到简、由无序到有序,进行系统有效的编排。如让学生记忆一系列词语:长颈鹿、小萝卜、斑马、潜水员、顾客、菠菜、面包师傅、舞蹈、南瓜等,如果学生按照植物、动物、职业等分别将其归类,记忆效率会明显提高。研究表明,小学生到10岁左右才明显表现出使用这种类似的组织策略。但经过训练,小学生可以学会在不同水平上进行组织。另一种是概括组织法,摒弃细枝末节、提取要义的组织方式。它包括提纲法、图表法、概括法等。

(1)提纲法

指通过对学习材料的分析和总结,将其归纳成提纲的形式,以进行学习的方法。它具有形象直观性、概括性、条理性和理解性等特点。例如,小学生将一篇语文课文按照故事的发生顺序列出提纲,以此来促进对故事的理解。应用提纲法时,要根据材料本身篇幅的长短,在全面了解材料的基础上,将材料分成一些有确定内容的部分,尽可能给每一部分一个小标题,再将其联结成一个整体,检验是否完整或是否需要修改。对于篇幅较小的四言诗等,一般没有必要再列提纲。

(2)图表法

指用图示或列表的形式表示事物之间的内在关系,或勾勒概念之间的逻辑关系。如小学数学教师通常用图表法表示几何图形的关系。

(3)概括法

它是抓住材料的关键信息,对材料进行简化的方法。概括化的材料,言简意赅,容易和头脑中已有的知识结构形成联系,易于理解或记忆。例如,小学生对课文的中心思想或主题的概括。

2.精加工策略

精加工策略也叫精制策略(elaborative strategy)。美国的莱文(J. R. Levin)将其描述为"学习中的精制,是使人们更好地记住正在学习的东西而做的充实意义的添加、构建或者升华"[①],精加工过程是积极努力的思维过程。它不是对信息一成不变的接受,而是通过对信息的深层次加工,增进对新知识的理解,促使新命题进入已有的知识结构中。有学者认为,精加工策略是一种寻求字面意义背后的深层意义的策略,是将新学习的材料与头脑中已有的知识联系起来的策略,是一种理解记忆的策略。

精加工策略有两类:一种是用于意义性不强的学习材料,通常采用人为联想策略,如谐音法、歌谣法等赋予意义性不强的学习材料以意义。另一种是针对意义性较强的学习材料,通常采用类比、比较、造句、自提问等方法。下面介绍几种常见的精加工方法。

(1)谐音法

谐音法是指利用不同字有相同或者相似的读音来提高学习效率的方法。比如记忆圆周率 π 可用"山巅一寺一壶酒"的谐音。谐音法能提高记忆效率,关键在于它的"一音双关性"。但谐音法不适合于有较强逻辑关系的材料,会适得其反。

(2)形象化

形象化是应用比喻、联想等方法,将无意义的材料转化成形象材料的一种记忆方法。如小学生在学习拼音字母"6 是玻(b),反 6 得(d),一门讷(n),二门摸(m),拐杖(f),伞把特(t),一根小棍(l)"就是使用该方法。

(3)比喻法

比喻法是运用修辞中的比喻,对学习材料进行处理,使其形象化、具体化的方法。如给学生讲述地球的结构时,有的教师用"鸡蛋"来比喻:"地球大致分为地壳、地幔和地核三部分。地球就像鸡蛋,地壳好比是鸡蛋壳,地幔好比蛋白,地核好比蛋黄。"这样的比喻能促进学生对知识的理解。

(4)类比法

类比法是就两个或两类事物之间在某些属性上的相同或相似所做的一种类推。如小学教师常常用零下温度类比负数,帮助学生理解负数的含义;通过图形及周长计算公式的类比理解周长。

(5)比较法

比较法是对两个或两个以上的事物的相同点与不同点进行分析的方法。如语文中的同义词或近义词比较、形似字的比较、字母形状和读音的比较;数学中对整数与小数、乘法和除法、加法和减法等的比较。

(6)自提问法

自提问法指有针对性地提出问题,促进自我精读或深刻思考的方法。如心理学家训练小学生自我提问的问题清单有:"这个问题是什么?现在我打算干什么?关于这个问

① J. R. Levin. Elaboration-based strategies:Power theory-powerful Application[J]. Contemporary Psychology,1988(3):191−205.

题目前我知道了什么？这个问题已经给了我哪些信息？这些信息对我有什么用？我的计划是什么？需要新的计划或方法吗？我的目标变了吗？下一步我要做什么？"研究发现，通过训练小学生自我提问法，有利于他们明确学习目的、区分学习内容的重要性和控制自己的注意力，从而提高解决问题的能力。专门的精加工策略训练能显著提高低年级盲生的理解记忆成绩，能更好地促进高年级盲生对信息的理解、消化及提高学习策略意识水平。[①]

二、阅读和做笔记的策略

(一)阅读的策略

阅读是大脑接受外界视觉符号（文字、图表、公式、数字等）信息并对其进行加工、理解符号所代表的意义的过程。阅读的方法不同，对阅读效果会产生很大影响。阅读策略包括：整体阅读、精读策略、略读策略，就小学生而言，我们更应该关注前两种策略。

1. 整体阅读

整体阅读包括制订阅读计划、循序渐进、做好读书笔记、利用工具书等。第一，阅读需制订阅读计划，了解阅读书目。别林斯基曾经说："阅读一本不适合自己阅读的书，比不阅读还要坏。我们必须学会一种本领，选择最有价值、最适合自己需要的读物，以减少阅读的盲目性。"第二，阅读不能急于求成，要由浅入深、由少到多、循序渐进，才能理解和掌握阅读的内容，对小学生更是如此。第三，要做好阅读笔记。俗话说，好记性不如烂笔头。读书笔记可以是：（1）批注式的笔记，即小学生在老师指导下，直接在材料旁边做记号或概念解释；（2）摘录笔记，即小学生将描述细致、有特色的语句或段落摘录下来，以提高写作水平；（3）心得笔记，即小学生可以将自己在阅读后的所思、所想、收获等记下来。当然，对于小学生来说，做读书笔记比较难，要在老师的指导下循序渐进地掌握该能力。

工具书是指引阅读的门径，是打开知识宝库的钥匙。小学生字、词、句、篇等的积累比较少，在阅读中难免会遇到一些生字或不理解的词，这时工具书可以帮助其大大提高独立阅读的效率和水平。小学生使用最多的工具书是《新华字典》和《现代汉语词典》。在老师或家长的帮助下，小学生能够逐渐学会使用《百科全书》、各种年鉴以及相关学科等工具书。当前的互联网及小学生学习的 APP，能快速检索出所需资料，是小学生学习的工具，但引导和使用不当会使小学生养成依赖心理和不动脑子的习惯。

2. 精读策略

精读策略指对整本书、某篇文章、段落的精读。逐节详读是精读的关键环节，一般分为提问、细读、思考和复述四个步骤。

对内容能否提出问题是精读的关键，提出问题往往比解决问题更有价值，因为它是思维的开始。问题可以针对题目，也可以是信息的重要性程度，或不甚理解的内容。例如，"为什么蝙蝠在夜间飞行却不会撞到建筑物？"细读是精读的关键阶段，不能贪多贪快，须字斟句酌，仔细琢磨，把握其中要义，然后通过思考，将作者的意图和文章的实质内容统一起来。细读时可以做记号、旁批、画线等。思考是借助辅助工具、外部资料，对阅读中的障碍或问题进

① 赵斌，冯维.精加工策略训练对盲生理解记忆影响的实验研究[J].中国特殊教育,2001(4):46-49.

行进一步探索。在细读基础上,小学生要逐渐学会用自己的语言,把所读过的内容准确地叙述出来,将零碎的知识信息整合,提高其概括、归纳和语言表达的能力。

(二)做笔记的策略

笔记是信息的外部储存,是促进信息整合和加工的一种有效手段。西方学者麦克沃特(Mc Whorter,1992)认为,做笔记一是在笔记本每页的左边(或右边)留出几厘米的空白;二是做笔记时保留这些空白;三是做完笔记后,在空白处用词和句子简要总结笔记。一般说来,小学生做笔记的能力比较低,教师在讲课时,要适当放慢速度、重复重要信息、详细呈现笔记的线索或框架,教会学生使用自己熟悉的符号和缩写方法记笔记,甚至可以出示一些笔记的范本,供学生模仿和学习,以提高学生记笔记的能力。在新课程改革的背景下,一种新的做笔记方式悄然兴起,即脑图笔记法。脑图笔记法源于东尼·博赞(Tony Buzan)提出的思维导图,它是以树状的结构和图像为主,辅以颜色、符号、类型、关联帮助学生学习的一种科学的学习方式。有研究表明,这一方法能提高课堂效率、增进师生的交流、促进学生全面发展、优化课堂效果,且可广泛用于小学各学科。

三、问题解决策略

(一)问题及问题解决

心理学家认为,问题由“给定”“目标”“障碍”三部分有机结合。问题的“给定”是指已经明确知道的,关于问题的条件的描述,即问题的起始状态;问题的“目标”指关于构成问题的结论的明确描述,即问题要求证的答案或目标状态;问题的“障碍”是指从已知条件出发,主体必须通过间接的思维活动,才能到达指定结束状态的方法。

问题解决是一种重要的思维活动,在学生的学习过程中占有特殊的地位。问题解决的研究是20世纪50年代信息加工理论兴起以后出现的,它被看作对问题空间的搜索。认知心理学家用计算机模拟人脑的问题解决过程,认为问题解决过程包括问题表征、选择算子、应用算子和当前状态的评价等四个阶段。问题表征是问题解决的初始阶段,将问题的任务领域转化为问题空间,实现对问题的内外部表征和理解;问题解决过程中,所用的一系列操作和限定规则就是算子,算子的选择与问题解决的策略息息相关,选择算子的阶段,就是确定问题解决策略的阶段;应用算子的阶段是实际运用所选择的算子,改变问题的起始状态或当前状态,使之逐渐接近并达到目标状态,这也是执行问题解决策略阶段;当前状态的评价,包括对算子和策略的适宜性、当前状态是否接近目标、问题是否得到解决等做出评价。

问题解决有三个基本特征,一是操作序列。问题解决必须包含一定的心理活动序列,没有心理活动序列的操作过程,不是问题解决过程。如回忆电话号码、认出几年前的老同学等,是对信息的简单提取或再认。二是认知操作。问题解决过程必然有一系列认知操作,但并非所有的活动都包含认知操作,例如穿衣服的活动,几乎没有认知的参与,不是问题解决的过程。三是目的指向性,问题解决总是指向某个终极目标,不是盲目的。如小学生做作业、写作文、绘画等活动,是典型的问题解决过程。

(二)问题解决的策略

问题解决的策略指在问题解决的过程中,在元认知的调控下,有效地组织问题解决的认知操作活动,使认知操作活动实际起到消除问题的"障碍",实现问题由"给定"到"目标"的转换,达到问题解决的目的的一种内部心理机制。问题解决的策略主要有算法式和启发式两种。

1.算法式

算法式(algorithm)指把问题解决的所有方法都列举出来,逐一尝试,找到最后答案的一系列问题解决步骤。算法式可以是许多学科的公式、规则的运用,也可是一定的操作程序。算法式是问题解决的一种有效的策略,但比较浪费时间。

2.启发式

启发式(heuristic)是一种凭经验解决问题的策略或方法,它是通过运用预感、好的猜测、实践经验所产生的一种问题解决策略。启发式可以减少尝试的次数,提高解决问题的效率。

小学生在解决问题的过程中,如果遇到熟悉的情况会凭经验解答,而遇到新情况常会使用以下一些方法:(1)尝试错误法(trial-and-error method),指学习者逐步尝试每种解决问题途径的可能性,直到问题解决为止。(2)手段—目的分析法(means-ends and analysis),指学习者认识到解决问题的目标与自己当前的状态之间存在的差距,进行分析,应用某种手段来缩小差距,达到目标的方法。例如,问题"在周末要组织班级学生进行篮球比赛活动,应该准备什么?"可以使学生在清楚目标和现实情况的基础上,逐步找到接近终极目的的手段,实现问题的解决。(3)逆推法(working backward),指学习者从目标出发,向反方向推导的问题解决方法。例如,小学生在做类似11+( )-( )+6=20的填空题时,用逆推法倒过来20-6等于14,从而确定三个数的运算值是14,再使用逆推法,确定两个括号内的数值运算结果是3,找到多组答案。

问题解决是一个需要思维参与的、非常复杂的认知过程,认知水平和元认知的发展都会对问题解决产生影响。小学生的元认知水平较低,在问题解决过程中往往顾此失彼,或方法选择不当,甚至就不会选择恰当的方法,学习效率低下。有研究表明:通过适当的、有针对性的学习策略训练,可以促进学生学习策略的掌握,提高学习质量。因此,针对小学生的特点,对其进行学习策略的教学,是教师的一个重要任务。

第三节 小学生的元认知策略

小学生虽然已有一些自己的学习策略,但他们还不能正确评价这些学习策略的优缺点,不能有意识地选择、灵活应用有效的策略去促进问题解决,这些都是由于他们对自己的认知过程缺乏监控和调节导致的。而与小学生监控能力密切相关的是小学生的元认知。

一、元认知

元认知(metacognition)是美国心理学家弗拉维尔(Flavell,1978)提出的一个专业术语。他认为,元认知是一个人具有的关于自己思维和学习活动的认知和监控,其核心意义是"对认知的认知"。也就是说,元认知是主体关于自身心理特征、任务目标、认知策略等方面的知识,同时元认知又是主体对其自己的认知活动的计划、监控和调节。此后元认知的概念在心理学界得到了广泛的运用,但学术界迄今无公认的定义。有人认为元认知是"跳出一个系统后去观察这个系统"的认知加工(Hofstandter,1979)。加涅认为,认知策略是学习者用以支配自己心智过程的内部组织起来的技能,而元认知对认知策略起支配、控制、监督和调节作用,是一种控制具体策略应用的更高级的策略性加工。

(一)元认知构成成分

1.布朗对元认知的构成探讨

心理学家布朗(A. C. Brown)认为元认知有两种,一种是用来控制信息加工的各种执行性能力;另一种是执行任务策略的非执行性能力。布朗认为下面的五种元认知过程非常重要:(1)在执行某种策略时对即将要做的工作进行计划;(2)监控策略中各个步骤的有效性;(3)在实施策略时进行检验;(4)必要时修改策略;(5)对策略加以评估以确定其有效性。

2.弗拉维尔对元认知的权威论述

弗拉维尔认为,元认知的功能表现为对认知过程的监视(monitoring),这种监视包括四种成分:元认知知识、元认知体验、目标(或任务)、行动(或策略)。

(1)元认知知识

元认知知识指个人所具有的关于用何种方式来影响自己的认知过程和认知结果的知识,包括个人、任务和策略等因素。个人因素的元认知知识是指关于自己和他人作为一个信息加工者所具有的知识。比如,个体内差异的认识,如爱好、兴趣、能力;个体间差异的认识和作为人类的普遍性的认知一般特性,如记忆特点、遗忘规律等。任务因素的元认知知识主要指关于认知材料和任务目的的不同特点对认知活动的影响。认知策略的元认知知识包括分析完成认知活动需要哪些策略、各种策略的优点和不足、在什么条件下使用最有效等等。研究发现,小学生的元认知知识是不全面的,在问题解决过程中或没有完全被激活的相应的元认知知识,或激活后不能有效发挥作用,导致问题解决低效甚至错误。

(2)元认知体验

元认知体验是指伴随认知活动的认知体验和情感体验。认知体验是指是否知道某种知识以及知道的程度体验;情感体验是指伴随认知产生的兴趣感、成就感、愉悦感等。

(3)元认知监控

通过元认知过程中产生的元认知体验,实现对元认知知识、认知目标、认知活动过程进行反思、删改、修正;同时,元认知体验能够激活相关策略的使用,加强元认知策略对认知策略的监控和调节。

(二)元认知的作用

1.能够促进学生对知识的有效获取

学生的学习不仅需要知道"是什么",还要知道"为什么""有何用途""怎么使用最有效",并能学以致用,解决实际问题。元认知不仅能增强学生对认知活动特征的意识,还能有效对认知活动进行监控和调节,保证知识获取和利用的高效性,使知识"活"起来,更加全面牢固。

2.能够充分调动学生的语言参与认知活动

语言具有符号、抽象、交流、监控认知、自我调节的功能。"语言是思维的物质外壳"。研究发现,人类在解决复杂问题时,常伴随出声思维。语言参与认知过程,大大提高了解决问题的效率和灵活性,提高了问题解决的迁移水平。埃里克森和西蒙(1984)的研究发现,要求学生在问题解决过程中说出理由,能够使大脑意识从指向信息加工的内容转换到信息加工过程,意识到自己正在干什么和怎么干的。但是,只有那些阐述问题解决的理由、引发执行控制注意活动过程的语言才能有利于问题解决。例如"你为什么要用这个方法?""这个方法有效吗?""还有其他方法吗?"能促使学生自我卷入问题情境,将注意力持续维持在问题情境上,以"旁观者"的身份重新审视自己的思维过程,有利于问题解决能力的迁移。

3.能够充分调动学生思维参与认知监控和评价

研究发现,在问题解决训练中,通过计划单、提问单使认知主体更加清楚自己的思维过程,反思思维的条理性、深刻性和灵活性。通过元认知的参与,学习者不仅能更加明确自己在不同认知任务上的不同思维特征,形成清醒的自我意识,还能对自己拥有的知识、方法、问题解决过程进行客观评价,及时做出调整。

二、小学生的元认知策略训练

元认知既是一种描述性知识(元认知策略有哪些),也是一种程序性知识(在问题解决中怎么使用元认知策略)和条件性知识(元认知策略有什么作用和在哪种情境下使用)(Prais,1984)。研究认为,元认知策略是小学生高年级英语词汇教学的重要策略。[①] 教师有必要针对小学生的元认知特点,对小学生进行专门的元认知策略训练,以提高他们的元认知能力。具体方法主要有以下三种。

(一)言语引导法

言语引导法是通过认知主体或他人的言语,对问题情境的特征及问题解决过程逐步描述,以促进问题解决过程的监控调节。一是通过认知主体的口语报告描述"我已经知道什么? 要做什么? 有什么更好的方法? 为什么?"等,使其明确认知任务,不断反馈自己解决问题过程的有效性;二是借助成人言语的提示,如"下一步你该做什么? 为什么?""这种方法可行吗?"诱导认知主体阐述和厘清自己的思维过程,达到对问题解决的监控过程。小学生由于元认知水平较低,更需要成人的言语引导,才能逐步培养其元认知策略。

(二)提问单方法

长期对小学生进行言语引导训练,容易导致他们对成人的过度依赖,造成思维惰性。研究发现,将成人引导的言语用"提问单"的形式呈现给学生,让他们依据提问单,逐步检查任务的完成情况,能克服上述问题。引导小学生绘制思维导图也是一种训练元认知的

---

① 杨雪娜,毕丽.元认知策略与小学高年级英语词汇教学[J].中小学心理健康教育,2018(26):53-55.

方法。有研究认为,思维导图作为一种可视化工具,可以辅助小学生学习字词。[①]

常见的小学生元认知策略训练的提问单包括三部分:(1)计划。例如,这个问题是什么? 我要打算做什么? 这个问题我现在知道哪些已知任务信息? 有用吗? 我要达到什么要求? 实现什么任务目标? 我该怎么做? 如何确定计划? 我该用什么方法? 还有其他策略吗? 下一步我该做什么呢?(2)监控。例如,我是按照上面计划中的策略行动吗? 这些策略有效吗? 我需要新的策略吗? 还有更好的方法吗? 需要重新制订计划吗? 下一步的目标是什么? 我接近目标了吗?(3)评价。例如,我达到目标了吗? 与计划中的目标一致吗? 哪些策略起作用了? 哪些对解决问题没有起作用? 哪个策略是达到这个目标最重要的? 下次遇到类似的问题,我怎么办?

(三)对比体验法

对比体验法是将小学生的言语引导或提问单情况下的问题解决过程,和独立尝试错误解决问题的过程进行对比,将"新手"和"专家"问题解决的方法进行对比,将常规思维和反思性思维解决问题进行对比,以强化学生的元认知策略意识。如阅读研究表明,小学三年级学生因为缺乏理解调节的缘故,大约只有10%的学生清楚知道为什么在阅读中要重读。而小学六年级学生虽然具有了理解调节能力,但不会自发地去运用这种调节能力,所以阅读效果也不佳。如果教师善于将自己的思考和理解过程示范给学生,让学生有自我报告问题解决过程和相互提问的机会,有观摩"专家"问题解决过程的机会,就会提高学生自发应用理解调节的能力。

第四节　学习策略的教学

小学生从不会学习到学会学习,是一个不断发展的过程。教会小学生学习的方法、教会小学生学会学习非常重要。正如笛卡儿所说:最有价值的知识是方法的知识。因此,教师要根据小学生的身心发展特点、遵循一定的教学原则,对小学生进行学习策略的教学。

一、小学生学习策略的发展特点

小学生入学后,逐渐掌握了一些简单、初级的学习方法,如怎样控制注意力、如何区分和选择知觉信息,以及使用一些简单的记忆方法。在教师的组织和帮助下,元认知也开始逐渐萌芽,形成了初步的学习策略。小学生的学习策略有如下特点。

(一)学习策略发展的阶段性

梅耶(1987)认为,学前期是学习策略的早期阶段,这时儿童尚未掌握策略,即使自发地获得了某些简单的策略,但也不知道在何时、何地使用。小学生处于策略发展的过渡阶段。虽然他们已经自发地掌握了一些策略,却不能有效地使用这些策略来提高学习效率。如果教师在这时给予指导,他们就能有效地利用已经形成的学习策略。有一教学观

① 冯蕊.思维导图辅助小学生字词学习的策略研究[D].河北大学硕士学位论文,2017.

察表明,小学生的学习策略呈现的是一个从无到有,从自发使用、他人暗示使用到自觉使用的发展趋势;另一方面,小学生所使用的策略水平也在不断地由低到高地发展。左梦兰等学者的研究表明,5～13岁儿童的记忆策略、元记忆和解决问题的策略水平随着年龄的增长而不断提高,小学和中学是两个转折点,[①]其中从小学升入初中是认知策略发展较为迅速的时期。

(二)学习策略的简单化和无序性

小学生的学习策略趋向于比较简单和低级,他们缺乏对学习策略的了解和归纳。因此,在解决问题时,小学生常会使用一些低级的甚至是无效的方法。这主要是小学生两方面的缺陷造成的:一是可用性缺陷(availability deficiency)。可用性缺陷是指学生因为不知道某一学习策略而不能使用该策略。二是产生性缺陷(production deficiency)。产生性缺陷是指学生不知道在何种情况下使用某一策略,究其原因是他们缺乏对某一策略的作用分析和足够的练习所致。

【扩展性阅读】

学习策略的训练方法

如何对学生的学习策略进行训练,心理学界进行了大量研究,提出了一些主要的方法:

1. 自我效能训练

平特里克(Pintrick)等人(1990)的研究认为,自我效能的高低对学习者的策略掌握有影响,高自我效能会促进学习者对策略的习得和掌握。因而,对自我效能低的学生进行自我效能训练,提高自我效能水平,可以提高他们学习策略使用的自我效能,促进策略的习得和掌握。

2. 归因训练

不良的归因方式会导致学生的消极态度,对策略训练和自我反思产生不良影响,而良好的归因方式可以提高学生在策略训练中的坚持性和主动性。因此,针对学生的实际情况,引导学生进行努力方面的归因可以提高学习策略的训练效果。

3. 选择恰当的学习策略

每一种学习策略都有其适合的特定内容和适用范围,同时也取决于学习者对其本质的理解。因此,根据学生学习的不同内容,选择不同策略训练是必须要考虑的。

4. 坚持正确的学习策略训练步骤

学习策略的训练一般要通过以下几个过程:讲解与示范、练习与反馈、巩固与比较、自动化、自主化。

二、学习策略的教学原则

对小学生进行学习策略教学要遵循以下四条原则。

---

① 于萍,莫瑞芳,左梦兰.不同地区、不同民族儿童智慧发展的跨文化研究[J].云南师范大学学报(哲学社会科学版),1998(5):90—95.

(一)循序渐进原则

小学生正处于身心发展的阶段,基础知识不够,认知和元认知发展处于相对较低的水平。学习策略的教学要遵循认知发展规律,由简单到复杂、由低级到高级。

(二)发展性原则

小学时期是学生的身心发展较为迅速的时期。因此,教师不能用静止的眼光看待小学生学习策略的获得,更不能使用静止的教学方法传授所有的学习策略。

(三)适宜性原则

学习策略是一个庞大的知识系统,分类和层次较多,鉴于小学生的知识基础、理解能力的有限性,教师在进行策略教学时,必须精心选择策略,以适合于不同年级的小学生,才能达到事半功倍的效果。

(四)程序性原则

小学生元认知水平较低,自我监控能力较差,一般不会有意识地使用策略和总结策略。即使是会使用的学习策略,一旦学习情境发生变化,可能就不会迁移。因此,教师在传授学习策略时,要遵循由"策略性知识—举例—程序性知识—练习"的程序,以便于小学生接受和掌握。

三、学习策略的教学模式

(一)关于学习策略教学的争议

学生的学习策略能否通过教学途径而得到提高,一直存在两种争论。一种观点认为,学生学习策略的增长和掌握,不需要通过专门的教学。因为学习策略属于能力范畴,具有内隐性,难以直接传授;学生学习策略的水平随着其心理的不断发展而自然成熟。因此,没有必要进行专门的学习策略教学,只需让学生掌握基本的学习方法。另一种观点认为,学习策略需要专门的教学训练。因为学习策略的运用是在一定的规则指导下进行的,而这些规则可以通过研究逐步发现。学生通过日常学习和实践活动,可以获取学习策略,但这是漫长的过程。专门进行学习策略教学,不仅可以增强学生对策略的意识性与敏感性,而且可以大大提高其掌握、使用学习策略的水平和效率。

根据国内外的相关研究,我们认为:一般优生可以在学习中自己总结、获得一些学习策略,但缺乏系统性和迁移性;中等生通过教师对学习策略的教学,可以获得学习策略;而学困生基本上没有自己的学习策略。因此,不论是哪个层次的学生,高效学习策略的形成都不是自然成熟的,学习策略的专门教学是可行、必要,也是有效果的。关键的问题是,如何针对学生的年龄差异、个性特点选择可教的学习策略、确定相应的教学方法、教学技巧,促使学生获得的策略能够运用于不同的情景。

(二)学习策略的教学模式

从对学习策略的研究来看,学习策略的教学模式大致分为以下三种。

1.通用学习策略教学模式

通用学习策略指不涉及任何具体学科的学习策略。该模式的教学主要教给学生在任何学科中都要使用的基本方法和技巧。它一般采取单独开设学习策略课程,如复述策略、精细加工策略、组织策略训练等课程。通用学习策略的迁移性较好,但小学生的知识基础不够,很难理解策略与解决问题的直接联系,故这种模式对小学生的作用不大。

2.学科学习策略教学模式

学科学习策略指适合于特定学科的一些学习方法、技巧。该模式教学是将某些学习策略直接与具体学科结合,在传授学科知识的同时,传授相关方法和问题解决技巧。例如,语文阅读策略、数学解题策略极强的针对性,能够有效激发学生的学习兴趣,有利于学生问题解决能力的提高。但一门学科的特定策略,往往不适合于另一门学科,难以迁移。

3.交叉式学习策略教学模式

这种模式试图克服前两种模式的不足,采用先传授通用学习策略,再将该策略和具体学科结合进行验证和使用,或者要求学生学习通用策略后将其运用于具体的问题解决中。这是目前学习策略教学中比较理想的一种模式,但对教师的要求较高,而且花费时间较多。

针对小学生的知识基础、元认知水平以及心理特征,我们认为采用学科学习策略教学模式较为合适,这样更有利于增强小学生学习的目的性和针对性,更有利于教师教学计划的安排和落实。

本章小结

1.学习策略是指学习者在学习活动中,为了提高学习效果和效率而采用的程序、规则、技巧以及监控方式。它既可以是内隐的规则系统,也可以是外显的操作程序和步骤。不同学者对学习策略的分类不一样。

2.小学生常见的认知学习策略有选择、理解和保持信息的策略、阅读和做笔记的策略、问题解决策略。小学生的信息选择策略包括选择性注意策略、目标定向选择性策略;小学生理解和保持信息的策略包括组织策略、精加工策略;小学生常用的阅读策略有整体阅读策略、精读策略。

3.监控学习策略指对学习目的、任务、要求、学习过程中学习策略的使用以及学习结果的预测进行自我觉察、自我评价和自我调节的一系列方法和程序。元认知策略是小学生的监控学习策略之一,对认知策略起支配、控制、监督和调节作用,是一种控制具体策略应用的更高级的策略性加工。针对小学生开展的元认知训练常用言语引导法、提问单法和对比体验法。

4.学习策略的教学要遵循循序渐进原则、发展性原则、适宜性原则和程序性原则。常见的学习策略教学有通用学习策略教学模式、学科学习策略教学模式和交叉式学习策略教学模式三种。

复习思考题

1.概念解释

学习策略　认知策略　组织策略　元认知策略　精加工策略　通用学习策略

2.简答题

(1)学习策略的常见分类有哪些?

(2)小学生常见的认知策略有哪些,各有什么特点?

(3)如何对小学生的元认知策略进行训练?

(4)小学生学习策略的训练方法有哪几种?

3.理论论述

(1)根据社会对人才培养的新要求,论培养小学生学习策略的重要性。

(2)论认知策略、元认知策略及资源管理策略之间的关系。

(3)论不同策略教学模式的特点及应用范围。

4.实践探索

(1)小学教师如何把学习策略融入学科教学中?

(2)小学教师可以通过哪些方法向学生传授学习策略?

5.案例分析

请结合本章所学内容及下面的短文《日月潭》,思考教师应该如何帮助学生理解这个短文、教给学生哪种阅读的理解策略,并设计一份与小学生学科知识相结合的学习策略的训练教学设计。

日月潭

日月潭是我国台湾省最大的一个湖。它在台中附近的高山上。那里群山环绕,树木茂盛,周围有许多名胜古迹。

日月潭很深,湖水碧绿。湖中央有个美丽的小岛,叫光化岛。小岛把湖水分成两半,北边像圆圆的太阳,叫日潭;南边像弯弯的月亮,叫月潭。

清晨,湖面上飘着薄薄的雾。天边的晨星和山上的点点灯光,隐隐约约地倒映在湖水中。

中午,太阳高照,整个日月潭的美景和周围的建筑,都清晰地展现在眼前。要是下起蒙蒙细雨,日月潭好像披上轻纱,周围的景物一片朦胧,就像童话中的仙境。

日月潭风光秀丽,吸引了许许多多的中外游客。

第四编

小学生的品德心理

第九章　小学生的品德心理

【学习问题】

品德的含义是什么？品德的心理结构包括哪几个方面,具有哪些特征？小学生品德形成的心理过程包括哪几个阶段？小学生的道德认识、道德情感、道德意志和道德行为分别具有哪些特点？培养小学生的品德有哪些主要的途径和策略？小学生的不良行为是如何产生的？如何对小学生的不良行为进行矫正？

【学习目标】

领会品德的含义及品德的心理结构,了解品德形成的心理过程。掌握小学生的道德认识、道德情感、道德意志和道德行为的特点,能够运用所学的培养小学生品德的知识和方法,加强对小学生的品德教育,分析小学生不良行为产生的原因,从而解决他们的问题。

【学习方法】

建议学习本章多查阅有关小学生品德方面的研究资料,进行小组讨论并运用案例分析法探讨小学生品德的现状及问题,联系这些问题进行思考,进一步加深对所学知识的理解。

第一节　概述

小学生的品德是一个涉及个性发展、社会性发展的重要问题,受到社会的广泛关注和重视。小学生品德的形成和发展,是家庭、社会和学校教育与小学生的心理活动相互作用的结果。小学教师必须从小学生的品德实际出发,根据小学生品德发展的特点和规律,有针对性地进行教育。

一、品德的含义

品德即道德品质,是指个体依据一定的道德行为准则,在行动时所表现出来的某些稳固的人格倾向。品德在我国又称为品行、德行或操行等。例如,有的小学生在学习和生活中总是按照学生守则的要求,热爱集体、遵守纪律、努力学习、助人为乐等,说明这个小学生具有良好的品德。

品德与道德是两个不同的概念。道德是协调个人与个人、个人与社会以及集体之间关系的行为准则的总和。人总是生活在一定的社会群体中,人们为了共同的利益用道德准则来约束和评价自己和他人的行为。社会道德一经确立,就以公德、舆论等方式表现出来,并对整个社会行为起约束、调节作用。凡是合乎社会道德标准的行为,就会得到人们的肯定和赞许,反之则会受到人们的否定和谴责。

品德与道德除了定义不同外,其区别还在于:道德是一种社会现象,它的产生、发展和变化服从于社会发展的规律,它不以个体的存亡和个体品德的好坏为转移;品德是一种个体现象,是一定社会道德在个体身上的具体体现,它的发生、发展有赖于个体的存在,服从于心理发展的规律。道德的内容是整个社会生活的要求,是一定社会经济基础的反映,是一个完整的体系;而品德的内容只是道德规范的部分体现,是社会道德要求的局部反映。道德是伦理学与社会学研究的对象;品德则是心理学与教育学研究的对象。但二者又是有联系的:一个人的品德离不开一定的社会道德,评价一个人是否具有良好的品德,总是以社会公认的道德行为准则为标准;同样,许多人的品德综合起来就构成或影响着整个社会道德的面貌或风气。总之,品德与道德既紧密联系,又彼此区别。

另外,品德与个性、性格等概念也不相同。品德是个性中最有道德评价意义的部分,是道德评价的核心;性格则是个体对现实的稳定的态度和习惯化了的行为方式。性格既具有道德评价意义的一个层面,也有不具有道德评价意义的一个层面。如诚实、正直、勤奋等是公认的好的品格(性格),而虚伪、自私、懒惰等则是不好的品格。而性格中的内向、外向等则不具有道德评价的性质,它们只不过是个人不同的性格特征而已。因此,品德与性格既有重合的部分又不完全等同,不能把品德等同于性格,也不能把两者完全割裂。在教育过程中,教师既要注意小学生良好品德的培养,又要促进其性格向好的方向发展。

二、品德的心理结构

品德的心理结构即品德构成的基本心理成分。从心理构成的层面上研究品质的心理结构,不仅有助于我们更加清楚地把握品德的实质,而且能为小学生的品德教育工作提供重要的理论依据。品德的心理结构一直是品德心理学家研究的热点问题。品德的心理结构非常复杂,不同的学者对于品德的心理结构提出了不同的看法。

早期的唯智主义认为,人的品德取决于道德知识、智慧、动机等因素的形成与发展;行为主义则认为人的品德只是一定动作的总和。这些理论是片面的,它们夸大了品德结构中某些成分的作用而抹杀了其他成分的存在。在我国,关于品德的心理结构出现了不同的学说,其中"因素构成说"占据主要地位。

"因素构成说"认为,品德心理结构是由一系列彼此联系的心理因素构成的,但究竟由哪几种基本因素构成,不同的研究者给予了不同的回答。著名心理学家潘菽早在20世纪80年代出版的《教育心理学》一书中认为,品德的心理结构包括道德认识、道德情感和道德行动三种基本成分,而道德意志包括在道德行为的训练中。李伯黍等人(1992)则从道德认识、道德情感、道德价值取向、道德行为等四个层面来研究品德成分的形成和发展。韩进之(1989)则把品德的心理结构分为道德认识、道德情感、道德意志、道德行为技能与习惯,这种观点符合心理学中的从"知、情、意、行"四方面来研究人的心理过程的方法。近年我国出版的教育心理学著作大都持这种观点。本书将沿用这一传统看法,从道德认识、道德情感、道德意志、道德行为四个方面来论述小学生品德形成和发展的特点及其培养途径。

1. 道德认识

道德认识又叫道德观念,是指个体对道德行为准则及其执行意义的认识。道德认识是个体在道德知识和经验习惯的培养过程中,不断进行抽象和概括的产物。个体道德上成熟的标志在于能够做出正确的道德判断和推理,从而形成自己的道德原则的能力。

2. 道德情感

道德情感是个体伴随着道德认识而引起的一种内心体验,在个体对自己或他人的行为做出判断时,就会出现与之有关的情感,如责任感、荣誉感、爱国主义情感等。

3. 道德意志

道德意志是个体自觉地调节行为、克服困难,以实现一定道德目的的心理过程,它是调节道德行为的内部力量。

4. 道德行为

道德行为是个体把道德认识付诸行动的外部表现。美国心理学家莱斯特(J. Lestat)指出,道德行为由解释情境、道德判断、道德抉择、道德行动四个过程构成。每一个过程由于正负反馈的作用会相互影响。

品德结构的上述四种基本心理成分是相互联系又相互制约的。一般说来,道德认识是道德情感产生的依据,道德情感影响着道德认识的倾向;道德认识和道德情感影响着道德意志和道德行为的产生和发展;而当道德行为遇到困难或不能实现时,需要道德意志进行调节;同时,道德行为又可以巩固和发展道德认识和道德情感。品德的形成和发展是品德心理结构共同发挥作用的一种综合过程。

三、品德心理结构的特征

(一)统一性

品德心理结构是各成分的统一体,其知、情、意、行是互相联系、互相作用,不能截然分开的。当小学生有了某种道德认识后,往往会伴随着道德情感,随之产生道德行为,而当道德行为遇到困难或不能实现时,道德意志随即进行调节,或改变行为方式,或调节其道德情感。

(二)差异性

品德心理结构的差异性表现在,在小学生的品德发展中,不同的小学生在知、情、意、行的发展水平上是不同的,各有不同特点的。例如,有的小学生言行不一、知错而犯,是由于他们的道德认识与道德行为脱节,或是由于意志薄弱等所致。

(三)层次性

品德心理结构中各成分是多层次的。国内外心理学家对这方面进行了研究。有的研究认为,道德认识可分为道德知觉、道德表象、道德判断与道德意识等几个层次;道德情感可分为直觉的情绪体验、由道德形象所引起的情绪体验、伦理道德的情绪体验等三种形式;道德意志行动可分为简单的道德行动、道德模仿行动、初期道德意志行动和自觉的道德行动等。虽然在对各心理成分的层次划分上有争议,但是学者们都认为道德认识、道德情感、道德意志和道德行为等是有不同层次与水平的。

(四)序列性

品德心理结构各成分的发展是循序渐进的。例如,道德认识的发展,一般是遵循由个别到一般、由具体到抽象、由片面到全面、由表面到深刻、由现象到本质的认识规律发展的。在道德判断上,判断的依据由行为后果到动机和后果相结合;道德情感的发展,是由初级到高级、由简单到复杂、由易变到比较稳定;道德行为由不稳定、有条件的发展为自动的、无条件的、带情绪色彩的行为。学生任何一种道德品质的形成和整个道德水平的发展,遵循着一定的顺序,都有一个从他律到自律的趋势。

(五)阶段性

从品德发展来看,个体的品德发展有年龄阶段的特点。例如,瑞士心理学家皮亚杰把儿童的道德发展划分为自我中心阶段、权威阶段、可逆阶段和公正阶段,美国心理学家科尔伯格(L. Kohlberg)提出道德认知发展的三水平、六阶段理论,佐西莫夫斯基(Zosimovski)提出了儿童道德发展的三阶段、六时期学说。

(六)多端性

品德的形成和培养可以有多种开端。在一种情况下,可以从培养小学生的道德行为方式或习惯开始;在另一种情况下,可以从激起小学生的道德情感着手。另外,还可以从提高小学生的道德认识做起,也可以同时并进,相互促进。但无论怎样做,只有当这些品德的基本成分都得到相应的发展,特别是在一定的道德动机和一定的行为方式之间构成稳固的联系时,个体的道德品质才能更好地形成起来。小学教师与学生之间以及所处情境的种种差异,要求并且允许对小学生品德的培养可以有不同的开端,使小学生能够得到多种教育机会,真正做到晓之以理、动之以情、炼之以志、习之以行,积极促进小学生良好品德的形成。

四、品德形成的心理过程

品德形成的心理过程包括方向和程度的改变。方向变化可以由好变坏,也可以由坏变好;程度变化可以从基本改变到彻底改变。有研究者提出,品德的形成包括顺从、认同和内化三个阶段(见表 9-1)。

表 9-1 品德形成的三个阶段

阶段	具体内容
1.顺从阶段	个体为了获得奖酬或避免惩罚,按照社会要求和群体规范而采取的表面服从行为。服从是由于个体感觉到外部压力或外力胁迫而产生的,内心并非相信,是暂时性的
2.认同阶段	认同是个体自觉接受社会要求和群体规范,使其言行逐渐符合其期待。认同取决于社会要求和群体规范对个体所具有的吸引力
3.内化阶段	个体从内心深处确信社会要求和群体规范的正确性;接受其观点并以此指导自己的言行。这是个体品德真正形成或彻底转化的阶段,其品德具有稳定持久性

第二节　小学生品德的发展

小学生的品德是在家庭、学校和社会的影响下，在实践活动中，通过道德认识、道德情感、道德意志和道德行为的不断统一协调得以发展。

一、小学生品德发展的主要理论

对个体的品德发展进行的最著名的研究是皮亚杰和科尔伯格两位心理学家。

(一)皮亚杰的道德认知发展理论

瑞士著名心理学家皮亚杰在研究儿童品德发展方面做出了突出的贡献。他关于儿童及青少年道德判断问题的研究，为品德发展的研究提供了一个理论框架和一套研究方法，初步奠定了品德心理研究的科学基础。皮亚杰依据精神分析学派的投射原理，采用对偶故事法研究儿童的道德认知发展。他设计了一些包含道德价值内容的对偶故事，要求儿童判断是非对错，从儿童对行为责任的道德判断中来探明他们所依据的道德规则以及道德认知的发展水平。下面是皮亚杰在研究中所用的一个对偶故事：

A. 有一个小男孩叫朱利安。他的父亲出去了，朱利安觉得玩他父亲的墨水瓶很有意思。开始时他拿着钢笔玩。后来，他在桌布上弄上了一小块墨水渍。

B. 一次，一个叫奥古斯塔斯的小男孩发现他父亲的墨水瓶空了。在他父亲外出的那一天，他想把墨水瓶灌满以帮助他父亲，这样，在他父亲回家的时候，父亲将发现墨水瓶灌满了。但在打开墨水瓶时，他在桌布上弄上了一大块墨水渍。

皮亚杰对每个对偶故事都提出了两个问题：(1)这两个孩子的过失是否相同？(2)这两个孩子中，哪一个更坏一些？为什么？

通过大量的实证研究，皮亚杰发现儿童道德判断能力的发展与其认识能力的发展存在着互相对应、平衡发展的关系，这种认识能力是在与他人和社会的关系之中得到发展的。皮亚杰概括出一条儿童道德认知发展的总规律：儿童的道德发展大致分为两个阶段：在10岁之前，儿童对道德行为的思维判断主要是依据他人设定的外在标准，即他律道德；在10岁之后儿童对道德行为的思维判断则多半能依据自己的内在标准，即自律道德。皮亚杰将儿童的道德判断划分为四个阶段。

1."自我中心阶段"或前道德阶段(2～5岁)

该阶段的学龄前儿童缺乏按规则来规范行为的自觉性，在亲子关系、同伴关系、价值判断等方面均表现出自我中心倾向。在对行为责任的道德判断方面，他们往往倾向于从行为后果，而不是从行为者的动机、意图去判断行为的责任。对学龄前儿童来说，公平是基于"平等"的分配。比如，儿童会说："小明拿的比我多，这不公平。"

2."权威阶段"或他律道德阶段(6～8岁)

该阶段的儿童表现出对父母、教师等外在权威的绝对尊重和顺从，把权威确定的规则看作绝对的、不可更改的，在评价自己和他人的行为时完全以权威的态度为依据。比如，儿童会对家长说："老师说了，不能在客厅吸烟。"

3."可逆性阶段"或初步自律道德阶段(8~10岁)

该阶段儿童的思维具有了守恒性和可逆性,他们已经不把规则看成一成不变的东西,而是逐渐从他律转入自律。儿童意识到跟同伴交往的社会关系,把规则看作同伴间共同约定的东西,如果所有的人都同意的话,规则是可以改变的。比如,儿童会说:"小明有阅读障碍,所以老师要花费更多的时间去帮助他,但并不能要求老师对每个孩子都花费同样的时间。"

4."公正阶段"或自律道德阶段(10~12岁)

该阶段儿童的公正观念或正义感得到发展,公正观念不是一种判断是或非的单纯的规则关系,而是一种出于关心与同情人的真正的道德关系。儿童不再刻板地按固定的规则去判断,已认识到在依据规则判断时,应先考虑到他人的具体情况,从关心和同情出发去判断。比如,儿童会说:"虽然小明打破了三个杯子,但是他是为了帮妈妈做家务不小心打破的,不应该受到惩罚。"

从皮亚杰的道德发展观来看,小学生的道德发展主要处于第二到第四阶段,分别对应着小学的低年级、中年级和高年级三个阶段。

(二)科尔伯格的道德发展阶段理论

美国心理学家科尔伯格(1971)在皮亚杰研究的基础上,采用"海因兹偷药"的道德两难故事,进一步研究了儿童的道德判断。

【扩展性阅读】

海因兹偷药的道德两难故事法

科尔伯格对道德认知发展的研究方法最初直接来源于皮亚杰的间接故事法,即通过向被试讲解故事的方法让他们判断研究者所设计的那些行为类型,从儿童对特定行为的评价中去分析他们的道德认知。这些包含道德价值内容的对偶情境故事,即每一对故事都包含着两种道德情境,每一种道德情境代表着一种道德发展水平,故又称对偶故事法。科尔伯格把皮亚杰的对偶故事改成一个两难故事。两难故事保留了对偶故事的简洁故事形式和冲突性特点。科尔伯格将这种对偶故事法又称为"道德两难故事法"。他设计了9个两难故事,其中最典型、最为人熟知的便是"海因兹偷药"的故事。

故事情节是:欧洲有个妇女患了癌症,生命垂危。医生认为只有镭化剂这种药才能救她的命。一个药剂师最近发明了镭化剂。他花了200元制造镭化剂,而他竟然将这种药索价为2000元。病妇的丈夫海因兹到处向熟人借钱,总共才借到1000元,只够药费的一半。海因兹不得已,只好告诉药剂师,他的妻子快要死了,请求药剂师便宜一点把药卖给他,或者允许他赊欠。但药剂师说:"不成!我发明该药就是为了赚钱。"海因兹走投无路,在夜晚竟撬开药店的门,为妻子偷来了药。

研究者问儿童的问题是:

1.海因兹应该偷药吗?为什么?

2.他偷药是对还是错?为什么?

3.海因兹有责任或义务去偷药吗?为什么?

4.人们竭尽所能去挽救另一个人的生命是不是很重要?为什么?

5.海因兹偷药是违法的。他偷药在道义上是否错误?为什么?

6.仔细回想故事中的困境,你认为海因兹最负责任的行为应该是做什么? 为什么?

科尔伯格所关心的并不是儿童对这些两难问题回答"是"或"否",而是儿童回答问题时如何推理,如认为海因兹为什么应该或不应该偷药。研究者在与儿童交谈的过程中还可以提新问题来帮助理解儿童的推理,并注意儿童回答背后的推理,根据儿童对这些问题的反应划分儿童道德判断的发展阶段。

科尔伯格通过认真分析和研究儿童对上述问题的回答,把他们的道德判断分为三水平、六阶段(见表 9-2)。

表 9-2　科尔伯格道德判断的三水平、六阶段理论

道德判断水平	道德判断阶段	对海因兹偷药故事的反应
第一级,前习俗水平 根据行为的直接后果和自身的利害关系判断好坏是非	阶段 1,服从和惩罚定向 评定行为好坏着重于行为结果,服从权威,受赞扬的行为是好的,反之则是坏的	赞成者认为,海因兹偷药是因为他先提出请求,没偷大的东西,不该受罚;反对者则认为,海因兹偷药会受到惩罚
	阶段 2,朴素利己主义定向 评定行为的好坏,主要看是否符合自己的要求和利益	赞成者认为,海因兹妻子需要药,他要与妻子生活;反对者则认为,海因兹妻子在他出狱前可能会死,偷药没好处
第二级,习俗水平 着眼于社会的希望和要求,依据行为是否有利于维持习俗秩序,是否符合他人愿望进行道德判断	阶段 3,好孩子定向 凡取悦、帮助别人以满足他人愿望的行为是好的,否则是坏的	赞成者认为,海因兹做了好丈夫应做的事;反对者则认为,海因兹的做法会给家庭带来苦恼和丧失名誉
	阶段 4,维护权威和社会秩序的定向 正确的行为是尽到个人责任,尊重权威,维护社会秩序,否则是错误	赞成者认为,海因兹不该这么做,他要为妻子的死负责;反对者则认为,海因兹救妻子的命是自然的,但偷东西犯法
第三级,后习俗水平 开始考虑全人类的正义和个人的尊严,认识到法律的人为性,着重根据个人自愿选择的标准进行道德判断	阶段 5,社会契约定向 法律的道德准则是大家商量约定的,可以改变,不能以不变的规则去衡量人	赞成者认为,法律没有考虑到海因兹的具体情况;反对者则认为,海因兹无论情况多么危险,也不能采用偷的手段
	阶段 6,普遍的伦理原则定向 考虑到他人的具体情况,关心他人幸福,认为个人依据自己选定的道德原则去做是正确的	赞成者认为,尊重生命、保存生命的原则高于一切;反对者则认为,别人可能也存在海因兹妻子急需这种药的情况,要考虑所有人生命的价值

科尔伯格认为小学一二年级的学生几乎都处于第一阶段,其道德判断标准为是否受到惩罚,道德认识中的准则仅限于父母或权威的命令。从三年级起,小学生进入第二阶段,他们的道德判断从自身利益出发,以行为的功用和相互满足需要为准则。小学高年级学生的道德发展基本达到了第三阶段,他们的道德判断是以"好孩子"为取向,认为必须尊重他人的看法和想法,其思想倾向是正确行为与社会利益相一致。

科尔伯格认为,绝大部分小学高年级学生都能达到第三阶段,但能达到第四阶段的为数极少。因此,我国心理学家朱智贤建议,应把第三阶段的道德判断力发展水平作为小学道德教育的目的。

二、小学生道德认识的发展

小学生由于年龄的增长,思维的发展,在社会化过程中不断获得道德知识,形成道德概念,发展道德判断与推理能力,逐步形成系统的道德认识,但小学生这种道德认识还不深刻与全面。

美国心理学家班杜拉和麦克唐纳(MacDonald)曾通过实验研究了儿童道德认识方面的模仿学习,他们发现儿童的道德判断不像皮亚杰所说的有明确的年龄差异,而更多的是个体差异,这主要是由于不同的社会学习和不同的成人榜样的影响造成的。

我国开展了许多有关小学生道德认识发展的实验研究。研究者结合我国国情,大多应用皮亚杰的对偶故事法、教育心理实验法、个别访谈法等,探索我国小学生道德认识的发展水平,以及品德形成的结构及内外条件。

我国对道德认识的研究以李伯黍、陈会昌等人对小学生行为责任的道德认识判断、对公私财务、公正和集体的观念等问题的一系列研究最著名,他们的研究从总体上检验、支持了皮亚杰关于儿童道德认知分阶段逐步演进的理论,并发现了一些我国儿童在道德认知发展上的新事实。例如,李伯黍关于儿童道德发展的研究表明:我国 7 岁儿童的主观性判断已经有了较明显的发展,到了 9 岁,这种判断已基本取代了客观性判断。也就是我国儿童从小学三年级起,绝大多数已经能根据行为的动机意向或从行为的因果关系上做出判断,而且已有半数以上的儿童能把行为原因和后果联系起来进行比较判断。在公有观念的发展上,我国儿童做出正确判断的转折年龄在 7～9 岁。在集体观念的发展上,我国一年级小学生已开始出现集体意识,根据为集体的动机做出判断的比例随年龄的增长而增加。[①] 李怀美等人(1986)的研究发现,我国小学生道德认识的发展具有年龄特征,表现为从具体形象性向逻辑抽象性发展的趋势:

1.在道德概念的形成和道德认识的理解上,小学生从直观的、具体的、比较肤浅的认识逐步过渡到比较抽象、比较本质的认识。但是这种认识仍具有较多具体成分,概括水平较差。

2.在道德评价上,小学生从只注意行为的效果,逐步过渡到比较全面地考虑动机和效果的统一。但是,这种道德评价常具有很大的片面性和主观性。

3.在道德原则的掌握上,小学生的道德判断从简单依附于社会的、他人的原则,逐步转为受自身道德原则的制约。但他们在判断道德行为上,还不能以道德原则为依据,缺

---

① 张锐.群体关注对道德判断的影响[D].河北师范大学硕士学位论文,2017.

乏道德信念,常受到外部或具体情景的影响。

4.小学生已初步掌握了道德范畴,对不同的道德范畴有不同的理解水平。小学生"对自己"的道德概念的发展水平较高,"对社会"的道德概念的发展水平次之,最低的是"对他人"的道德概念的发展水平。

徐芬等人(1998)对小学生的说谎判断能力进行了研究,分析比较了7岁、9岁、11岁小学生对故事中好或坏行为的评价,以及对说谎或说真话的评价。结果表明,小学生有相当高的能力区别行为与言语反应之间的差异,他们能够对坏行为说真话、好行为说真话的现象给予积极的评价;对坏行为说谎话、好行为说谎话的现象给予消极的评价。这表明小学生已经形成了一定的道德观念,并能在具体的道德情境中对行为进行道德评价。

杨姝(2016)选取4个当前社会上频繁发生的摔倒事件作为亲社会行为的两难情境,考察五年级学生做出道德判断后的道德推理过程。[①]

1.小学五年级的学生已经具备了相对稳定的道德观念,他们在4种情境下的道德推理理由相对一致,都能意识到生命价值的重要性,并且拥有履行社会义务的观念,这与皮亚杰的自律阶段相一致。

2.随着年级的不断上升,小学生的道德推理水平不断提高,呈现出不断向上发展的趋势。五年级学生表现出了较为明显的助人意识。

三、小学生道德情感的发展

小学生的道德情感是在教育与教学活动中发展起来的。班集体和少先队在小学生道德情感的形成和发展上起着主要作用。小学生在集体中,为了完成共同的任务和达到共同的目标,逐渐意识到自己和他人、集体、祖国之间的关系,并在日常的学习、生活中产生了爱国主义情感、集体荣誉感、义务感、责任感、正义感等。

苏联心理学家雅科布松(C. T. Jakobson)对小学生的道德情感进行了实验研究。他以小学生为被试,采用综合方法,揭示小学生道德情感在各个方面的表现,及其由顺从逐步发展到独立的过程。美国心理学家海斯和托尼(R. D. Hess & J. V. Torney,1967)对12000名美国小学生进行了调查研究,发现美国小学生的国家意识即忠于祖国的情感,依照三个连续阶段逐渐发展:(1)国家象征期。早期儿童把象征国家的国旗、国歌和国家领袖视为国家。他们对国家的爱,往往表现在尊敬国家象征的言行中。(2)抽象国家观念期。中期儿童把诸如自由、民主、投票权等有关国家的抽象观念视为国家的代表,往往以这种抽象观念作为爱国的根据。(3)国际组织系统期。后期儿童已认识到世界是由许多国家所组成,自己的国家为国际结构中的成员之一,以国家在国际关系中所担任的角色为忠诚的对象。儿童的爱国观念不再局限于国内,已扩展到国家在国际上所担任的职责中。

我国心理学家对小学儿童道德情感的发展进行了大量研究,认为小学阶段是个体道德情感发展的关键期,并提出了以下观点:(1)小学生道德情感随年龄的增长而逐渐增强,三年级是道德情感发展的转折期,四年级后期发展趋于稳定,并有逐步上升的趋势,

---

① 　杨姝.当前中小学生对社会事件的道德推理研究[D].福建师范大学硕士学位论文,2016.

但不均衡,且矛盾性强(儿童品德心理研究协作组,1989);(2)小学一年级到三年级之间、三年级到五年级之间是儿童道德情感之爱国使命感发展的关键期(李伯泰,1992);(3)在判断犯过者或犯过行为时,8岁左右的儿童会体验到消极的情绪,并根据道德判断做出合乎道德准则的情感归因定向(陈少华,郑雪,2000);(4)5岁组与7岁组、9岁组之间的儿童,在其道德情感的自我体验方面差异性显著(刘守旗,1995)。我国小学儿童道德情感的发展随年龄的增长逐渐提升,其转折期在8岁左右。8岁之前,儿童情感的发展是以直觉、与形象相联系的道德情感体验为主要形式;而8岁以后,抽象的、与道德信念相联系的情感体验才开始发展(邵景进,刘浩强,2005)。张学浪(2012)对江苏盐城农村留守儿童进行研究后得出以下结论:(1)农村留守儿童道德情感内容的功利色彩甚浓。农村留守儿童在给予他人同情、仁慈、责任时,内心更希望得到相应的道德回报,更希望获得他人的关心和帮助。(2)农村留守儿童道德情感形式的内隐性显著。农村留守儿童对别人的同情、仁慈以及责任等情感不会轻易流露。为了增强自身的社会认同感,往往刻意选择关注自我,掩饰自我,甚至抑制自我,即使在面对社会不公或歧视时,也能控制住自己的情感,而不像其他儿童那样随意地宣泄自己的情绪。(3)农村留守儿童道德情感体验的矛盾突出。留守儿童往往容易变得焦虑、情绪反应强烈,孤独、不近人情,或不善与人交往。此外,留守儿童的情感偏差与留守环境、留守时间也呈显著的正相关,即单独留守者的负面情绪比单亲留守者的多,长期留守者比短期留守者的情绪更低落,其道德自我意识的矛盾与冲突现象也较为明显,如需要关爱与追求独立的矛盾、自我表现与自卑的冲突等。单独留守者与长期留守者更需要心理关怀与行为帮助。[①]

总体说来,小学生的道德情感水平已有了很大发展,但这时的道德感仍具有直接的、经验的性质。随着小学生年级的升高,他们的道德感从外部的、被动的、未被意识到的道德体验逐渐转化为内部的、主动的、自觉意识的道德体验。

四、小学生道德意志的发展

在教育的不断要求下,小学生的意志品质逐渐发展起来,在执行道德行动中表现出一定的道德意志力。一方面,道德意志力使道德动机战胜非道德动机;另一方面,道德意志力促使小学生克服困难,执行由道德动机引起的道德行动的决定。但小学生的道德动机还不强烈,道德意志力的总体水平还不高。

道德动机在道德意志结构中占突出地位,它以愿望和意向的形式被人们体验着,如果没有这种强烈的愿望,就不会有克服一切困难去达到某种目的的意志行为。在小学阶段,小学生的道德动机发展的特点是:(1)由服从向独立发展,尽管高年级小学生自觉道德动机占主导地位,但还离不开对成人指令的服从;(2)由具体、近景向抽象、远景发展,尽管高年级小学生以社会需要作为道德动机的基础,但还离不开具体形象性;(3)小学生逐步产生道德动机的斗争,但激烈的冲突较少。例如,对小学生遵守纪律动机的研究发现,小学生遵守纪律的想法是:服从老师的要求;为了获得教师的表扬;为履行班集体和少先队组织的义务;各种制度的要求;为集体、组织争光;体会到这是社会公德的要求,应该自觉遵守纪律;等等。这些想法反映了小学生的守纪动机是由低到高、由近及远、由具

---

① 张学浪.农村留守儿童道德情感研究——以江苏盐城为例[D].南京理工大学博士学位论文,2012.

体到抽象发展,随着小学生年龄的增长和受教育程度的增加,原则性的、较稳定的守纪动机开始形成。但总体来说,小学生遵守纪律的表现一般是与教师的要求、学校制度和检查联系在一起的,并非完全出自道德需要。可见,小学生的道德动机具有直接性、具体性,是道德意志控制力和自觉性发展的外部表现。

道德动机促使人确定道德行为的具体目的和表现方式,在执行道德行动中表现出道德意志。小学生在教育的要求下,伴随着道德动机的发展,不断掌握社会经验和道德规范并内化为内心要求的纪律,即自觉纪律。自觉纪律的形成和发展在小学生品德发展中占有相当重要的地位,它是小学生表现出外部和内部动机相协调的标志。

小学生自觉纪律形成的过程一般分为三个阶段:第一阶段,小学生依靠外部教育要求,依靠教师制订的具体规定和及时检查;第二阶段,小学生已经体验到学校纪律的要求,一般能够遵守纪律;第三阶段,小学生把纪律原则变成自觉行动。研究指出,在教师的耐心教育引导下,低年级小学生完全可以形成自觉纪律。当然,小学生违反纪律或缺乏自觉纪律的现象也存在,教师要针对小学生的年龄或个体差异因材施教。由于小学生道德意志控制力和自觉性水平还较低,因此更需要教师的检查和监督。

西方心理学家对抗拒诱惑(resistance to temptation)、延迟满足(delay satisfaction)和自制力(self-control)的研究也表明,随着小学生年龄的增长,会逐渐学会控制自己的冲动,表现出恰当的行为。其中抗拒诱惑能力最能说明小学生的道德意志水平。因为小学生只有具备抗拒诱惑的能力,才能抑制外部诱因和抵抗不良动机的诱惑,避免产生不道德行为。在抗拒诱惑的实验情景中,研究者故意把新奇的玩具、奶酪等对小学生有吸引力的事物放在他们的面前,却告诉小学生这些东西是留给别人的,禁止他们动用这些东西。实验发现,部分小学生已能抑制住诱惑,表现出一定的道德意志力。

五、小学生道德行为的发展

小学生有了正确的道德认识,并不一定就有良好的道德行为。这是因为道德行为的产生是一个复杂的过程。从道德认识到道德行为,还涉及道德情感、道德意志等其他心理成分。总体说来,小学生道德行为和道德习惯水平偏低,主要特点有:

(一)道德言行从较协调到逐步分化

在小学时期,小学生在品德发展上,认识与行为基本上是协调的。一般是年龄越小的学生,其言行之间更容易一致。随着小学生年龄的增长,逐步出现言行不一的现象。这是因为年龄较小的学生,不善于掩蔽自己的行为,加上对权威的遵从,他们的道德认识、言行往往直接反映教育者的要求,在言行的表现上比较一致,但这种一致性的水平较低。年龄较大的学生,对权威和别人的评价不再盲从,加上他们的行为比较复杂,日益学会掩蔽自己的行为,其行为与成人的指令产生一定的差异性。这样就使得言行一致与不一致的分化越来越大。

小学生言行脱节的原因何在呢?朱智贤教授认为:一是对别人不良行为的模仿;二是知道道德准则,却无意做出了不好的行为;三是在不同的人面前有不同的行为表现,如在父亲面前听话,在母亲面前不听话等;四是只会说,不会做。也就是说,小学生能够理解道德准则,却不能在实际中根据道德准则做事。

（二）道德行为发展呈"马鞍"型

研究发现，小学低年级学生还没有形成必要的道德行为习惯，高年级学生的道德行为习惯已逐步养成。总体来看，小学生的道德行为习惯不巩固便容易分化。低年级和高年级学生的道德行为习惯的发展水平较高，中年级学生较低，形成了"马鞍"型。因为低年级学生的道德行为习惯处于一种依附性很强的"家长和教师权威"阶段，这种行为习惯并不稳定。随着小学生独立性和自觉性的发展，中年级学生可能因破坏了原有的道德行为习惯而导致行为习惯水平下降，而高年级学生的道德行为习惯已具有一定的自觉性和稳定性。由此可见，小学阶段是培养道德行为习惯的最佳时期。

第三节　小学生品德培养的途径

小学生品德的培养，可以通过课堂教学、劳动锻炼、课外活动、品德评估等多种途径来实现。由于品德心理结构是相互渗透、相互促进的统一体，因此对小学生品德的培养，既要晓之以理，提高他们的道德认识，又要动之以情，激发他们的道德情感，还要导之以行，培养其道德行为习惯，同时注意小学生意志力的锻炼。

一、提高小学生的道德认识

道德认识的发展过程是对道德知识的感知、理解、掌握的过程，是一个由低到高、由浅入深、由简到繁、由具体到抽象，形成一定的道德观的复杂过程。道德认识对道德行为具有定向的作用，是道德行为表现的基础，因此，小学教师必须注意提高小学生的道德认识水平。

（一）形成正确的道德概念

由于小学生的具体形象思维占优势，在道德教育中，小学教师必须适应小学生的思维发展水平，在实例的基础上引出抽象的道德概念，并创造条件让小学生获得形象的感性经验，以加深对抽象道德概念的理解。在小学生掌握道德知识中常有许多错误或糊涂的概念，如把尊敬老师看成"逢迎""拍马屁"，把向老师汇报同学的错误行为说成"出卖同学"，把包庇同学的缺点认为是"友谊"，把不守纪律当作"英雄行为"。对于这些错误的认识，教师必须及时指出，并通过讲解、讨论等方式消除小学生的这些看法。

（二）获得道德实践经验

许多研究认为，使小学生获得道德实践经验是实现道德认识转化为道德行动、形成道德信念的一个重要条件。也就是说，只有当小学生通过亲身的道德实践，理解教师道德要求的正确性，获得相应的道德经验和情绪体验时，才能使道德认识真正内化成为自己的东西，转变为指导和支配自己行为的准则，逐渐形成道德信念。例如，当小学生发现自己按照社会或教师的要求做了好事，获得大家的赞扬时，才能深刻认识到道德要求的正确性，并力求按照这些要求去行动。从严格意义上说，小学生还未形成真正的道德信念，而道德实践经验是促进其道德信念形成的必要条件。因此，教师在向小学生传授道德知识时,应多创设一些让他们获得实践经验的条件,让他们在道德实践中巩固学到的道德知识,在舆论评价中学会自己评价,在道德活动中把道德知识内化成道德行动。

(三)培养道德评价能力

小学生掌握了一定的道德行为准则和道德观念之后,教师要经常引导他们进行道德评价。评价的对象既可以是自己,也可以是同学的行为,还可以是现实生活中的人和事。如对感动中国的道德榜样人物的评价。在评价过程中,教师要教育引导小学生明辨是非,并依据他们道德评价能力的现状,提出相应要求,帮助他们做出全面评价。教师要创设一定的道德情境,提出一些道德两难问题,让小学生讨论并展开道德推理练习。例如,你的好朋友在考试时想作弊,你能否帮他传递作弊的纸条? 你能否把作业借给好朋友抄? 邻居的阿姨请你帮忙照看一下孩子,你的作业还没有做完,该怎么办? 教育过程中,教师一方面要注意做出道德评价的示范,对一些典型事例做出简明而正确的评价,另一方面要正确引导,逐步培养和发展小学生的道德评价能力。

二、丰富小学生的道德情感

在品德心理的形成过程中,道德情感有着特殊的重要性。小学生的道德情感只有被激发或卷入后,他们才能产生对他人的同情心和爱心,从而产生正确的道德动机和道德行为。小学教师要注意以下几方面。

(一)知行相结合发展道德情感

道德情感与道德认识有密切的联系。道德情感总是在一定的道德认识基础上产生,并随着道德认识的发展而发展的。因此,矫正小学生错误的道德观念,提高他们的道德认识水平,是促使其道德情感不断升华的重要途径。小学教师可以通过言语启示激发学生的道德情感,使他们在领会道德观念的同时,产生道德情感体验。例如,教师对学生的好人好事给予肯定和赞扬,使其意识到这种行为带来的荣誉,能使其产生助人为乐的积极道德情感体验;对小学生不守纪律、破坏公物等不良行为给予批评责备,使其产生羞愧等不愉快的道德情感体验。教学过程是传授道德知识、激发道德情感的重要途径,教师在讲授学科知识时,应发掘教材中具有爱国主义等教育意义的内容,在讲解过程中满怀情感,这样既丰富了小学生的道德知识又激发了其道德情感。

(二)引起道德情感的共鸣

小学生对童话、故事、小说、歌曲、绘画等文艺作品有着浓厚的兴趣。优秀文艺作品中的英雄人物、生活中的好人好事、感动中国的道德榜样等都可以引起小学生的道德情感体验,唤起小学生对真、善、美的热爱和追求。教师要充分发挥道德榜样事例的感染作用,善于利用文艺作品中的形象激发小学生的道德情感体验,陶冶他们的道德情操。

(三)重视教师情感的感化

教育是师生共同参与的双向交流过程,在这一过程中,教师自身的情感性质和特点将对学生产生巨大的影响。要培养小学生高尚的道德情感,教师自己必须具有这种情感。教育实践证明,师生之间具有良好的情感基础是教育成功的前提,特别在小学阶段,小学生的身心发育还不成熟,更渴望得到教师的肯定和关心。教师关爱、信任小学生,小学生对教师也就形成信任感和亲切感,从而乐于接受教师所讲的内容。另外,教师在小学生取得进步时给予的肯定和奖励,在小学生遇到困难时给予的关心和帮助,都会使小学生产生高兴、感激等情感体验。

(四)在具体活动中以境育情

小学生的道德情感还不稳定,它的形成离不开具体情境和自身的活动体验。因此,小学教师可以通过开展具体的活动来培养小学生的道德情感,在活动中以境育情。例如,举行升国旗仪式,组织参观各种博物馆、红色旅游等,增强小学生的民族自豪感和爱国主义情感;通过集体竞赛活动激发小学生的集体荣誉感;通过英雄事迹报告会激发小学生的责任感。此外,还可以组织如"我为环保做贡献",和山区小朋友"手拉手"等主题活动,让小学生在现实生活体验中激发其道德情感。

在以境育情的活动中,教师要注意使小学生的道德情感体验概括和深化。通过活动总结、谈感想等方式,引导小学生把与一定情境相联系的具体道德情感上升为与道德认识相联系的稳定道德情感,这样小学生的道德情感才能得到真正的提高。

三、锻炼小学生的道德意志

小学生有了道德认识,产生了道德情感,能否付诸行动,取决于能否抵御现实中的各种诱惑,战胜内心冲突中的非道德动机,这就涉及道德意志力的问题。在小学生品德培养中,注意小学生的道德意志,特别是抗诱惑力的锻炼,是一项十分重要的工作。小学教师可采取如下措施。

(一)组织参与道德实践活动

小学生良好的道德意志品质不是天生而轻易形成的,而是通过对人与事的认识、分析逐渐积累而成的。道德意志须通过道德实践活动来锻炼。因此,小学教师应有意识地把学校的教学、教育活动都变成培养小学生道德意志力的实践活动,如要求小学生按时完成作业,遵守纪律,执行较重要的集体任务;考试不能作弊,在班级中管理自己等。经过长期的培养锻炼,一种较为稳定的道德意志力就能在小学生身上确定下来,这样他们就不容易因外界因素的不良影响而犯错误,从而能以内在的道德意志调节规范自己的行为。

(二)创设情境以锻炼道德意志

小学生的意志是同克服困难联系在一起的。在道德意志培养活动中,小学教师应有意识地为小学生创设一些困难情境,并适当给予帮助和支持,如激励、期望、信任、指导等,使他们经过自身的努力取得成功。如让后进学生做班干部,让不守纪律的学生值日,使小学生的道德意志力在克服困难的过程中得到强化。

(三)引导道德意志的自我锻炼

心理学的研究发现,小学生对行为实行自我锻炼是道德发展的关键。因此,小学教师要重视小学生道德意志的自我锻炼,启发他们认识到进行自我锻炼的重要意义,引导他们从道德意志方面总结成败的经验教训,如分析自己的道德动机、辨别道德情境及果断性、坚定性等意志品质方面的优缺点,进一步激起锻炼道德意志力的信心和积极性,帮助小学生制订道德意志锻炼计划,逐步培养自我批评、自我锻炼的能力,养成自我锻炼的习惯。另外,小学教师应提供道德意志力强的榜样,并注意激发小学生的道德动机。

四、形成小学生的道德行为习惯

道德行为是道德认识的外在表现,它真实地反映一个人的道德水平。小学阶段是道德行为塑造的重要时期,小学生的道德行为习惯主要是在生活和教育过程中有意识练习的结果。小学教师应注意以下几点。

(一)指导学生掌握道德行为

一般说来,小学生的道德动机和行动是统一的,但由于小学生有时对道德行为没有牢固的掌握和组织,可能会产生不好的行动效果,因此,对小学生进行指导很有必要。这就要求教师要利用讲解、讨论等方式帮助小学生掌握有关的道德行为。例如,如何帮助老年人打扫卫生,如何把迷路的孩子送回家,如何帮助贫困的同学等,并且使他们在掌握道德行为的基础上,认识到在不同情况下应采取不同的道德行动。特别是在充满各种矛盾和冲突的社会,更需要培养小学生在道德情境中选择相应道德行为的能力。

(二)加强道德行为练习

道德行为习惯的练习不仅使道德行为得到巩固,而且这些巩固了的行为还会在新的情境中发生迁移,形成良好的品德。小学生道德行为习惯的培养要通过"讲"(要求)、"练"(练习)、"带"(榜样的带动)来实现。在有目的的练习和重复中,小学教师要做到以下几点。

1. 严格要求

小学教师对小学生的道德行为规范一旦提出后,要严格要求学生贯彻执行,并长期坚持下去,要讲清道理,对于不能执行的学生,要找出原因,针对具体情况,采用讲解、说服教育、强化练习等方法帮助其执行。

2. 耐心指导

由于小学生的认识水平和领悟能力的限制,小学教师要耐心细致地做示范,使小学生逐步养成良好的行为习惯。小学生的自制力较差,常会不自觉地违反行为规范,这就更要求教师要有耐心地给予纠正和指导。要态度和蔼,言辞恳切,不要流露厌恶、不满等情绪。要正面引导,多表扬,少批评,以情促行,持之以恒。

3. 树立榜样

小学生的模仿性很强,父母、教师、影视作品中的人物都是他们模仿的对象。因此,父母、教师要以身作则,规范自己的行为,给小学生做出好的榜样。另外,还应选择现实生活或文艺作品中的英雄模范和著名人物为小学生树立模仿榜样,要注意让小学生少接触带有暴力镜头等不良内容的影视,阻止他们对不良行为的模仿。

4. 根除不良习惯

小学生无意当中可能养成散漫、懒惰、撒谎、不注意整洁等不良习惯,根除这些不良习惯,可通过讲故事、讲解等方式使他们知道坏习惯的害处,并帮助小学生树立克服坏习惯的信心,还可以适当运用一些心理学的矫正方法,如消退法、代币管制等。

(三)形成良好的班风和舆论

班集体对小学生道德行为习惯的形成具有重要的作用。班集体能否在这方面发挥有效的作用,关键在于是否形成良好的班风。良好的班风使小学生处于一个具有明确的行为准则和正确舆论的环境中,直接影响和约束他们的行为。小学教师在帮助小学生形成班集体的同时,应注意培养良好的班风,要通过思想灌输、组织集体活动等方式,使小学生产生对集体的归属感和荣誉感,帮助他们逐步形成良好的班风。在班风的培养过程中,要重视班级舆论的力量,制订和执行班级规范,并通过表扬和惩罚,预防或减少小学生的不良行为习惯。

(四)品德培养与法制教育相结合

此外,小学生品德的培养还要和法制教育结合起来。法制教育是德育的重要组成部分。按照发展心理学的观点,法制教育和道德教育开展得越早越好。对小学生进行法制教育,就要使小学生知法、懂法、守法,逐步树立法制观念,养成守法的习惯。另外,法制教育还可以增强小学生的自我保护意识与能力。

第四节　小学生品德培养的策略

小学生的品德培养策略一直是德育心理学家关注的重点,采取何种策略才能使对小学生的德育工作获得成效?许多研究者对此进行了探讨。主要的策略有以下五种。

一、榜样教育法

榜样教育是教师根据教育目的和小学生的身心发展特点,选择相应的榜样,启发引导小学生模仿或学习榜样的行为习惯、知识技能、思想品德的过程和方法。

榜样又叫楷模,是值得小学生学习和效仿的人物。榜样教育法的操作:(1)选择学习榜样。教师首先要明确教育活动的目标,了解小学生群体的差异,根据教育的需要来选择榜样。选择的榜样要可亲、可敬、可信、可学。(2)提出学习要求。小学教师要让小学生明确学习榜样的目的,端正学习态度,制订学习目标。(3)宣传榜样事迹。宣传榜样先进事迹的方式很多,如报告会、故事会、参观展览、访问榜样、阅读榜样传记资料等。(4)创设模仿情境。小学教师要引导小学生模仿榜样的行为,经过行为模仿,榜样的优秀品德就会在小学生身上逐渐形成。(5)定期总结评价。让小学生从评价中了解自己的成绩和不足,明确今后的努力方向,并从肯定的评价中受到激励,体验成功。在进行榜样教育的过程中,小学教师要注意将榜样的事迹材料进行梳理,使其系统化、形象化、生动化;要深入分析和讲解榜样的事迹材料;引导小学生将自己的行为和榜样行为做比较,找差距,帮助小学生学会用正确的道德观评价榜样,从而树立正确的人生观。

二、课程训练法

台湾学者许易萍(2010)指出,品德教育的课程模式可分三种,一是属于科目中心课程模式的正式课程;二是广域课程模式或科际整合模式的融入式课程;以及机会教育的道德随机课程。[①] 李琪明(2009)提出,品德教育融入学校课程的方法,可从下面三种课程着手。

(一)正式课程

该课程着重于认知层面,可单独设置课程或融入各学科/学习领域,有系统、有组织地进行完整的品德教育。品德教育融入各学习领域,各学科可用的品德教育方法及内容会有所差异,因此对于教师品德教育专业知识和技能的提升显得更为重要。例如:品德与社会课程可以采用道德两难法讨论,语文课程可以采用文学鉴赏来启发道德思维等。

(二)非正式课程

该课程侧重于行动层面,着重于校园的各种活动与学校制度,如社团活动、班会、校规校纪与学生自治组织等,与小学生生活相结合或进行随机教育,让小学生表达自我意见,彰显民主参与的品德教育精神。此外,走出校园的社区服务学习,也是提供给小学生品德实践的绝佳机会。

(三)潜在课程

该课程重在情感层面,包括学校软硬件环境的周全规划与精心考量、校园道德气氛、师生良好互动关系,使校园文化蕴含正义、关怀、尊重与自律的精神,以及具有照顾弱势或彰显人权的友善校园环境,都可以强化品德教育的成效。

三、行为矫正技术

行为主义认为,人类的社会行为大多是在条件反射基础上建立起来的,通过改变外部条件能够消除或纠正为社会所不允许的行为,建立良好行为。行为矫正技术对改变或纠正小学生的打架斗殴、盗窃、不遵守课堂纪律等行为非常有效,具体可采用以下方法。

(一)防范协约

这是以书面形式在教师与小学生之间建立的一种矫正不良行为的方法,是根据不良行为者的具体情况和相应的教育要求,拟定具体条文,对不良行为者的行为做出明确的界定,以调动行为者的积极性、自主性,从而达到行为矫正的目的。

(二)表征性奖励

这一方法是编制一套表征性奖励系统,对小学生在矫正不良行为或做出良好的行为反应后予以肯定和奖励,从而对矫正的行为起有效的强化作用。

(三)强化暂停

这种方法是在一段特定时间内对小学生暂不予以强化或把小学生暂时与特定的强化环境相隔离,从而抑制不良行为的发生或降低其发生频率。

(四)模仿榜样

榜样对矫正小学生不良品行的作用是巨大的。组织品德不良的小学生模仿榜样,可以启发他们自觉控制自己不符合道德的念头和行为,增强抵制干扰,调节自己行为的意志。

---

① 许易萍.台北市国民小学教师对九年一贯课程之品德教育的认知与实践之研究[D].台北市立教育大学硕士学位论文,2010.

在行为矫正过程中,小学教师要从小学生的年龄特征和心理特点出发,合理运用奖惩,做到正确、公正。正确是指小学教师给予小学生的奖惩既要考虑其行为的动机,又要注意其行为表现;公正是指小学教师应抛弃自己的偏见和偏爱,对于小学生出现的良好行为及时予以表扬并巩固。小学教师无论奖惩,都要注意尊重小学生的人格,要讲明奖惩的依据,合理提出期望,使小学生体验到教师的关心、热爱和尊重,激发小学生的上进心,促使他们产生教师期望的效应。

四、价值澄清法

价值澄清法相当程度上受到教育家杜威主张的相对价值论和多元价值观的影响,主要提倡者有瑞斯(Louise Raths)、哈明(Merrill Harmin)、西蒙(Sidmay B. Simon)以及基尔申鲍姆(Howard Kirschenbaum)等人。价值澄清法强调透过特定的策略,让小学生接触自己的价值,以推理的形式,将自己的价值呈现出来加以反省。

价值澄清法的基本立场是价值相对主义(value relativism),认为价值是由个人生活经验而生,价值是个人经验的产物,不同生活经验将形成不同价值。所以,价值澄清法的目的是帮助小学生透过客观澄清的方式,接受、建立属于自身的价值,并成为积极、有目的、热心的人。相对于传统品格教育直接、说教式的道德教学,价值澄清法要求教师应保持价值中立,避免"道德化、批评、传授价值或评价"(Raths,Harmin & Simon,1966)以及将价值强加于小学生身上。[①] 他们相信价值概念是植根于人类潜能之上的,人类有智力及自我指导行为的能力。换言之,价值澄清法主张教师必须是价值中立的教学者,不能传授固定的道德价值或道德化评价,透过客观教学策略,帮助小学生澄清自我的价值观,厘清自身的价值概念,并摒除任何直接灌输价值观的教学方法。因此,价值澄清法重视"如何"获得价值的历程,而非获得"什么"价值的结果。

对于"如何"获得价值,瑞斯等人提出了价值历程(process of valuing)的步骤(见表9-3)。

表9-3 价值澄清法的三个阶段七个步骤

阶段	步骤
选择	1. 自由地选择
	2. 从许多项目中来选择
	3. 对每个选项的结果都深思熟虑后选择
珍视	4. 珍爱、喜欢所做的选择
	5. 具有足够的意愿来公开肯定地表示所做的选择
行动	6. 以自己的选择采取行动
	7. 在某些生活形式中重复地行动

① Raths, L., Harmin, M. & Simon, S.B.. *Values and teaching*[M].Ohio:Charles E. Merrill,1966.

在实际教学中,师生需要进行一系列的厘清价值的理性思考教学活动。主要包含对话,如询问学生,协助澄清价值;填写价值表,如要求学生描述待答问题的两难情境,私下个别回应老师;团体讨论,要求学生讨论图片、电影情节中的道德情境。在这些讨论活动中,教师的角色是中立者,是非指导、非判断的态度,让小学生有机会进行反思,然后学生需公开表示自己选择的价值,并透过不断实践来确信价值。

五、品德教育整合模式

里可纳(Lickom,1992)提出了品德教育的整合模式。该整合模式从系统化、理论化的角度对道德教育的策略进行了阐述,为小学品德培养的策略提供了整合的视角(见表9-4)。

表 9-4　里可纳品德教育的整合模式

类型	具体内容
学校层次的策略	1.超越教室的关怀:唤醒小学生对教室外的关怀,用榜样启发利他主义的行为,并提供学校或社区服务的机会
	2.营造正向的学校道德文化:营造能够提倡核心价值的学校文化
	3.结合家长与社区成为品德教育伙伴:邀请家长和整个社区加入学校,以共同努力树立好品德
班级层次的策略	1.教师以身作则:重视教师的角色,教师是关怀者、示范者及指导者
	2.建立道德环境:营造出关怀型的教室气氛,教导小学生尊重和关心他人
	3.实行道德纪律:利用规则和结果来发展道德归纳、自我控制,以及对他人的普遍尊重
	4.创造民主的教室环境:运用班会让小学生共同做决定和学会负责,使班级达到最佳状态
	5.活跃道德教学:透过课程来教导价值,运用丰富的道德内容主题作为价值教学的工具
	6.采用合作学习:培养小学生互相合作和欣赏他人的能力
	7.善用智慧,培养工作态度:教师应运用智慧,设计教学、自我评量等活动来培养小学生的工作态度与责任感
	8.鼓励道德反省:透过反省活动来提升小学生的品德
	9.教导冲突管理:教导小学生如何公正地解决冲突,不使用威吓或暴力等方式

第五节　小学生不良行为的矫正

心理学界迄今对不良行为的概念没有统一的界定。我们认为小学生的不良行为是指违反小学生行为规范和道德准则的行为,如不遵守课堂纪律、逃学、打架、欺骗、偷窃等。小学生的不良行为不仅影响其身心健康、学业成绩和品德发展,并且给集体和他人带来一定的麻烦或损害。如果小学生经常违反道德准则,或犯有较严重的道德过错,就是品德不良。品德不良常常是违法犯罪的前兆。

一、小学生不良行为产生的原因

小学生不良行为的产生是多种因素综合作用的结果,既受社会环境、家庭和学校教育等客观因素的制约,又与小学生的思想基础与心理特点有关,是外在因素与内在条件交互作用的结果。

(一)外部原因

1.家庭的不良影响

家庭对小学生品德的发展所产生的影响是最早、最深远、最持久的。调查表明,大部分少年犯家庭环境不好,要么父母离婚,缺乏家庭温暖;要么父母有犯罪行为;要么父母只顾赚钱,无暇对孩子进行教育。

家长是孩子的第一任老师,家长的言行对孩子起着言传身教的作用。小学生生活在一定的家庭环境中,耳濡目染,其为人处世不可避免地受到父母的影响。如家长出言不逊、举止粗暴、自私自利等不良行为,都会成为孩子模仿的对象,进而使孩子产生行为问题。

家庭的文化氛围对孩子起着潜移默化的作用。家庭的娱乐内容、文化生活对孩子的精神追求影响很大。有些家长业余生活不读书看报,沉溺于喝酒、赌博、打麻将、打扑克,精神贫乏,趣味低级,甚至观看、传播黄色淫秽音像制品。孩子生活在这种家庭环境中,就会不爱学习,不守纪律,贪图吃喝玩乐,增长恶习。

另外,家长的教养方式对孩子品德与个性的影响很大。溺爱、专制和放纵的父母教养方式不利于孩子的健康成长。父母的教养方式如果不一致,也容易使孩子背离社会规范,出现社会适应障碍而后品德不良,甚至走上违法犯罪的道路。随着我国离异家庭和农村外出打工人员的增多,其子女的教育问题成了社会一大难题。小学生离开校门后家长疏于教育和管教,以及影视、网络等大众媒体中不良内容的影响,从而使缺乏监督的小学生做出违法犯罪行为。

2.学校教育的失误

学校是小学生进行正规教育的场所,是对小学生实施德育教育的主阵地。由于我国一些小学德育实施不力,德育工作难以落到实处,因而对小学生的德育效果不是很理想。相对于开放社会给小学生带来的负面影响,显得软弱无力。主要问题有:一是学校教育思想不端正,未能真正把小学生的德育放在首位。重智育、轻德育的现象时有发生。小学生年龄较小,对是非认识不清楚,特别需要教师的教育引导。如果对小学生的品德教育不能及时进行,他们就可能因缺乏道德知识而出现不良行为。二是学校德育生态环境不良。个别小学教师素质不高,师德不良,对学生缺乏关心和爱心,情感冷漠,甚至体罚学生,造成师生关系紧张,无法给学生树立良好的榜样。三是德育内容和方法陈旧。随着时代的发展,许多道德观念亟须补充新的内涵,否则离现实生活太远,难以被小学生接受和认同。同时,传统的以灌输为主的道德说教,缺乏情感体验和道德实践能力的旧德育模式,很难使小学生真正把道德知识内化,并用道德规范来约束自己的行为。

3.社会环境中的消极因素

我国正处在社会转型期,各种文化思潮和价值观念并存,小学生正处于人生观、价值观开始形成的时期,容易受社会不良文化和社会风气的影响。社会上物欲横流,欺骗、敲诈、行贿、腐败、盗窃等案件不断发生,给社会带来不稳定因素,对小学生的品德发展带来负面影响。社会媒体中的暴力、淫秽、色情等不良内容在腐蚀着小学生的心灵。小学生由于年龄较小,好奇心强,思想单纯,容易因模仿而出现行为问题,以及被社会上的坏人引诱甚至被威逼“下水”。

(二)内部原因

外因通过内因起作用。家庭、学校和社会中的消极因素是通过个体的主观因素而起作用的。总的说来,小学生不良行为产生的内部因素主要有以下三点。

1.道德认识错误

小学生受不正确的社会风气的影响,也会产生金钱万能、吃喝玩乐等享乐主义及哥们儿义气等不正确的意识观念。

2.道德情感不良

一定的道德情感总是在一定的道德认识支配下产生的。一些小学生在错误的道德认识支配下,不懂得什么是真正的友谊,极易感情用事,甚至是非、善恶、爱憎颠倒,受不良同伴的引诱,结成群伙,误入歧途。

3.道德意志薄弱

道德行为是一种受自我监督、道德意识控制的自觉行为。若小学生没有形成坚定的道德观念,没有形成一种良好的自我控制能力。遇到各种外部诱因时,就会经不住各种考验,而做出违背道德规范的行为。尤其是从小受父母娇生惯养已形成不良行为习惯的小学生,对社会规范的接受存在着一定的行为障碍,由于自我控制能力缺乏,往往会出现更多的违规行为。

二、小学生不良行为的矫正

对小学生不良行为的矫正需要综合治理,家庭、学校、社会齐抓共管。学校教育要坚持耐心细致,正确对待小学生在行为转变过程中的反复,个别教育与集体教育相结合。尤其要根据具体情况,采取有针对性的措施。

(一)端正道德认识,提高是非辨识力

小学生的不良行为,绝大多数是从缺乏正确的道德认识开始的。提高辨别是非的能力是形成正确的道德认识的重要一环。辨别是非就是清醒地认识到行为的正确与错误,

它与道德评价密切相关。由于行为不良的小学生对是非善恶缺乏正确的判断,当他们做出某种不良行为时,不仅意识不到对他人和社会带来的危害,反而认为自己是对的,甚至引以为豪,一错再错,越滑越远。所以,矫正小学生的不良行为,首先要加强对他们的道德认识教育,提高其明辨是非的能力,形成是非感。

(二)给予特别关爱,消除负面情绪

具有不良行为的小学生通常会担心别人看不起自己,他们对人怀有戒备和敌意,甚至认为教师轻视、厌弃自己。因此,他们会对教师采取沉默、躲避,甚至顶撞的态度。教师不能歧视和打击他们,要亲近并感化他们,相信他们是可以教育好的。教师要给予他们特别的关爱,经常了解他们的所需所想,建立师生间帮助和合作的关系。只有师生间的关系好转,互相信任,才能有效地矫正他们的不良行为。这是小学生不良行为的矫正中要注意的问题。

(三)培养自尊心,激发集体荣誉感

自尊心和集体荣誉感是小学生克服缺点努力上进的重要动力。具有不良行为的小学生既有自卑感,也有自尊心,两者交织在一起。教师如果无视他们的自尊心,一味批评指责,他们就容易表现出"破罐破摔"或对立抵触的情绪。因此,小学教师要重视对小学生自尊心的培养,发现并肯定其长处,使他们自爱、自重、自强。教师还要在自尊心的基础上培养他们的集体荣誉感,创造条件,加强指导,吸引其参加班级工作和集体活动,如集体劳动、体育比赛、文娱活动等,在活动中增强其集体意识,促使其珍惜集体荣誉,树立集体荣誉感,鞭策其制止自己的不良行为。

(四)营造健康环境,巩固新的行为习惯

小学生的不良行为一方面是由于受到错误观念的支配,另一方面由一定的外部诱因所引起。他们在接受教育时,某些外界诱因还可能引起他们重犯过错。因此,在矫正小学生的不良行为时,要改变他们的生活环境,断绝不良的人际交往;要加强他们的文化学习,补缺补差;丰富文娱活动,使他们在健康有益的文化生活中得到熏陶,增强其抵抗诱惑的能力;对违法犯罪的小学生,要实行教育、挽救和改造的政策,采取一些特殊措施,如建立社会、家庭、学校三结合的帮教组织以进行教育。

(五)针对个别差异,采取灵活教育措施

矫正小学生的不良行为,既要注意到他们的一般心理特点,又要针对他们的个别差异,采取灵活多样的教育措施,更加有的放矢地进行教育工作,不能用同样的办法对待所有品行不良的小学生。应当区别对待、因势利导。针对小学生的个性差异,选择有效的教育方法,做到一把钥匙开一把锁,打开他们的心扉,促使他们不断地向好的方面转化,把他们培养成为对社会、家庭有用的人。

本章小结

1.品德即道德品质,是指个人依据一定的道德行为准则行动时所表现出来的某些稳固的人格倾向。品德的心理结构包括道德认识、道德情感、道德意志、道德行为四个方面。品德结构具有统一性、差异性、层次性、序列性、阶段性和多端性。品德的形成包括顺从、认同和内化三个阶段。

2.从皮亚杰的道德发展观点来看,小学生的道德发展主要处于权威阶段、可逆性阶段和公正阶段,分别对应着小学的低年级、中年级和高年级三个阶段。科尔伯格认为小学一二年级的学生几乎都处于服从和惩罚定向阶段。从三年级起,小学生进入朴素利己主义定向阶段,他们的道德判断从自身利益出发,以行为的功用和相互满足需要为准则。小学高年级学生的道德发展基本达到了好孩子定向阶段。

3.小学生的道德认识、道德情感、道德意志和道德行为在不同的年龄阶段有不同的特点。对小学生品德的培养,既要晓之以理,提高他们的道德认识,又要动之以情,激发道德情感,还要导之以行,培养道德行为习惯,同时注意小学生意志力的锻炼,通过课堂教学、劳动锻炼、课外活动、品德评估等多种途径来实现。小学生品德培养的策略包括:榜样教育法、课程训练法、行为矫正技术、价值澄清法、品德教育整合模式等。

4.小学生的不良行为是违反小学生行为规范和道德准则的行为,不仅影响其身心健康、学业成绩和品德发展,并且给他人与集体带来一定的损害。小学生不良行为的矫正包括:端正道德认识,提高是非辨识力;给予特别关爱,消除负面情绪;培养自尊心,激发集体荣誉感;营造健康环境,巩固新的行为习惯;针对个别差异,采取灵活教育措施。

复习思考题

1.概念解释

品德 道德 道德认识 道德情感 道德意志 道德行为 小学生不良行为

2.问题简答

(1)品德和道德之间有什么区别与联系?

(2)品德的心理结构包括哪些要素,它们之间的关系如何?

(3)小学生的道德认识有何特点,如何提高小学生的道德认识?

(4)小学生的道德情感发展有何特点,如何培养小学生的道德情感?

(5)在小学生道德行为习惯的培养过程中,小学教师应注意哪些问题?

3.理论论述

(1)简述皮亚杰与科尔伯格的品德发展理论的异同。

（2）对于小学生品德的培养，说说你的建议或想法。

（3）论述小学生品德培养的策略。

4.实践探索

（1）联系社会生活中的道德情境案例，运用儿童道德认知发展的理论，分析小学生道德判断的特点。

（2）联系教育实际，分析小学生不良行为的表现及成因，并提出矫正措施。

5.案例分析

一个小学教师的难题：我校是一所寄宿制的私立小学，生源主要来自在广州做生意的家庭。大部分家庭的条件比较优越，学生大多是独生子女，在家中是小皇帝或小公主。绝大部分家长把主要时间和精力投入到工作中，对孩子行为习惯的培养比较欠缺，导致孩子身上有诸多不良习惯，如懒散而不勤劳、浮躁而不耐心、铺张而不节俭、索取而不付出、脆弱而不坚强等。他们不讲卫生、不讲文明、不懂礼貌、不肯吃苦、易激动、图享受、少勤奋、责任心不强、受不得挫折和委屈、暴躁又爱走极端、万事以自我为中心。这些不良行为习惯和心理素质都严重阻碍了学生将来的发展。

根据上述案例，你认为应该如何解决这些学生的问题呢？请你设计一个矫正方案。

第十章　小学生的心理健康

【学习问题】

什么是心理健康？小学生心理健康的标准有哪些？小学生常见的心理问题表现在哪些方面？它们是如何产生的？如何解决小学生的心理问题？对小学生进行心理健康教育有哪些主要的途径和方法？

【学习目标】

了解心理健康的含义以及小学生心理健康的标准，理解衡量心理健康若干方法的利弊，了解小学生常见的心理问题与成因。掌握小学生心理健康教育开展的途径和方法，使小学心理健康教育能够更好地落实到具体的教育教学工作中。

【学习方法】

建议学习本章多查询心理健康教育与研究的有关资料，联系小学生心理问题的实际情况进行思考，探寻影响小学生心理健康的各方面因素，积极寻找解决小学生心理问题的途径和方法，加深对小学生心理健康教育的理解与运用。

第一节　概述

追求健康一直是人类的美好愿望。联合国世界卫生组织认为，健康是一种生理、心理与社会适应都处于完满的状态，而不仅是没有疾病和虚弱的状态。加强小学生的心理健康教育，培养小学生健全的人格和积极的心理品质，是基础教育的重要目标和任务之一。

一、心理健康的含义

关于心理健康，国内外研究者从不同学科的研究视角提出了不同的理解。心理学家英格里斯（H. B. English）指出："心理健康是指一种持续的心理状态，当事者能进行良好的适应，具有生命的活力，能充分发展身心的潜能。这乃是一种积极的丰富的情况，而不仅仅是免于心理疾病。"精神病学家孟尼格尔（Karl Menniger）认为，心理健康是人们对于环境及相互之间具有最高效率及快乐的适应情况。心理健康者能保持稳定的情绪、敏锐的观察力、适于社会环境的行为和愉快的心态。社会学者玻肯（W. W. Bochm）的看法则是，心理健康就是合乎一定水准的社会行为，一方面能为社会所接受，另一方面能为自身带来快乐。

我国心理学家林崇德等人编写的《心理学大辞典》对心理健康的解释是：心理健康是个体的各种心理状态，如一般适应能力、人格及安全状况等能保持正常或良好水平，且自我内部,如自我意识、自我控制、自我体验等以及自我与环境之间,保持和谐一致的良好状态。

由此可见,研究者所站的角度不同,对心理健康的理解有一定差异,但都存在一定的共性:即认为心理健康是指个体在各种环境中,在知、情、意和个性心理等方面均能保持良好、健康的状态。个体在这种状态下,不断地与外界环境发生关系、相互作用,接受环境的影响并对环境做出良好的适应,以取得与外界环境的平衡与协调,由此不断发展出健全的人格,提高生活质量,保持旺盛的精力和愉快的情绪体验。

二、衡量心理健康的方法

如何衡量心理健康?心理健康不同于生理健康,一直以来都没有统一的衡量方法。人的生理健康可以用血压、血常规等各种体检指标来衡量。心理健康要通过多种方法才能确定结果。目前衡量心理健康的常用方法主要有以下几种(见表 10-1)。

表 10-1 常用的衡量心理健康的方法

方法	具体内容
统计学方法	依据心理统计的原理,用特定人群建立常模,将个体测量的结果与常模相比较,由此来划分个体的心理是否健康
社会规范评定法	依个体的行为是否符合社会规范为标准,得到社会规范认可的行为被判断为心理健康,反之则为心理不健康
生活适应评定法	以个体是否能很好地适应生活环境为标准,能够适应生活环境变化的为心理健康,反之则为心理不健康
主观病痛法	依据个体的主观描述或感受来判断其心理是否健康。如个体描述自己存在焦虑、抑制等消极情绪状态则为心理不健康
症状判定法	依个体是否存在某些生理和心理异常的症状指标为根据,该方法临床上应用较多

以上五种衡量心理健康的方法各有特点和利弊,需要采用多种方法来相互印证或相互补充,才能更好地确定个体心理是否健康。如统计学方法测量数据客观准确,但需要专业的心理测试员实施操作,并对测量结果做出解释;主观病痛法具有针对性,能详细反应个体的心理健康状态,但难免存在个体有意欺瞒、撒谎等现象,导致判断结果不准确。

三、小学生心理健康的标准

关于小学生心理健康的标准有许多研究。我们根据多方面的研究,并结合小学生身心发展的特点,提出以下小学生心理健康的标准。

(一)智力正常

智力是小学生学习与生活的基本心理条件,也是适应环境变化所必需的心理保证。虽然智力优秀者不一定拥有健康的心理,但智力低下者,则毫无心理健康可言。所以,小学生心理健康的首要标准是智力正常,能够保证小学生学习与生活的顺利。

(二)稳定和谐的情绪

心理健康的小学生,情绪能随客观事物对象的变化而产生相应的变化,能依据不同的场合,适当地控制和表达自己的情绪;能经常保持开朗乐观的心境,积极的情绪占主导地位,虽然他们也会有烦恼、悲伤、焦虑等消极情绪体验,但一般不会长久。

(三)适应学习

学习是小学生的主要任务。心理健康的小学生热爱学习,认为学习是一件愉快的事情,能够从学习中获得充实感和价值感;对学习往往抱有浓厚的兴趣,能够集中注意力,自觉完成学习任务,敢于克服学习上遇到的困难,学习效率高。

(四)正确认识自我

心理健康的小学生能发现自己的长处与短处,比较客观地认识和评价自己,能体验到自己存在的价值,能够接纳自己;既不狂妄自大、自以为是,也不自卑自怜、妄自菲薄,能根据自己的特点确定恰当的努力目标,积极进取、不断完善自我。

(五)融洽的人际关系

良好的人际关系是小学生学业进步与生活愉快的重要前提。心理健康的小学生乐于与家长、老师、同学接触和交往,愿意融入班集体的学习与生活中。能够与人友好交往,和睦共处,而不是对他人心怀敌意、猜疑、防范、嫉妒,与人交往感到紧张、胆怯和害怕。

(六)良好的行为习惯

心理健康的小学生一般有良好的行为习惯,懂得遵循社会道德规范,对外部刺激的行为反应适中,不过度敏感,也不迟钝,很少出现盲目的冲动或举动,其行为表现同他们的年龄特征相吻合。

四、心理健康教育的意义

小学生心理健康教育一直是我国基础教育关注的重点之一。2012年教育部颁布的《中小学心理健康教育指导纲要》中规定:学校应将心理健康教育始终贯穿于教育教学全过程中。全体教师都应自觉地在各学科教学中遵循心理健康教育的规律,将适合学生发展特点的心理健康教育内容有机渗透到日常教育教学活动中。教育部基础教育司在2018年工作要点中明确要求,加强中小学心理健康教育,研究制定中小学心理健康教育专家指导委员会工作规程和中小学校心理健康教育工作评估标准。

心理健康教育指应用教学、宣传、讨论、训练等多种活动,对小学生进行心理健康知识的传播普及、情感的培养、行为的训练,提高其心理素质,促进其健全人格的发展。小学生是祖国的花朵,具备健康的心理是小学生茁壮成长的基石。对小学生进行心理健康教育的意义在于:

(一)促进学生的健康成长

小学生在成长的过程中,难免会出现一些心理困扰以及一些适应问题。由于小学生身心发展不是很成熟,看问题比较片面和简单,抗挫折的能力较弱,加上社会不良因素的影响,更容易产生自卑、任性、烦恼、焦虑、冲动等心理问题,阻碍其正常学习和生活。在小学开展心理健康教育,能够根据学生的身心发展特点,给予他们必要的指导;根据他们存在的心理问题,进行针对性的教育,预防和减少他们心理问题的发生;改善和提高学生的心理健康水平,促使他们健康地发展。

(二)有助于学生健全人格的发展

人格是个体相对稳定且比较重要的心理特征的总和。它是个体在生理素质的基础上,通过社会实践逐渐形成和巩固的。通过心理健康教育,能使学生更好地认识自己,知道自己的能力、气质、性格、兴趣爱好的特点,发现自己在这些方面的长处和短处,从而形成和发展健全的人格,使他们能够与社会环境的变化保持动态的、积极的平衡,愉快地学习和生活。

(三)有利于学生优良品德的形成

品德是个体依据一定的社会道德准则和行为规范,对自己、他人、周围事物所表现出来的稳定的心理特征。一个学生要形成优良的思想品德,必须正确认识和接纳自己,对自己负责,与人交往诚实可信,乐于助人,关心集体,热爱学习,勤奋努力,不怕困难,追求上进等。通过心理健康教育,能使学生学会正确认识自我,学会理解他人的处境和感受,学会与人正确相处,引导学生形成乐观开朗,积极进取的心态,培养他们敢于克服困难、战胜挫折的意志品质。这些对于小学生优良品德的形成都有促进作用。

第二节　小学生的常见心理问题

小学阶段是学生身心发展的关键时期。许多中学生或大学生表现出来的心理问题,有的是从小学时期就开始滋生的。心理问题阻碍学生的身心发展,危害学生个人和家庭,甚至危害社会,所以教师有必要了解小学生常见的心理问题及特点,帮助他们解决心理问题。小学生的常见心理问题主要有以下五种。

一、学习适应问题

(一)新生入学适应问题

儿童在进小学之前的主要活动是游戏,游戏富有乐趣,儿童乐于参加。儿童进入小学以后,他们的主要活动发生变化,学习成为主要任务。学习带有强制性,不随小学生的意愿而改变。小学生每天必须按时到校,遵守学校的各种规章制度,上课专心听讲,不能随意说话和走动;必须按照教师的要求,按时完成作业,还面临着学习和考试的压力。这些对新入学的小学生都是一种挑战。这就需要小学生学会付出个人努力,勤奋学习,克服自己对新环境的陌生感和惧怕感,适应并融入学校生活。如果新入学的小学生不能顺利完成从幼儿园到小学的角色转换,必然会带来入学适应问题,如想家怀旧心理难以排遣,有寂寞孤独感,不适应教师的授课方式和学校的规章制度等。因此,小学教师应该帮助新入学的学生解决他们的心理问题,使他们能够尽快适应小学的学习生活。

(二)学习动机问题

学习动机对于促进小学生的学习,提高他们的学习效率非常重要。研究发现,小学生的学习动机存在一定的问题,如学习动机不端正、缺乏长远的学习目标、学习兴趣容易转移,学习怕苦怕累,上课无精打采,下课生龙活虎,甚至厌学、逃课、逃学等。小学教师有必要培养和激发学生的学习动机,消除他们学习动机存在的误区。

(三)学习困难问题

学习困难主要表现为学生在听、说、读、写、算等方面的问题。如有的学生分辨学习内容的差异存在困难,不容易区分 6 与 9、b 与 d、p 与 q 的差别;有的难以用言语清晰流畅地表达所学的内容;还有的学习应用题感到吃力、理解困难等。这些学生的学习困难问题不是由他们的智力缺陷造成的,而是由其认知、情绪、动机等方面造成的。

(四)学习注意缺陷

学习注意缺陷是小学生在学习过程中表现出注意涣散、活动过度和行为冲动为主要特点的心理问题。例如,有的学生学习时集中注意和保持注意有困难,在课堂上坐不住,在椅子上来回挪动,甚至离开座位在教室走动,上课时小动作太多,很容易被无关刺激所吸引,情绪不稳定,任性冲动等。学生要搞好学习需要稳定的注意力,才能全神贯注,专心致志。这种学习的注意缺陷必然会给学生的学习带来消极的影响。

二、情绪问题

情绪问题是小学生常见的心理问题之一。我国的研究发现,17 岁以下的少年儿童中,至少有 3000 万人受到各种情绪障碍和行为问题的困扰。

(一)焦虑

焦虑是个体感到受到威胁而产生的令人不安、担忧、紧张的情绪反应。正常人在面临压力情境,特别是自尊心受到威胁时,也会出现焦虑反应,但其焦虑与客观情境的威胁程度是相符合的。如果焦虑过度,并持续发生,则是不正常的表现。小学生进入学校以后,由于不适应学习而易产生学习焦虑,他们惧怕家长或教师的否定评价,对考试担心焦虑与恐惧,课堂上害怕提问,趋向回避、退缩,甚至出现植物性神经系统唤起的症状,如失眠、做噩梦等。宋洁(2018)对小学生考前焦虑的调查研究显示,考试容易引发小学生的焦虑,随着年级的升高,考试引发的焦虑现象越来越凸显。近年来我国的研究发现,小学生的焦虑并非都是由学习引起,也来自其他方面。[1] 顾丹丹(2010)对小学生焦虑的研究显示,小学生的焦虑包括考试焦虑、人际关系焦虑、上课焦虑、身体和安全焦虑等。[2]

(二)抑郁

抑郁是个体持久的以心境低落为特征的情绪反应。徐学兵、王瑞等人(2015)对小学生的情绪调查研究发现,25.3%的小学生存在抑郁症状,11.2%的小学生存在焦虑症状,抑郁、焦虑症状共存的小学生为 4.0%。小学生的抑郁主要是由家庭破裂、父母离婚、失去亲人、遭遇失败与挫折等引起的。一旦学生在情绪上抑郁以后,会出现自我评价低,对前途悲观失望,自卑和自责,感到悲伤、绝望,精神不振,疲乏无力,不愿行动,不愿与人交往等症状。

---

① 宋洁.小学生考前焦虑的现状调查及 OB 训练干预研究[D].辽宁师范大学硕士学位论文,2018.
② 顾丹丹.小学生学校内焦虑问卷的修订及其应用研究[D].苏州大学硕士学位论文,2010.

（三）恐惧

恐惧是个体意识到危险或可怕的事物时产生的一种害怕的情绪反应。小学生的恐惧来源于学习失败，教师、家长的批评，未知的事物，感到危险，与父母的分离等。如果小学生对某些不足以引起恐惧的事物也产生不可克服的恐怖，或对某些特定事物的恐惧强度、持续时间都远超出正常反应范围，便是一种异常现象。在学生感到恐惧时，往往会伴随出汗、呼吸困难、颤抖、恶心以及回避反应等症状。学校恐惧症是小学生感到恐惧的一种特殊类型，是他们对学校环境、教师或学习活动的一种强烈恐惧反应，表现为拒绝上学，到学校哭闹不止，在学校感到胆怯、害怕等。学校恐惧症的产生往往与小学生的某些情绪障碍有关。

三、人际关系问题

人际关系的发展是小学生社会化的重要内容，我国心理学家丁瓒教授指出：人类的心理适应最主要就是对人际关系的适应，所以人类社会的心理病态，主要是由人际关系失调而来。小学生的人际关系问题主要表现为以下两点。

（一）胆怯退缩

小学生在与他人的交往中，会在意他人对自己的看法和评价，自己在他人心目中的地位，是否得到他人的接纳、认同和喜爱。如果学生在与他人的交往中受到冷嘲热讽，他人的冷漠相待，相对就容易产生胆怯退缩心理，陷入惆怅和苦恼之中，产生对他人的距离感，不愿意与他人主动交往沟通，形成孤独感。有的学生由于生理缺陷或能力不足产生自卑心理，不敢与他人正常交往，害怕暴露自己的弱点，担心他人耻笑，也会给他们的人际关系带来消极影响。

（二）以自我为中心

我国许多小学生都是独生子女，从小到大一直是受家庭瞩目的中心。家长的过分呵护、溺爱导致了一些小学生在人际交往中以自我为中心。他们考虑自己的利益太多，在与他人的交往中只顾自己的感受，不会将心比心，不会从他人的角度来考虑问题，缺乏共情，常常把自己的观点、情绪强加给他人。久而久之，他们就不被同伴接纳，受到同伴的拒绝和排斥等，导致人际关系不良。

四、自我意识问题

自我意识是个体对自己身心活动的认识和觉察，包括自我知觉、自我评价、自我体验、自我监督等。小学生的自我意识正处于不断发展的过程中，对自我认知和评价容易产生问题。小学生的自我意识问题主要体现在两个方面。

（一）自负

自负是个体过高地估计自己。自负心理是小学生中一种常见的心理问题，尤其在独生子女家庭的学生身上更多一些。家长过多的关注溺爱及迁就助长了他们的这种心理。有自负心理的学生往往会因为自己在生活或学习上的优势而变得自大，觉得自己高人一等，瞧不起其他同学，嫉妒心理强，看不得他人比自己好，在人际交往中，他们很少关心别人,却要求别人为他们服务。

(二)自卑

自卑是个体对自己的能力、心理品质做出偏低的评价。有人对小学生自卑心理的研究发现,有 35% 的人存在中度自卑,17% 的人存在重度自卑、缺乏自信。自卑是危害小学生健康成长的因素之一。有自卑心理的学生大多比较孤僻、内向、不合群,常把自己孤立起来,很少与周围人群交流,学习上表现得不积极,胆怯怕羞。由于自卑的小学生缺少与他人的沟通,容易导致看问题的片面性和极端。

五、性格问题

小学时期是性格塑造的关键时期,良好的性格是小学生身心健康的基本特征,对他们的人生有很大的积极意义。小学生容易产生的性格问题主要有三种。

(一)嫉妒

嫉妒是个体因别人在某方面胜过自己而产生的羡慕与忌恨心理。随着我国二孩家庭的增多,父母因精力分配不均,两个孩子心中容易产生不平衡甚至嫉妒心理。有嫉妒问题的小学生不能容忍别人在各方面超过自己,害怕别人得到自己无法得到的荣誉。在他们看来,自己办不到的事情别人也不能做到,自己得不到的东西别人也不能得到。在学习上,羡慕与怨恨成绩优异者;在同伴交往中,排斥比自己优异的同学;在解决问题上,易采用"狂风暴雨"的方式,通过诋毁对方来平息自己心中的怒火。

(二)急躁

急躁是个体想尽快达到目的而不经考虑或准备就行动。性格急躁的小学生在人际交往中热情很高,做事带有强烈的感情色彩,比较冲动,遇到人际关系冲突时不能冷静处理;他们完成作业迅速,但不细心,不求甚解,缺乏耐心和计划性。

(三)胆怯

胆怯是个体不善于表现和展示自己,缺乏勇气和信心。小学生的胆怯心理多表现在学习和参与集体活动上,如上课不敢举手发言,不主动与老师、同学讨论问题,不主动参与班级的活动,躲避与老师、同学的交往,遇到困难不敢向老师、同学请教求助等。

第三节　小学生心理问题的成因

小学生的心理健康是一个极为复杂的动态过程,既受个体自身因素的影响,也受家庭、学校、社会等外界环境因素的影响。本节将着重从以下四个方面来分析小学生心理问题的成因。

一、生理因素

从发展阶段来看,小学生正处于各种生理机能快速发展的重要时期,生理发育速度快于心理发展速度,如 7~8 岁的小学生大脑重量已达到 1.1 千克,接近成人水平,神经皮质细胞的髓鞘化程度也接近成人。但由于他们的生活阅历浅、知识经验不足,其认知和思维能力都远远落后于成人。小学生心理发展水平与生理发展速度的不协调,是其产生心理问题的一个重要原因。此外,小学生的心理健康还受遗传因素的影响。某些心理问题的产生与遗传因素有着直接的关系。研究显示,小学生的多动症受遗传因素影响,异卵双生子的发病率为 33.3%,同卵双生子的发病率则达 85.7%。因此,有些小学生的心理健康问题与其遗传因素有关。

二、家庭环境

家庭是小学生成长的第一环境,家庭的人际关系、父母的教养方式、家庭的结构、家庭的氛围等都与小学生的心理健康有密切关系。心理学家瑟先科(B. A. Serchenko)指出:父母间紧张的关系将给孩子造成极大的心理负担,成为孩子心理创伤的背景,这种心理创伤会使孩子的性格带有一系列消极特点。李佳佳、张大均等人(2018)对 8~12 岁的儿童研究发现,父母积极的教养方式与心理素质和同伴接纳呈显著正相关。团结、祥和、温馨的家庭氛围有利于孩子健康成长,促进孩子健康人格的发展;父母关系紧张、充满冲突,则易使孩子焦虑和抑郁。许多研究发现,父母不当的教养方式会导致孩子产生心理问题。例如,溺爱型的父母过分迁就、袒护孩子,容易导致孩子任性、依赖;专制型的父母态度强硬,强迫孩子服从自己的安排,容易导致孩子自卑、焦虑。

三、学校环境

学校是小学生最主要的学习和生活场所。苏联著名教育家苏霍姆林斯基说:学校的物质基础是一个完备教育过程的必不可少的条件,又是对学生精神世界施加影响,培养他们观点、信念和习惯的手段。干净、整齐、有序的校园环境,有助于小学生身心健康的发展。特别是校风、班风、教师的性格和工作作风对小学生的心理健康有重要影响。一个有威信,关心爱护小学生的教师,在小学生心目中是理想可敬的榜样,他们不仅会听从教师的教导,还会向教师学习,模仿教师的举止和风格。教师的教育方式方法,会直接作用于学生的心灵,如果教师教育方法不当,对学生要求失度,会导致学生心理需求的失落,给他们的心理带来许多矛盾冲突,心灵上受到伤害或打击,并引起许多不良的情绪体验。邹萌(2011)的研究显示,教师带有讽刺、污辱、蔑视、恐吓、指责、训斥性的语言、神态或行为暗示会刺伤学生,使学生感到被轻视、被边缘化;遭受过类似教师"教育软暴力"伤害的学生易形成不良性格,他们遇到压力时会采取回避态度,拒绝与人交流,言行充满攻击性。[①]

四、社会环境

小学生是在一定的社会环境中成长的,社会风气、网络媒体等社会因素潜移默化地影响着小学生的心理健康。对于伴随着网络、电视成长的小学生来说,上网、看电视已成为他们生活中的重要部分。王治丹(2013)研究发现,小学生平均每天接触网络一到两个

---

① 邹萌.教育软暴力在小学阶段的表现、归因与对策[D].东北师范大学硕士学位论文,2011.

小时,上网玩游戏的占75%,上网聊天的占15%,仅8.6%的学生上网时查资料,约1.4%的学生有意无意进入一些不良网站。另外,小学生年龄比较小,对网络、社会上的各类信息筛查辨别能力不足,传媒中一些暴力、色情、享乐主义、金钱至上等内容的传播、渲染,对小学生的心理行为和价值观的发展也会产生许多不良影响,会引起他们的模仿或成为其犯错的诱因。廖和平(2010)的研究显示,小学生处在消费观、人生观、价值观形成时期,非常容易受到影视传播的消费文化的影响,影视传播中的消费文化会直接造成小学生的享乐主义倾向,在同学之间形成攀比的风气,导致他们虚荣心的形成,产生对物质的高要求,追求物质享乐。

第四节　小学生心理健康教育的内容

要全面提高小学生的心理素质,就必须高度重视他们的心理健康教育。心理健康教育的根本目的就是使小学生的个性得到全面和谐的发展。因此只要与小学生心理发展过程中的心理需要、行为训练、个性形成有关的方面,都应是小学生心理健康教育的内容。具体说来,主要包括以下五个方面。

一、学习心理指导

对小学生开展学习心理指导不仅是维护小学生心理健康,提高心理素质的需要,同时也是促进小学生认知发展,完成学习任务的需要。小学生的学习心理指导主要包括:激发小学生的学习动机,培养小学生浓厚的学习兴趣;帮助小学生在学习中品尝解决困难的快乐,使小学生乐于学习;发展小学生的学习能力,提高学业成绩;帮助小学生认识学习成绩是智力和非智力因素共同起作用的结果,使其能正确认识到自己的学习能力;帮助小学生养成正确的学习习惯,掌握有效的学习方法。需要特别注意的是,对于刚从幼儿园进入小学学习的一年级小学生来说,学习心理特别是入学适应指导尤其必要,它能帮助小学生尽快适应学校的新环境和新的学习生活,从而避免因心理调整不及时而带来的心理压力或产生的心理问题。

二、情绪心理指导

良好的情绪是完善个性的重要内容,在个性发展中起着重要作用。情绪不良、喜怒无常、情绪失控、抑郁消沉本身就是心理不健康的表现。小学生的情绪带有冲动性、自发性和两极性,特别容易受到外界干扰和破坏;他们还不善于用理智来调节和控制自己的情绪。教师和家长一句不中听的话,一次不好的考试成绩,都能使他们情绪低落,影响小学生正常的学习和生活。因此,有必要对小学生进行情绪心理指导,使小学生对自己情绪的特点和发展有所了解,能够认识到情绪管理的重要性,学会适当表达情绪的方式。最重要的是引导小学生学会合理发泄和转移自己的不良情感,并创设适当的环境丰富他们的情绪体验,帮助他们建立积极的情绪生活。

三、自我意识发展指导

自我意识在个性结构中处于核心地位,它对人们的认知和行为方式都起着制约作用。小学生的自我意识还不完善,对自己的认知评价还不全面,由于独生子女在家中的"小皇帝""小公主"的地位,他们的自我意识严重偏离了客观事实。因此,必须加强小学生自我意识方面的指导,从小培养其良好的自我意识。通过自我意识的发展心理进行指导,使小学生能正确认识自我、评价自我,进而形成正确的自我概念,树立符合自己实际能力水平的理想和目标;帮助小学生认可自我,悦纳自我,学会调节、控制自我,发展自我,进行自我教育,促进小学生个性的健全发展。

四、人际关系心理指导

小学生的人际关系主要是指与父母、老师和同伴之间的关系,其中同伴关系是影响小学生社会化的最重要的因素。小学生人际关系的问题主要是同伴关系不良。被同伴拒斥、不受欢迎的小学生往往会产生退缩、孤独、焦虑、抑郁、逃学等一系列的心理行为问题,并且还影响着其成人后的交往模式。因此,小学教师有必要教给小学生社交技能,使他们学会合理处理社交中的冲突,在班级活动中善于与更多的同学交往。通过心理健康教育,帮助小学生逐渐形成建立良好人际关系所必备的心理素质。

五、健全人格发展培养

人格是一个人的能力、气质、性格、动机、兴趣及信念等具有一定倾向性的各种心理特征的总称,反映了人的整个精神面貌。人格的积极特征不仅是提高学习质量和促进智力发展的动力,而且人格的健康发展也是小学生心理健康的重要保证。学校作为小学生心理健康教育的主要场所,要注重培养小学生在面对生活学习中的挫折、压力时应具备的健康人格品质,如独立性、进取心、乐观开朗、耐挫能力等,为小学生人生的发展奠定良好基础。

【扩展性阅读】

积极心理学理念下的心理健康教育

积极心理学是心理学界新兴的一个研究领域。最早由美国心理学家塞利格曼提出,积极心理学认为:心理学不仅要对人类的心理疾病、心理损伤等问题进行研究,也应对人类的力量与优秀品质进行研究;心理学不仅是对人类损伤、缺陷的修复和弥补,也是对人类自身所拥有的潜能、力量的发掘;心理学不仅是关于疾病或健康的科学,也是关于工作、教育、爱、成长和娱乐的科学。因此,积极心理学主张和强调研究人类的理想、目标、积极情绪、健康人格、和谐自我、人际关系等的影响,以及它们的形成机制、如何发挥它们的作用,以指导人类的工作与生活。

在积极心理学理念下的学校心理健康教育,是以学生为研究对象,研究学生的积极情感,如幸福感、乐观、满意、愉快等;研究学生的健康人格,如勤奋、诚信、助人为乐等;以及研究学生的生涯发展,如人生理想、奋斗目标等;研究这些积极心理品质的形成机制与获得途径;研究如何发挥学生的积极心理品质,如何使家庭、学校、社区等成为有利于学生积极心理形成的组织,把学生的积极心理品质作为学校心理健康教育研究的归宿,激发与培养学生的积极心理,帮助学生实现快乐与成功,引导学生走向幸福。

第五节　小学生心理健康教育的对策

小学生心理健康教育作为小学教育的重要内容之一,立足于学生未来的成长和发展。开展小学生心理健康教育的途径和方法多种多样。

一、小学生心理健康教育的途径

小学生心理健康教育的开展需要通过一定的途径加以实施。心理健康教育不能像知识教育那样主要通过教师的讲解传授来完成,它需要渗透到学生日常生活的各个方面。小学生心理健康教育的主要途径有以下六种。

(一)开展心理健康教育课程

通过心理健康教育课程和心理健康专题讲座,普及心理健康知识,可以帮助小学生了解自己,掌握一般的心理保健知识。该课程主要分为心理卫生知识和实际训练操作两部分。实际训练操作课程是在小学生中开设心理健康教育较为有效的方法课程,包括角色扮演、相互询问、人际交往训练等等,可以帮助小学生掌握一定的心理调节技术,使小学生掌握一些转移情绪、宣泄痛苦、发泄愤怒、克服自卑、树立信心等心理调节手段,并学会正确处理人际关系,具备一定的与人相处的能力,这对小学生的健全发展具有十分重要的意义。

(二)结合学科教学,渗透心理健康教育

学科教学是学校教育的中心环节,也是心理健康教育的主渠道之一。教师应树立心理健康教育的观念,注重寻找学科教学内容中的教育契机,把握心理健康教育的最佳时机,把对小学生的心理素质培养与提高,自觉渗透到学科的教学活动中,使其相互影响,相互促进。

教师要努力挖掘教材内容中心理健康教育的对应点,注意渗透的自然性、针对性和计划性,防止随心所欲、生搬硬套、乱贴标签,要考虑教学内容与心理健康教育是否融合。例如,学习名人如何克服种种困难,取得最终的成功。教师要帮助小学生学会运用有效的学习方法,培养良好的学习习惯,提高小学生的自我监控能力,增加小学生学习成功的体验,引导他们对学业成败做正确归因,减轻他们的课业负担,缓解考试焦虑,增强学习自信心,培养他们克服困难的坚强意志。

(三)加强教师的心理健康水平

学校心理健康教育工作主要由教师承担负责,教师自身的教育素养和能力如何,是学校能否开展好心理健康教育活动的关键。小学教师的形象、态度及行为举止对小学生有着强烈的示范作用,特别是对小学低年级的学生更具有权威性、示范性。建立一支全员参与、具有较高心理健康教育水平的教师队伍,是实施小学生心理健康教育的重中之

重。2010 年,教育部办公厅下发《教育部办公厅关于组织实施国培计划—中小学心理健康教育骨干教师培训项目的通知》,希望通过培训帮助教师更新心理健康教育理念,优化知识结构,提高教师的中小学生心理健康教育能力和水平,增强教师的自我心理调节能力、处理学生心理危机的干预能力。小学教师在心理健康教育工作中应以身作则,以身示教,发挥榜样作用,感染学生,注重师生关系建设,尊重和热爱每个学生,促进学生身心健康的发展。

(四)构建完善的学校心理咨询体系

为了使小学心理咨询工作真正做到科学化、规范化和制度化,学校应积极建立心理咨询中心,为每个学生建立心理档案,重视心理咨询专职或兼职教师的配备、素质及专业化,加强心理健康教育平台建设,建立心理健康筛查平台、监控平台、技术平台,深入挖掘和利用大数据技术,逐步实现对学校心理健康数据的组织测评和有效管理,避免出现注重说教、轻视疏源等现象。通过设立"悄悄话信箱"等形式为小学生减轻心理困扰。这些都是进行小学生心理健康教育的好方法。

(五)建立整体的教育网络

小学生生活在复杂的社会中,其心理会受到学校、家庭及所处社会环境的影响,这三股教育力量一致,则会大大促进小学生的心理健康,反之则会影响其心理健康。因此,必须将学校教育、家庭教育与社会教育结合起来,形成全方位的心理健康教育网络。如:对家长普及心理卫生知识,采用正确的家庭教养方式,优化家庭教育环境,引导家长树立正确的教育观;学校定期和家长进行交流和沟通,共同关注小学生的心理健康问题。同时,社区及整个社会都应行动起来,积极加强学校与精神卫生专业机构、社会心理服务机构的合作,建立稳定的心理危机干预联动机制,为小学生的身心发展提供一个良好的外部环境。

(六)利用传播媒介,大力开展宣传工作

校内外的各种传播媒介,如墙报、校刊、广播、橱窗等,在影响小学生心理健康成长方面起着潜移默化的作用。因此,学校应充分利用这些传播媒介,广泛宣传心理健康知识及其现实意义,介绍各种心理调节的办法,宣传具有良好心理素质的优秀人物成功的事例,唤起小学生对自身心理健康的关注,引导其主动地接受心理健康教育,自觉地为提高自己的心理素质而进行锻炼。

二、小学生心理健康教育的方法

(一)行为矫正法

行为矫正法源于行为主义的学习理论,斯金纳认为强化作用是塑造行为的基础。通过积极强化可以建立某种良好的行为,借助惩罚可以消除某些不良行为。例如,为了鼓励学生在课堂上积极发言,教师可以利用鼓励、表扬、加分等方式来促使学生这一行为的不断出现;利用批评或惩罚来减少学生不按时完成作业、上课讲话等不良行为。

此外,示范和契约也是行为矫正法常用的两种方法。示范是借助模仿来习得或掌握新行为。受学生喜爱的教师和优秀的学生都可能成为其他学生仿效的对象,通过模仿形

成良好行为。契约是教师与学生双方共同拟定、公平有效的书面文件,明确规定了教师与学生在每个阶段应完成的任务。

(二)认知改变法

认知改变法源于认知行为治疗,认为人的情绪和行为问题不是由于某一激发事件直接引起,而是由于经受这一事件的个体对它的非理性认知引起的,因此可以通过改变人的非理性认知来改变人的不良情绪和行为,主要包括故事联想法、参观访问等具体形式。故事联想法为学生提供他们感兴趣的故事内容,要求学生进行联系活动,训练学生的创造力、想象力,使他们学会表达内心的感受和经验。参观访问是带领学生切身走入实际场景,让事实来说话,提高学生的认识,从而帮助学生建立良好的行为,促进其身心健康发展。如参观工厂、博物馆等,丰富学生的知识经验。

(三)角色扮演法

角色扮演法是指学生通过扮演某一人物角色,来体验该角色的心理感受。通过角色扮演可以帮助学生了解事情的多种可能性或更清楚地认识到不恰当的行为方式,增进自我认识。角色扮演法主要包括角色互换、空椅子表演等方法。角色互换是指学生扮演其他人的身份,如学生和老师互换身份,学生扮演老师,体验老师这一角色,参与者可以是多人。空椅子表演是两张椅子相对摆放,学生坐在一张椅子上,假装对面椅子上是其想沟通交流的对象,与其对话,然后再坐到对面,扮演对方的角色,如此多次反复。

(四)团体心理辅导法

团体心理辅导是在团体情境下进行的一种心理辅导形式,它是通过团体内人际交互作用,促使个体在交往中观察、学习、体验、认识自我、探索自我、调整改善与他人的关系,学习新的态度与行为方式,以促进良好的适应与发展的助人过程,具有适用面广、效率高、形式多样等特点。在小学生心理健康教育中,可以针对小学生不同发展阶段存在的问题设计不同的团体心理辅导方案,团体内有大家认可的规则和契约,有共同的目标,可以使小学生产生团队凝聚力,协助小学生自我认识,健康成长。例如,培养小学生的合作精神,可以设计有关共渡难关、相互配合的方案,让小学生体验到合作的重要性。

本章小结

1.心理健康是指个体在各种环境中,在知、情、意和个性心理等方面均能保持良好、健康的状态。衡量心理健康的方法有统计学方法、社会规范评定法、生活适应评定法、主观病痛法、症状判定法。小学生心理健康的标准有智力正常、稳定和谐的情绪、适应学习、正确认识自我、融洽的人际关系、良好的行为习惯。

2.小学生常见的心理问题主要有:学习适应问题、情绪问题、人际关系问题、自我意识问题、性格问题。

3.小学生心理问题的成因主要有小学生个体生理因素,以及家庭环境、学校环境、社会环境等外界因素。

4.对小学生心理健康教育的内容包括学习心理指导、情绪心理指导、自我意识发展指导、人际关系心理指导和健全人格发展指导等方面的指导。

5.小学生心理健康教育的途径是：开展心理健康教育课程；结合学科教学，渗透心理健康教育；加强教师的心理健康水平；构建完善的学校心理咨询体系；建立整体的教育网络；利用传播媒介，大力开展宣传工作等多种途径。小学生心理健康教育的方法主要有：行为矫正法、认知改变法、角色扮演法、团体心理辅导法等。

复习思考题

1.概念解释

心理健康　学习注意缺陷　焦虑　抑郁　人际孤独

2.问题简答

(1)小学生心理健康的标准有哪些，如何理解？

(2)小学生的学习适应问题主要体现在哪些方面？

3.理论论述

(1)论小学生常见的心理问题及成因。

(2)论小学生心理健康教育的途径。

4.实践探索

(1)教师如何引导小学生认识和解决自己的心理问题？

(2)请以"合作"为主题，设计一个适合小学生实施开展的团体心理辅导方案。

5.案例分析

(1)小花，某小学三年级女学生，今年小花妈妈生下一个男孩。小花发现有了弟弟之后，全家人不再像以前那样关注自己，家里人的精力全部倾注到了弟弟身上，还让自己多照顾和关心弟弟。小花感觉自己被父母冷落和抛弃了，心里对弟弟产生了怨恨和排斥，怪弟弟抢走了父母对自己的爱，甚至有了离家出走的念头。请问学校该如何帮助小花解决这一心理困惑？

(2)缙云小学是一所新建学校。学校领导十分重视学生的心理健康教育，目前学校已经聘请了一位专业的心理健康教师，但其他工作尚未开展。为了帮助学校完善心理健康教育服务体系，学校还可以在哪些方面做出努力？请提出你的建议。

第五编

小学教育管理心理

第十一章　小学教师心理

【学习问题】

小学教师扮演着什么样的社会角色？小学教师应具备哪些心理素质？小学教师会出现哪些常见的心理问题？造成这些问题的原因是什么？小学教师应如何维护自己的心理健康，更好地自我发展？这些是小学教师要认真思考的问题。

【学习目标】

了解小学教师社会角色的多元性、工作的复杂性，领会小学教师应具备的心理素质和可能出现的心理问题，以及导致这些心理问题的成因，掌握维护小学教师心理健康的方法，以及促进自我发展的途径和举措。

【学习方法】

学习本章内容要注意联系社会发展对小学教师的角色要求、小学教师遇到的常见心理问题以及对教育教学实际情况进行思考，要与其他学习者讨论，根据所学的理论与知识，解决自己所遇到的心理问题或困扰，搞好自己的教育教学工作，促进自己更好地发展。

第一节　概述

在社会生活中，每个社会成员都扮演着一定的社会角色。教师职业是一种重要的社会角色，关系到人类文化的传承和发扬光大、国家的繁荣和发展、学生的健康成长。小学教师首先要认识和理解自己的社会角色，才能成为一名称职或优秀的教师。

一、小学教师的社会角色

教育社会学家比德尔（Biddle）指出，教师社会角色即教师的社会地位、教师的行为以及社会对教师的期望。在现代社会，由于社会结构和教育结构的复杂性，需要教师适应多种多样的社会角色，这就要求教师从传统教育角色中走出来，进入新角色，协调好各种角色的关系，履行好角色的职能。那么，现代教师的角色主要有哪些呢？

（一）教书育人的承担者

教师角色并不是一成不变的，但教师教书育人的角色是亘古不变的。教书育人是教师的天职，教师不仅只是给学生传授知识，也是帮助学生心灵成长、健康发展的工程师。教师通过教书，给予学生科学文化知识，通过身教影响学生的行为，从而对学生的学识学风、思想道德、人生观、价值观进行正确的教育和引导。教师要明确，教书是手段，育人是目的。教书育人要做到"严慈相济"，"严"是传授知识讲究方法，并且要严格要求学生，

"严师出高徒";"慈"是育人过程中要注意关心、爱护、尊重学生,充分鼓励学生自尊自信,促进学生全面发展。教师教书育人的角色不会随着时代变化而改变,只会增加新的内容和要求,变得愈来愈重要。

(二)学习能力的培养者

传统教学以教师为中心,教师是知识的占有者和传授者,是学生的控制者和管理者,教师负责教,学生负责学。现代教育强调学生是学习主体地位的同时,要求教师从原来的传道授业者向学生学习能力的培养者转变。尤其在当代社会,互联网的普及使学生获取信息的渠道不再局限于教师,因此,教师要从"教书匠"转变为学生发展的指导者、促进者和帮助者。教师不仅要传授给学生知识与技能,还需要教给学生学习的方法与策略,提高学生获取知识、处理信息的能力,使学生从"要我学"转化为"我要学",使学生想学、爱学、乐学。

(三)教育活动的研究者

传统的教学活动和研究活动是彼此分离的,普通教师的任务只是教学,从事研究被认为是专家的"专利",教师鲜有从事研究的机会。这种教学与研究的脱节,对教师的发展极其不利。教育环境和教育改革的发展,要求教师在教育教学过程中要以研究者的心态和研究者的眼光审视分析教育教学活动中的各种问题,对自身的行为进行探究,对积累的教育教学经验进行总结,即把行动研究融入教学中,使教师由传授者向专家型教师转变,这是提高教师教育教学质量,促进教师专业化和职业生涯发展的关键。

(四)心理健康的指导者

注重学生的心理健康,提高学生的心理健康水平,是现代教育的重要理念与主要内容。教师比以往任何时候更迫切需要做好心理健康指导者的角色。教师要胜任这一角色,应该热爱尊重学生、主动与学生交往与沟通,成为学生的朋友和知己。小学生在身心发展过程中难免会出现这样或那样的心理问题,小学教师是维护学生的心理健康,促进学生健康成长的重要保证。小学教师要教育学生学会客观地认识自己,培养学生的良好性格,鼓励学生进行自我教育;要关心爱护学生,使学生愿意把心里话告诉教师,要教会学生管理自己的情绪,正确看待成长中的挫折,针对学生的心理问题提供咨询与帮助。

(五)信息技术的应用者

21世纪是信息化社会,需要信息化人才,而信息化人才依赖于信息化的教育。当下各种音像教材、电子教材、网络教材层出不穷,各种新媒体、新软件呈现爆发式增长,要求教学环境更生动、形象、活泼,方便学生自主探索。在教育信息化过程中,小学教师要充分利用信息技术的优势,为学生的学习和发展提供丰富的教育资源与环境,要有良好的信息意识和信息处理能力,要有熟练的计算机、多媒体操作能力,能将教学软件、互联网等信息技术运用到教学中,指导学生通过网络获取信息和知识。

(六)智力资源的开发者

知识经济时代竞争激烈,人力资源的开发愈来愈重要。每个学生身上都蕴藏着极其丰富的潜能。因此,教师在教学过程中不仅要向学生传递知识,还要重视学生智力资源的开发,重视学生获取知识、创造知识能力的提升,重视运用知识解决实际问题的能力培养。教师在课堂教学中要注重指导学生进行探究性学习,创造性地运用教材,把更多时间花在提出问题、解决问题的活动上,培养学生的钻研精神和动手能力。这些教学内容都离不开教师自身较高的科学态度、治学精神和学术造诣。

二、小学教师的工作特点

小学教师的教育对象是小学生。小学生好奇心强,易于接受新知识和新事物,但他们的学习兴趣不够稳定,遇到学习困难容易产生畏难情绪,加之年龄小,需要小学教师更多的教育和帮助。因此,小学教师的工作既具有一般教师工作的共性,又因教育对象的特点而具有一定的差异性。小学教师的工作特点见表11-1。

表 11-1　小学教师的工作特点

工作特点	工作体现
传承性	小学教师的职能是依据教育目标,有目的、有计划地把文化科学知识传承给学生,促使学生在德、智、体、美、劳诸方面的发展,使其健康成长
创造性	小学教师要善于因材施教,针对每个学生的发展特点及个别差异,采取灵活的教育教学方法;要对教育教学方法和手段不断创新,进行有效的教学;要有教育机智,对突发事件做到随机应变,进行恰当处理
示范性	小学教师的一言一行都会成为学生学习的榜样,其身教重于言传。小学教师要以身作则,要求学生做到的,自己要先做到
活泼性	小学生形象性思维较强,易于接受通俗易懂、形象生动的知识。这就需要小学教师对学生要有热情、耐心,以活泼多样的教育教学方式促进学生更好地发展

第二节　小学教师的心理素质

小学教师具有良好的心理素质,是搞好小学教育教学工作的重要保证。心理素质是指表现在小学教师身上的经常、稳定、本质的心理特征,如情感、意志、兴趣、性格等。这些心理素质是在先天素质的基础上,受后天的环境与教育的影响而逐步形成的。本节主要讨论小学教师的认知能力素质和社会能力素质。

一、认知能力素质

认知能力是指人脑加工、储存和提取信息的能力。小学教师的认知能力关系到自身的发展和教学工作的顺利实现,是必须具备的最基本的能力,主要包括四个方面。

(一)敏锐的观察力

观察是小学教师直接了解和研究学生最有效的办法。教育情景的复杂性要求小学教师应具备敏锐的观察力。对于小学教师来说,观察应做到以下两点。

1.全面而客观

小学教师要以实事求是的科学态度,对学生进行全面客观的观察,不掺入任何个人偏见。小学教师要善于在学生的学习、活动、劳动和日常生活中,对学生进行多途径的观察;向其他任课教师、家长了解学生的具体情况。

2.精准而深入

小学教师的观察应具有明确的目的性,准确地捕捉小学生表情和行为的细微变化,及时了解学生的思想动态和心理状态。如有的学生由于别人的嘲笑、讽刺受到伤害而丧失学习信心时,教师能够通过观察,得知真情,对症下药,医治学生心灵深处的伤痕。小学教师的观察力是一种重要的教育能力。为此,小学教师应有强烈的观察意识、科学的观察态度和勤于观察的实践锻炼。

(二)丰富的想象力

想象力在教育教学中非常重要。小学教师通过想象,可以打破时空限制,探寻广阔无垠的世界。一个具有丰富想象力的小学教师,能根据学生的特点,预测他们的发展方向,有针对性地实施教育影响。没有想象力的参与,小学教师创造性的工作是无法顺利开展的。小学教师的想象要做到以下两点。

1.想象要开阔多元

小学教师要管理好班级,就要了解学生的方方面面,要采取学生易于接受的多种工作方式,这就需要小学教师具有比较开阔的思路、开阔多元的想象力。如语文教学中讲授诗歌、散文,需要小学教师通过想象和描绘,使学生进入如诗如画的意境;几何教学中,小学教师要根据平面图形,想象出立体、断面和某些动态形象;体育课中的示范动作,也要小学教师事先映现出动作的完整形象。

2.想象要新颖合理

小学教师的想象应力求合于情理、事理,符合自己工作环境、工作对象的面貌,而不能脱离学生的实际。教师工作是一种创造性的劳动,想象新颖才会有创造价值。在教学工作中,每种教学设想的形成、崭新教学方案的提出,无不是小学教师想象新颖的体现。教学实践证明,同样讲授一门学科,思路开阔、想象新颖的教师,培养出的学生思维活跃,对学习充满乐趣;而思维板滞、因循守旧、缺乏想象力的教师,很难启迪和促进学生思维的发展。

(三)严谨的思维力

小学教师的教育教学工作以及从事的科研活动,需要严谨的思维力。大量研究证明,教师严谨的思维能力与其工作绩效、学生的成绩关系密切。例如,科根(M. L. Cogan)的研究发现,教师安排学习活动有条理,组织得当,学生的学习收获大。小学教师思维的严谨性对小学生学习结果的影响尤为明显。因此,小学教师要做到以下两点。

1.思维清晰

课堂教学中,小学教师要思维清晰明了,要钻研吃透教材,根据教材的重点和难点,多方面分析学生学习的思路,了解并熟悉学生思维的特点,根据其特点,遵循由浅入深的规律,进行有效的教学。

2.推理有据

无论是在课堂教学和教学评价中,还是在班级管理及科研活动中,小学教师做任何决定、判断都要有理有据,符合逻辑规律。这样不仅能让学生信服,更好地管理班级,出色地完成教育教学任务,还能为学生树立学习的榜样,潜移默化地影响他们思维的逻辑性。

(四)清晰的言语表达力

小学教师主要通过言语传递知识,言语组织的条理性、表达的清晰性直接影响教学效果。研究发现,学生的学习成绩与教师言语表达的清晰程度呈显著正相关,教师讲解得含糊不清与学生的学习成绩呈负相关。

小学教师在言语组织和表达时,要注意适合小学生的年龄特点,努力做到:语句不长,语速适当,语言内容要有层次性和逻辑性;语言表达要富有感情,抑扬顿挫,通俗易懂,善于把复杂的事物讲解简单,把抽象的事物讲解具体;要采取生动形象的语言,用小学生熟悉的事物来讲解他们生疏的学习内容。

二、社会能力素质

小学教师在发展认知能力的同时,还要注重社会能力的提高。社会能力指人为了适应社会、参与社会活动所具备的心理品质。良好的社会能力是小学教师顺利完成教学任务的保障,主要包括以下三种能力。

(一)情感能力

教育工作是一种富有情感色彩的工作。一个情感贫乏,冷若冰霜的教师,不可能把教育工作搞好。所以,教育工作需要小学教师在情感的丰富性、深刻性、稳定性等方面具有良好的品质。小学教师的情感特征集中体现在以下两个方面。

1.爱岗敬业

小学教师对教育事业要热爱和忠诚,在教育工作中保持积极热情的态度,有高度的责任感、义务感、荣誉感和自豪感,以及乐意把一生奉献给教育事业的崇高工作理想。

2.热爱学生

小学教师对学生的爱是教育工作取之不尽,用之不竭的力量源泉,激励着小学教师以巨大的热情从事创造性劳动,自觉探索最好的教育教学方法,精益求精。小学教师对学生的爱是一切教育技巧和方法的基础。学生是否接受教师的教育要求和教育方式,在很大程度上取决于师生之间的感情。因为"亲其师,信其道"。小学教师对学生的爱能使学生在积极的心理状态下学习,使其注意集中,思维活跃,联想丰富,易于理解和掌握知识,进行创造性的学习,使学生的合理需要得到满足,产生积极的情绪体验,心理得到平衡,促使其人格的健全发展。小学教师若真正热爱学生,就要对学生关怀与爱护、尊重与信任、同情与理解、热情期望与严格要求相结合,只有这样才能促使学生健康发展。

(二)意志能力

小学教师既要教书育人,又要进行科研,从事这样一种复杂、细致而繁重的劳动,没有充沛的精力和百折不挠的坚强意志是难以胜任的。小学教师良好的意志品质主要体现在以下三个方面。

1.目的明确,追求执着

小学教师要搞好教育教学工作,一定要具有明确的目的性和努力达到目的的坚定意志。许多优秀教师之所以能够在教育教学乃至科研中克服困难和障碍,是由于他们具有明确的目的性和执着的追求,所以才激励他们披荆斩棘、排除重重困难、获得成功。小学教师对待学生不能草率马虎,要循循善诱,坚持原则,才能培养学生良好的习惯和作风,建立正常的秩序和纪律。具有这种意志品质的教师面临复杂的情景和问题时,会保持清醒的头脑,能对问题进行全面思考,并在解决问题的多种方案中做出合理抉择。

2.遇事沉稳,自制力强

在教育教学过程中,小学教师常会为一些不如意的事情感到苦恼,产生急躁情绪,这就特别需要小学教师有沉着、自制、耐心的意志品质。小学教师沉着从容、处事不惊,学生自然会受到感染和触动,心悦诚服地接受和配合。对于小学生来说,教师的沉稳和自制力尤其重要,因为他们往往会因教师的不耐心、粗暴感到不安和害怕。小学教师只有善于调节和控制自己的情绪,才能更好地搞好教育教学工作。

3.充沛的精力和坚强的毅力

教师工作艰巨复杂,没有充沛的精力和顽强的毅力,是难以完成教育教学任务的。小学教师能长期精神饱满地投入工作,是精力充沛的表现;能在时间长、任务重、条件差等条件下坚持不懈,是毅力坚强的表现。实践表明,毅力坚强和精力充沛的小学教师总会吸引许多学生,学生也乐意向教师学习。

(三)交往能力

小学教师会经常与不同的群体或个人发生交往。小学教师的交往能力,关系到与领导、家长、学生的沟通,关系到教育教学工作的顺利开展。小学教师的交往能力不是与生俱来的,而是在长期的教育教学活动中有意识的、有目的的培养、训练中获得的。小学教师要认识到教师交往对自己和学生发展的重要意义,良好的交往可以获得心理上的满足,在愉悦的环境中完成教育教学活动。

小学教师交往的目的不是把自己的想法、观念强加给对方,而是一种知、情、意、行的交流与互动、融合与互补,是为了更好地开展工作。因此,小学教师在交往中应注意同理心,能够站在对方的立场去理解对方,能够设身处地地感受对方的情绪反应。真诚是良好人际交往的前提,也是人际交往得以深入的保证。小学教师在交往中应真诚待人,尊重他人,不自以为是、自负自大,也不妄自菲薄,只有这样才能更好地与对方交往与沟通。

第三节 小学教师的心理健康

现代社会对小学教师赋予过高的期望,使得身处教育教学第一线的小学教师长期超负荷地工作,并承受着来自社会、学校、家长、学生等多方面的压力。长期处于心理应激状态必然会导致各种心理问题的产生,影响小学教师的心理健康。因此,关注小学教师的心理健康,维护小学教师的心理健康很有必要。

一、小学教师的主要心理问题

现代教育的发展以及我国基础教育的改革对小学教师提出了更高的要求,使小学教师面临着前所未有的挑战从而产生心理问题。小学教师的主要心理问题来自四个方面。

(一)工作压力

工作压力是指工作负担过重、责任过大或工作改变产生的压力。冯维、张美峰(2004)对243名国家级中小学骨干教师的心理卫生状况调查研究发现,骨干教师的心理压力依次为工作、自我发展、人际关系、经济状况、社会地位。[①] 我国许多小学教师长期超负荷工作,经常加班加点。名目繁多的各种教育教学工作以及各种考试和评估、不健全的奖惩机制给小学教师带来了沉重的工作负担,使其产生了很大的心理压力。我国基础教育改革对教师的学历、教育观念、教育方法与教育技术的要求越来越高,使小学教师在承受繁重的教育教学任务时,还要承载来自教育变革的现实压力。

这些沉重的工作压力会导致小学教师出现职业倦怠。职业倦怠是小学教师因不能有效地应对工作压力而产生的极端心理反应,是伴随长期高水平的压力体验而产生的情感、态度和行为的衰竭状态。研究表明,中小学教师的工作压力和职业倦怠存在显著的相关关系,工作压力对职业倦怠有预测作用。[②] 宋珊珊等人的研究发现,小学教师的职业倦怠对其生存质量产生显著影响。[③] 小学教师的职业倦怠会产生三个方面的消极影响:一是生理耗竭,出现身体症状,小学教师由充满活力到慢慢耗尽了自己的能量,感到身心疲劳;二是情绪衰竭,人格解体,小学教师由对学生关心到对学生冷淡、疏远、厌恶,甚至使用语言和肢体暴力;三是工作热情丧失,低成就动机,对工作缺乏热情和坚持,不思进取,甚至不想工作,影响工作效率和组织目标的实现。

(二)自我认知片面

自我认知是指个体正确认识和评价自己的能力。小学教师可以了解自我、正确地评价自我、辩证地看待自身的优缺点,是自我调节和人格完善的重要前提。小学教师如果不能深刻地认识自己,就不能有效地帮助自己调节工作压力、生活挫折及内心冲突所带来的困扰。因此,小学教师制订的目标要切合自我实际,以避免挫败或付出与收获的不相符而导致心理失衡,要在了解自我的基础上愉快地接纳自我,接受现实。

小学教师常见的不良自我认知主要表现为自我评价过高或过低。评价过高表现为夸张地看待自己的长处,缺乏对自己短处的认识;对他人总是过低评价,看不起别人,过多地看到别人的不足,无视甚至贬低别人的长处。这些教师自傲自大、自以为是、盛气凌人、自我欣赏,虚荣心比较强烈,在工作生活中容易与他人产生冲突。评价过低表现为很少看到自己的优点和长处,常拿别人的优点、长处与自己的短处与不足比较,不接纳和喜欢自己,一味抱怨指责和否定自己。小学教师正确的自我认知,对于确定正确的奋斗目

---

① 冯维,张美峰.243名国家级中小学骨干教师心理卫生状况的调查研究[J].上海教育科研,2004(4):28-30.
② 汪桂美.小学青年教师职业发展中的职业压力及心理健康状况研究[D].辽宁师范大学硕士学位论文,2014.
③ 宋珊珊,李秀红,静进,等.中小学教师职业倦怠现况及其与生存质量的关系[J].中国学校卫生,2012(12):1509-1511.

标、改进自己的工作、提高教育教学质量、促进自己的心身健康都有非常重要的作用。

(三)情绪困扰

情绪困扰是指小学教师在教育教学、职称评聘、人际关系等过程中所体验到的不良情绪和挫败感,主要表现为焦虑、抑郁、急躁、易怒、心情不好等。有研究者利用修订的抑郁自评量表(SDS)和焦虑自评量表(SAS)对中小学教师的情绪状况进行调查,结果发现21.18%的人有轻度抑郁,20.70%的人有中度抑郁,1.20%的人有重度抑郁;18.17%的人有轻度焦虑,12.15%的人有中度焦虑,2.65%的人有重度焦虑。还有研究发现,农村小学教师有中度以上心理问题的有20.63%,其中以抑郁最为明显,焦虑其次。

小学教师的这些情绪困扰,使他们在工作中逐渐丧失对学生的爱心和耐心,动辄发怒、处罚学生,感到身心疲惫、产生挫折感,意志消沉等,严重影响小学教育教学工作,不仅给自己的发展带来不良影响,也会对小学生的发展带来不良影响。

(四)心理挫折

心理挫折指小学教师趋向既定目标时遇到障碍或干扰,使其需要或动机不能获得满足时所产生的情绪状态。小学教师的挫折主要来自两方面:一是外部因素。例如,工作环境恶劣,职称评聘不如意,难圆职称梦,教育学生遭遇失败等。二是内部因素。例如,能力的限制使自己不能实现追求的奋斗目标,不能协调多个目标并存的需要等。当小学教师遇到挫折后,往往会引起一系列生理和心理变化。生理上出现血压升高、头痛、没有胃口、体重减轻等症状;心理上出现沮丧、焦虑、冷漠等负面情绪或产生讥讽谩骂、攻击、退化、固执等问题行为。提升小学教师心理健康素养,增强心理挫折容忍力,直接影响其处理师生关系时的思维方式和行为方式,影响教育教学工作的开展。所以,在推行教育与教学改革的同时,必须高度关注小学教师的心理挫折问题。

二、小学教师心理问题的成因

造成小学教师心理健康问题的因素是多方面的,既有外在的环境因素,也有小学教师自身的因素,主要有以下四个方面的因素。

(一)社会文化观念的影响

由于教师工作的重要性,我国自古以来就给予教师职业特殊的定位,称教师为"圣人""天地君亲师",赋予教师特殊的人格要求,"士不可以不弘毅,任重而道远""为人师表",教师不能有半点差错。今天,人们仍然认为教师是"人类灵魂的工程师",讴歌教师"春蚕丝尽""红烛泪干"的无私奉献精神。这些文化观念将教师职业理想化、完美化,经过长期积淀,已经成为社会对教师职业的美好期待,成为从事教师职业者的基本思维方式与生活方式,使教师的精神负担高于其他职业人群。教师如有过失或差错就会受到社会舆论的强烈谴责,因此得处处小心,这就增加了教师的心理负担与心理压力。

(二)缺乏强有力的社会支持系统

大量研究表明,社会支持对心理健康具有积极作用,个体所获得的社会支持越多,正性的生活体验和情感就越多,幸福感就越高。虽然,我国经常呼吁要尊师重道,似乎教师职业是社会上最崇高、最应该受到重视和保护的职业。实际上,社会上的不法分子及不良学生殴打教师、甚至杀害教师的事件却时常发生,侵害教师合法权益的情况仍在继续,有些时候教师仍处在十分无助的状态,而有关部门对此类事情反应冷漠,处理消极,甚至包庇侵犯教师权利的人。虽然我国现在小学教师的经济待遇比过去确实有所提高和改善,但还不是很高,与他们的付出存在较大差距,尤其是部分农村和山区的小学教师的工作条件与生活环境还极其艰苦。社会缺乏对教师强有力的支持,这些都会影响小学教师的心理健康。

(三)职业的特殊性带来的困惑

与其他社会职业不同,教师的工作对象是学生。学生的学习效果、行为表现是评价教师的重要指标,但教师不能代替学生学习。学生的厌学情绪、问题行为、不良的学习成绩以及对教师的恶劣态度等,都是教师必须面对并加以解决的难题。教育和管理学生的困难,会使小学教师的工作经常遭遇局部的失败,这都会导致小学教师产生厌倦感,并感受到巨大的压力。另外,教师属于相对封闭的群体,整日与学生打交道,社会联系较少,与其他成人的交流沟通、相互学习和反思的机会较少,参与决策的机会不多,在教育上遇到的诸多难题常常使他们感到困惑。例如,分数是不是学生的隐私? 学校制订的一些强制性的纪律、规定是否合法? 这些问题如得不到及时解答和帮助,也会造成小学教师的心理矛盾。

(四)教师自身的问题

研究发现,不能客观认识自我,奋斗目标好高骛远,不切实际的教师;有过于强烈的自我实现和自尊需要的教师;以及能力素质不高、不能适应教育发展和教育改革、遇到困难和挫折偏向于外部归因的教师,容易出现心理问题。当教师的生活发生激烈的变故,如婚姻破裂、家人或自己的健康严重受损时,他们既得不到社会支持,又不善于调整自我心态、采取切实有用的方法解决问题,这不仅会产生心理问题,甚至会导致其心理危机,引发自杀行为。

三、维护小学教师心理健康的对策

小学教师的心理健康关系到国家发展和教育的成败。因此,要充分发挥社会、学校和教师自身的力量,从多方面采取对策,提高小学教师的心理健康水平。

(一)关心维护教师的合法权利

有关部门应采取进一步的措施保证小学教师的社会地位和经济地位,进一步落实"尊重知识,尊重人才"的方针政策,形成全社会尊师重教的良好社会风气。例如,要加强对小学教师的资格审查,实施教师准入制度,把小学教师的心理健康纳入继续教育内容和考核项目,维护小学教师的合法权益,改善小学教师的工资和福利待遇,为小学教师的发展提供更多的深造机会,提高其各方面的素质,通过制订科学的教师评价体系,激励小学教师的工作积极性,为国家培养更多人才。

(二)建立和完善社会支持系统

社会支持能增强小学教师对工作的控制感,提高个人成就感和工作积极性,降低工作倦怠。研究发现,他人的倾听、关怀等情感支持比提供反馈、建议对降低教师的工作倦怠更有效。因此,学校不仅要给予小学教师物质支持,还要给予小学教师社会地位、荣誉等相关的精神支持和信息支持。同时,小学教师要主动与学生交流,体会直接来自教学过程的内在奖励,要认识到社会支持的作用,充分利用社会支持系统,主动寻求社会帮助,获得社会支持,促进身心健康的发展,为教育事业做出贡献。

(三)学校领导要重视教师的心理健康

研究发现,学校领导的帮助与支持能有效减轻教师的心理压力,减少心理问题的发生。因此,学校领导要为教师的发展创设民主平等、团结向上的学校心理环境;选拔各级骨干教师应本着公正、透明的原则,以利于人才辈出;要注意协调好教师之间的关系,形成互帮互助、公平竞争的良好工作氛围;要制订和实施符合教师心理健康状况的教育计划,为教师建立心理档案,邀请专家进行心理讲座,提供心理咨询服务,采取有效措施,减轻教师的工作负荷,维护教师的心理健康。

(四)教师要维护自己的心理健康

任何外在的加强小学教师心理健康的措施,都必须依靠小学教师的内因起作用。小学教师要正确认识、对待自身的心理问题;要树立正确的名利观、荣辱观和压力观,采取积极的应对方式,分步化解压力;要善于进行时间管理,用80%的精力做20%最重要的事情;要有意识地提高自己的人际交往和沟通能力,处理好各种人际关系,通过各种合理的方式调节和宣泄自己的情绪,使自己的身心保持舒畅平衡;要始终保持对学习新知识、新技能的热情和兴趣,不断提高自己的本领和自信心,以更好地改变自我,超越自我,适应社会发展。

第四节　小学教师的成长与发展

小学教师的成长受社会、学校、家庭等多种因素的影响,是从不成熟到成熟的发展过程,具有阶段性。我国基础教育改革的现状、小学教师自我发展的需要推动小学教师通过多种途径,采取多种方法不断提升自己。

一、小学教师成长的阶段

关于小学教师的成长阶段,学者从不同的角度进行了不同的划分。弗勒(Fuller)从教师关注内容的角度,将教师的成长分为四个阶段:(1)教学前关注,即教师处于职前培养时期,以旁观者的身份关注评价任教教师;(2)早期生存关注,即教师新上任,开始关注自身的职业生存;(3)教学情境关注,即教师已熟悉环境,开始关注教学情境;(4)关注学生,即教师对教学本身较为熟悉,开始关注学生的特点。伯登(Burden)从教师职业能力发展过程的角度,归纳出教师发展的三阶段:一是求生存阶段,教师初入教学岗位,开始适应教学情境;二是调整阶段,教师已熟悉教学内容,开始关注学生和寻求教学技巧;三是成熟阶段,教师对一切活动得心应手。斯蒂芬(Steffy)从教师需要的角度,将教师的成长划分为以下五个阶段(见表11-2)。

表 11-2　斯蒂芬的小学教师成长阶段

成长阶段	特征
预备生涯阶段	预备生涯阶段的教师充满了对教育工作的向往和憧憬,有理想、有活力,积极进取,努力向上,准备适应教学工作
专家生涯阶段	教师已有较强的教育教学能力,拥有多方面的信息,能有效进行班级管理,并能在工作中激发自己的潜能
退缩生涯阶段	教师从事教育教学工作多年以后,会出现职业倦怠,不想致力于教学改革,对教育教学主动性不够,自觉性有所下降,感到无能为力
更新生涯阶段	教师意识到必须采取积极的方式重振信心,致力于专业成长、积极吸收新知识,加强学习,使自己能够焕发出新的工作能量
退休生涯阶段	教师面临退休或离职,考虑怎么能够更好地安度晚年或追求新的生涯

由此可见,小学教师在成长过程中的每一阶段都有自己的特点,成长的过程是从一个新手教师成长为专家型教师的过程。当然,并非所有小学教师的成长都会经历上述五个阶段的全程。在刚开始阶段,小学教师的职业生涯发展是比较一致的,从第二或三个阶段开始,小学教师之间会出现发展上的差异,从而带来最终成就的区别。

二、小学教师发展的途径

小学教师应该如何发展? 有哪些途径? 许多研究者对此进行了探讨,提出了不同的观点。概括起来主要下面四种途径。

(一)积极观摩和分析

对优秀小学教师的课堂教学活动进行观摩和分析,是一种有效的教师训练方法。观摩有两种方式:组织化的观摩和非组织化的观摩。组织化的观摩一般在观摩之前制订较详细的观察计划,确定观察的主要对象、角度以及观察的大致程序,并对观察的结果进行有组织的讨论分析。非组织化的观摩则没有以上特征。一般来说,组织化的观摩要比非组织化的观摩效果好,除非观察者有相当完备的理论知识和洞察力。这种观摩可以是现场观摩,也可以是观看优秀小学教师的教学录像。对优质课程的观摩和分析可迅速提升教师的间接经验,增加教师间的交流和学习,是帮助教师提升教学水平的有效方法。

(二)提高信息技术素养

互联网技术和多媒体技术的飞速发展,使社会各个领域都被信息化改变着,小学教师的教育教学也面临着更多的机遇和挑战。小学教师对信息技术的理解及自身的信息技术素养,直接影响着教育教学的质量,影响着教育改革的成效。因此,小学教师的发展离不开信息素养的提升。小学教师应该持续关注信息技术的发展,掌握信息技术的知识与技能,懂得以互联网、计算机教学为主的辅助教学软件的使用,具备多媒体教学的能力,提高自身的信息技术素养。

(三)参与科研

小学教师参与科研是小学教师针对教育实际,结合一定的理论和自己的实际经验而展开的创造性活动。这种活动能够及时解决小学教师在教育教学中遇到的新问题,丰富他们的理论,使其能够更好地解决问题。因此,小学教师要积极参与科研。小学教师从事教育科研工作通常会结合自己的教学实践,注意发现、分析和研究教育教学中的各种问题,提出解决问题的新办法、新方式、新策略,从而促进自己教学能力的不断更新和提高,培养自己的创新意识,开发自己的创造力。

(四)校本研修

校本研修的本质是以校为本,这是教师专业发展的主战场,注重理论在教学实践中的运用和修正。在教师的专业发展过程中,同伴互助是广大教师成长过程中不可或缺的一种有效方式。教学活动中同伴互助可以通过"同课异构"的方式进行。学校要为教师提高业务素质营造良好的氛围,如开展集体备课、教学竞赛等。学校只有抓好校本研修,才能创设出浓厚的教研学术氛围,解决教学中的实际问题,使教师有所作为,使教学研究焕发生机,从而促进教师的专业化发展。

三、小学教师发展的举措

(一)树立终身学习的理念

当今社会,知识迅猛更新,新技术新应用层出不穷,这就要求小学教师必须树立终身学习的理念,养成学习的习惯,学会学习。小学教师必须不断更新自己的知识结构,使自己的课堂常教常新。要在教书育人的实践中学习、再学习,在实践中不断探究、勇于革故鼎新。小学教师的终身学习包括个体学习、互动学习和团队学习。

1. 个体学习

小学教师的个体学习指教师自身的主动学习。众多优秀教师的成长经历证明:教师只有学会读书、思考、写作,才能促进自己专业化的发展。读书,使教师的精神高尚,避免人生低俗;思考,使教师的精神丰富,避免人生空虚;写作,使教师的精神更加专注,人生充满希望。教师通过读书、思考、写作,实现集教育者、学习者、思考者、研究者、实践者、写作者等多重角色于一身,由此教师的专业化发展才能得到很大的提高。

2. 互动学习

互动学习即师生间的教学活动。课堂教学是对话、交流与知识建构的过程,小学教师要积极实现师生间、学生间的互动探究。教师可以尝试合作学习、探究学习、研究性学习等多种方式激发学生的学习兴趣,在互动学习过程中实现师生的共同成长。

3. 团队学习

团队学习即通过学习型团队促进教师的成长。在知识爆炸时代,每个教师不可能穷尽所有的知识,学科的纵深和广阔发展,要求教师必须加强相互之间的联系和协作,进行团队合作学习。"三人行必有我师焉",教师通过团队学习,可以学习其他教师的优秀教学经验和方法,共同开展教学研究或课题研究,提高自己的综合素质。

(二)善于教学反思

教学反思力是教师对教学、教育活动进行理性反省的能力。由于教育教学活动是人与人的活动,加之教育情景的复杂性,教师对学生的认识难免出现偏差,教育活动难免考虑不周。因此,教师只有有意识地反省自己,才能总结经验教训,及时修正自己的不足,丰富自己的应对策略。大量优秀教师的成功经验无不说明教师教学反思的重要性。我国心理学家林崇德教授认为,优秀教师等于教育过程加反思之和。波斯纳(G. J. Posner)主张教师的成长等于经验加反思,并认为没有反思的经验是狭隘的经验,至多只能形成肤浅的知识。

小学教师如何进行教学反思呢?小学教师要提高自己的反思力,必须夯实教学反思所需要的知识基础,包括扎实的专业知识、教育科学知识和实践知识;形成良好的反思习惯,通过与专家进行对话与交流,善于从别人的课堂吸取经验来进行教学反思,让别人帮助自己跳出认识上的盲点与局限;另外,要通过录像反思、日记反思、从学习者角度反思,以及通过向学生、家长征询意见等途径进行教学反思。

总之,小学教师的教学反思是教学工作的重要环节,是小学教师成长的重要历程。通过教学反思可以提高小学教师教学的自觉性和科学性,培养小学教师的思维能力,促使小学教师从不成熟到成熟,由成熟到理性,成为一名优秀的教师。

【扩展性阅读】

国外关于教学反思力的研究

20世纪80年代,国外开始了对教学反思的研究。教师教学的反思应该包括哪些内容? 斯帕克和兰格(Spark&Langer,1993)提出应包括三种重要成分:(1)认知成分,指教师如何对教学中的大量相互关联的事实、概念、命题和原理等加工信息和决策过程进行反思;(2)批判成分,指教师如何对教育目标、教育方法、教材内容以及自己的经验和观念进行反思;(3)教师的陈述,指教师如何对与教学活动有关的问题进行陈述。包括教师所提出来的问题,在日常工作中的写作、交谈方式,对做出各种教学策略和改进课堂教学的解释等。还有人(J. P. Killion & G. R. Todnem,1993)提出,教师反思包括:对于活动的反思,这是教师在行为完成之后,对自己行动的想法和做法的反思;对活动中的反思,教师在做出行为的过程中对自己在活动中的表现、想法和做法的反思;对活动反思,这种反思是以上述两种反思为基础,总结经验来指导以后的活动。

教师应该怎样对自己的教学活动进行反思? 布鲁巴克(J. W. Blubacher,1994)等人提出教师可以采取以下方式:

1. 反思日记。教师有意识地回顾与审视自己的教学工作,用日记方式记录下来,通过语言表征,增强教师的问题意识,提高自我反省水平。

2. 详细描述。教师之间相互观摩彼此的教学,详细描述自己所看到的情景,对此进行讨论分析。

3. 实际讨论。来自不同学校的教师聚集在一起,提出课堂中遇到的问题,共同讨论解决问题的方案,共享讨论资源。

4. 行动研究。教师就教育教学中出现的问题进行调查和实验研究,以求获得问题的实质和解决方法。

(三)提高教学效能感

教学效能感(the sense of efficacy)是教师对自己是否有能力对学生的学习活动和学

习结果产生积极影响的主观判断和期望。教学效能感包括一般教育效能感和个人教学效能感两方面。一般教育效能感指教师对教育在学生发展中的作用等问题的一般看法与判断。如教师是否相信教育能够克服家庭、社会及学生本身素质的消极影响,改变学生命运,促进学生发展。个人教学效能感指教师对自己是否有能力完成教学任务、教好学生的信念。例如"我一定能胜任教师的角色,教好学生"。

大量研究发现,教学效能感对小学教师的影响主要表现在以下四个方面。

1. 工作中的努力程度

效能感高的小学教师相信自己的努力会带来相应的工作成果,会使学生得到发展,因此,他们对教育教学投入了很大精力,克服困难,努力工作,争取成功;效能感低的小学教师则强调工作中的困难和自己的无能为力,轻易放弃努力。

2. 对角色的适应性

效能感高的小学教师会自觉通过不断学习来提高自身的角色素养,使之能更好地胜任教师角色;效能感低的小学教师则不思进取,得过且过,不愿学习与提高,难以适应小学教师的角色。

3. 工作中的情绪

效能感高的小学教师工作时,信心十足,精神饱满,心情愉快,表现出极大热情;反之,则感到焦虑紧张,处于烦恼之中,不能很好地完成工作。

4. 对学生的态度和教育方式

效能感高的小学教师认为,自己对学生的成长负有责任,学生成绩的好坏与自己息息相关,因此,他们寄予学生积极的期望,大胆地教育和管理学生,不断改进教学方法,鼓励学生探索解决问题的方法,促进学生进步;效能感低的小学教师认为,学生的成长与学业成绩的好坏与自己关系不大,他们疏于对学生的教育和管理,在教学上以不变应万变。由此可见,教学效能感对小学教师的影响是多方面的,它是影响小学教师教育教学活动成功的重要因素。

提高小学教师的教学效能感主要从以下两方面着手:一是从外部着手。政府对教育要高度重视,社会要形成尊师重道的良好风气,学校要为小学教师的发展提供良好条件,使学校人际关系融洽。李志鸿等人(2008)的研究发现,工作压力能够降低教师的一般教学效能感,导致教师情绪衰竭、人格解体和成就感降低。[①] 二是从内部着手。它包括促使小学教师形成正确的教育观念,积累丰富的教学经验,提高自信心等。林崇德、俞国良等人(1994,1995,2000)的研究发现,教师的教学经验影响着教师教学效能感的变化,使教师改变了"教育决定论",能更客观地评价影响学生成长的多种因素的相互作用,因此,出现了教师的一般效能感随教龄增加而下降的趋势;如果小学教师在教学过程中进行了反思总结,教学机智得到了发挥,对教学能力的信心将得到提高,小学教师的个人效能感就会随教龄增长而逐步上升。

(四)提高创新思维能力

随着我国新课程标准的不断推进,创新教育反映了时代精神和教育发展的需要。这

---

① 李志鸿,任旭明,林琳,等.教学效能感与教师工作压力及工作倦怠的关系[J].心理科学,2008(1):218-221.

对于小学教师来说是一个挑战。它要求小学教师不仅要在教育工作上下功夫,而且要创新。小学教师要思考如何教育引导学生,怎样将知识以最好的方式传授给学生,使学生学有所获,以及怎样实施创新教育。这些问题的解决都依赖于小学教师的创新思维。

创新思维是指以新颖独创的方法、视角去思考问题,提出与众不同的解决方案,从而产生新颖的、独到的、有社会意义的思维成果。对小学教师而言,创新思维主要包括发散性思维和批判性思维等,这两种思维的特点与表现都是不同的(见表11-3)。

表 11-3 发散性思维与批判性思维的特点与表现

思维类型	特点	表现
发散性思维	依靠想象力和联想,依据直接或间接经验,思维进行任意方向的发射,可以跨领域、跨学科的思维	从不同途径、不同角度想办法探求多种答案,最终圆满解决问题
批判性思维	基于充分的理性和客观事实而进行理论评估与客观评价	敢于挑战权威、引导学生通过实践探索自己的所思、鼓励学生对事物抱有怀疑态度

小学教师创新思维的培养可从以下三个方面入手。

1.健全知识结构

健全的知识结构是创新思维的基础。小学教师应不断扩展知识面,要广泛阅读,吸收各类知识,注重理论与实际相结合,开阔自己的知识视野。

2.注重教学实践

小学教师要善于从教学实践中获得创新动力与灵感,在授课方式、教学过程中不断追求创新;要重视学生反馈的意见,及时更新教学内容,创新教学方式,把握创新的契机。

3.积极参加科研

小学教师要了解学科前沿的发展,并把新的研究成果恰当引用或补充到教学内容中;要重视科研与校本课程的结合以及研发工作,提高自己的科研能力和批判思维能力。

本章小结

1.社会角色反映了社会赋予个人的身份和责任。小学教师是教书育人的承担者、学习能力的培养者、教育活动的研究者、心理健康的指导者、信息技术的应用者、智力资源的开发者,具有多种社会角色。

2.小学教师的认知能力素质包括敏锐的观察力、丰富的想象力、严谨的思维力、清晰的言语表达力。小学教师的社会能力包括情感能力、意志能力、社会交往能力。

3.小学教师主要的心理问题有工作压力、自我认知片面、情绪困扰、心理挫折等。沉重的工作压力会导致小学教师出现职业倦怠,造成其情绪衰竭、人格解体、降低个人成就感。

4.小学教师的成长是从不成熟到成熟的发展过程,具有阶段性。小学教师的发展途径有观摩和分析、提高信息技术素养、参与科研和校本研修。小学教师的发展举措包括树立终身学习理念、善于教学反思、提高教学效能感、提高创新思维能力。

复习思考题

1.概念解释

社会角色　心理素质　职业倦怠　微格教学　教学反思力　教学效能感

2.问题简答

(1)小学教师角色的多元性体现在哪些方面?

(2)小学教师的工作特点是什么?

(3)小学教师的认知能力素质表现在哪些方面?

(4)小学教师的社会性能力素质表现在哪些方面?

3.理论论述

(1)论小学教师常见的心理问题及成因。

(2)论小学教师成长的途径和举措。

4.实践探索

(1)小学教师如何维护自己的心理健康?

(2)小学教师如何提高教学反思力和教学效能感?

5.案例分析

秦老师最近常常感到力不从心,工作压力大,焦虑不安,心情抑郁,认为学校工作安排不合理,福利待遇低,学生工作烦琐没意义。请分析秦老师出现这种情况的原因,谈谈秦老师怎么样才能解决自己遇到的心理问题。

第十二章 小学生的差异心理

【学习问题】

什么是差异心理？小学生的差异心理主要表现在哪些方面，又是如何形成的？小学教师如何针对小学生的差异心理进行因材施教？小学生的学习困难有哪些类型，如何解决？这些是小学教师要面对和解决的问题。

【学习目标】

了解差异心理的含义及其影响因素；领会小学生智力差异的类型；理解不同社会背景小学生的心理特点；掌握小学生学习困难的类型及成因，并能针对小学生的差异心理进行因材施教。

【学习方法】

建议学习本章多查阅有关差异心理及学习困难的资料，多与其他学习者讨论其中不懂或不理解的问题，联系小学生差异心理的特点进行思考，进一步加深对所学知识的理解。

第一节 概述

心理差异是指人与人之间彼此相区别的稳定的心理特点，包括心理过程、心理状态和个性心理特征等方面的差异。小学生的差异心理主要是指受先天遗传素质、后天环境等多种因素的影响，表现出来的相对稳定又区别于他人的个性心理特征，这些差异对小学生的发展产生重要的作用。了解和认识小学生的差异心理，是教师针对性地开展高质量教育教学工作的前提。

一、差异心理的含义

人类心理除共性外，还存在一定的差异性。差异心理有广义与狭义之分。广义的差异心理是指不同群体间的心理特征差异，如不同民族、种族、年龄、性别、阶级等群体间的心理特征差异。狭义的差异心理主要指个体之间的心理特征差异，是个体在遗传素质的基础上，通过教育和实践活动逐渐形成的不同于他人的、相对稳定的心理特征。

对差异心理的研究可以从两个不同的方向开展。从纵向看，个体的心理是一个不断发展变化的过程。个体在不同年龄、不同发展阶段往往有不同的心理特征。从横向看，不同个体由于遗传素质、家庭环境、所受教育等的不同，其心理特征也不同。因此，小学生的差异心理可以分为两方面：一是小学生群体所具有的共性的差异心理，如年龄心理、性别心理等;二是小学生个体所具有的差异心理,如有的学生聪明伶俐、思维敏捷,有的学生则迟钝木讷。本章着重探讨小学生的智力差异、性别差异、社会背景差异以及学习困难问题,并针对小学生的这些差异心理提出相应的教育策略。

二、影响差异心理的因素

一般认为,小学生的差异心理是生物、环境两大因素综合作用的结果。生物因素为小学生差异心理的形成提供了物质基础和自然前提,而起决定性作用的是环境因素。这两大因素相互影响、交互作用。

(一)生物因素

生物因素主要指那些与生俱来的解剖生理特点,如神经系统、感觉器官和运动器官的特性,其中脑的特性尤其重要。近20～30年,研究者试图通过对某些心理或行为的脑神经活动或者是遗传基因的探索,来找到人类心理和行为差异的源头。许多双生子研究表明,无论是分开养育的双生子还是一起养育的双生子,在人格特质和生活习性上都表现出惊人的相似性。波尔德曼(Polderman)认为智商具有遗传性,并将智商高低受到遗传控制的程度称为智商的遗传力。他的研究表明,个体到 12 岁时智商的遗传力为80%。[①] 由此可见,生物因素对个体的人格特质以及智力发展有着明显的作用。

(二)环境因素

1.家庭因素

在众多的环境影响因素中,家庭环境对儿童发展的影响最为直接,影响的时间最长,因而也最重要。家庭环境中影响儿童心理发展的变量有出生顺序、家庭结构类型、父母教养方式等。如贝尔蒙(Belmont)针对 1944—1947 年出生在荷兰的 40 万 19 岁男性的大样本进行出生顺序与智力表现的关系研究,结果显示:出生顺序靠后,智力得分将降低。[②] 王萍(2007)的研究显示,离异家庭的小学生在对人焦虑、孤独倾向、自责倾向、过敏倾向、恐怖倾向、冲动倾向方面的得分要显著高于完整家庭的学生。父母教养方式对小学生的心理和行为产生的影响是最直接的。父母对孩子的高控制性,如过于严厉,经常以打骂、训斥的手段来管教和约束孩子,与孩子缺乏交流,对孩子漠不关心和情感疏远等,都会对孩子的智力发展、学业成功、良好性格的形成产生不利的影响。

2.学校因素

儿童进入小学阶段,学校成为儿童的主要活动场所。积极的校园环境有利于小学生发展出积极的心理特征,而消极的校园环境将阻碍儿童心理健康的发展。学校的校园文化、同伴关系、师生关系都将对小学生的心理成长发挥重要作用。聂衍刚等人(2004)的研究发现,城市学校和农村学校由于环境、师资条件等不同,对小学生的差异心理也有一定影响。陶沙等人(2015)研究发现积极的学校心理环境有利于小学生的认知发展。拥有积极的校园人际关系,即师生关系和同伴关系的学生往往表现出乐观、自尊、自信等积

---

① Polderman T. J. C, Gosso M. F, Postuma D, et al. A longitudinal twin study on IQ, executive functioning, and attention problems during childhood and early adolescence[J]. Acta Neurologica Belgica, 2006(4):191.

② Belmont L, Marolla F. A. Birth Order, Family Size, and Intelligence: A study of a total population of 19-year-old men born in the Netherlands is presented[J]. Science, 1973(6): 1096－1101.

极心理特征。孙俊才等人（2007）的研究表明，学校同伴关系不良的学生在情绪表达的认知上存在发展滞后的现象。

3.社会因素

小学生是在一定的社会环境中成长的，社会文化氛围会对小学生的差异心理产生一定的影响。健康的社会文化可以激励小学生奋发向上，有助于培养小学生良好的品德，陶冶他们的情操，使他们的人格不断完善，心灵获得升华；相反，不健康的社会文化会影响小学生形成正确的人生观、价值观，影响小学生心理的发展。刘玲（2012）的研究显示，一些优秀的日本动漫作品，如《海贼王》会培养小学生坚韧不拔的精神意志，缓解他们的压力、不安和失落感。但日本动漫中的暴力、色情等内容也会潜移默化地对小学生产生消极影响，诱发他们的攻击行为，对其身心成长造成一定的扭曲。①

三、小学生差异心理的意义

对小学生差异心理的研究，主要目的在于为教育、教学服务。在当前班级授课制为主要组织形式的教学中，同一班级中的不同学生个体之间存在着诸多方面的差异，这些差异直接或间接地影响着教学过程及其结果。小学生的差异心理既是小学教师进行教育教学的前提，又是教育教学的结果。小学教师既要考虑小学生的共性，又要考虑他们的差异性，兼顾两者，才能搞好教育教学工作。

（一）有利于教师树立正确的学生观

在教学活动中，小学生的差异心理是教学活动的起点与前提。但在相当多的教师看来，课堂教学中学生间的差异性是教师不得不应对的一件无可奈何的事情。了解小学生的差异心理的表现及成因，有助于教师认识、接纳、尊重小学生的个体差异，树立正确的学生观；有利于教师长善救失、因材施教地开展教学工作，从而促进学生的个性化发展。

（二）有利于教师因材施教

小学生差异心理为教师的因材施教提供了依据。因材施教这一教学原则，要求小学教师了解和把握学生的个性特点、学习情况和学习能力等方面的差异。在以往的小学教育中，小学教师更多地关注和重视学生的共性，而忽视了学生的差异心理，按照统一的标准，实施"一刀切"的教育教学方法，结果造成教育教学工作的僵化，没有更好地发挥每个学生的潜力，压抑了学生鲜明个性的发展。小学教师只有在深刻认识学生差异心理的基础上，才能设计并组织灵活的、弹性的、动态生成的教学活动，更好地激发学生的学习积极性，发挥学生的聪明才智，促使每个学生的个性得到健康发展。

（三）有利于小学生心理健康的发展

小学生的知识经验有限，自我意识的发展还不成熟，他们还不能明确地认识自己的心理活动与心理特征。具备学生差异心理相关知识的小学教师，可以帮助学生更好地认识自己，帮助学生确立恰当的学习目标，根据每个学生的具体情况，提出适合他们发展的教育教学举措。此外，小学生心理健康教育及心理辅导工作是以小学生差异心理为基础

---

① 刘玲.日本动漫对中国青少年的影响［D］.湖南师范大学硕士学位论文，2012.

的,小学教师要提高心理健康教育的针对性、实用性;使心理辅导能够行之有效,教师也必须认识和了解小学生的差异心理。

第二节　小学生的智力差异

智力是一种极为复杂的心理机能,它是使人能顺利从事某种活动所必需的各种认知能力的有机结合,包括思维、感知、记忆、想象、言语和操作技能等。智力差异是小学生最常见的差异心理。作为小学教师,认识和了解小学生的智力差异,才能更好地开发学生的智力。

一、智力差异的含义及表现

智力差异指的是小学生之间的智力发展差异,如有的学生思维敏捷,有的学生思维迟缓,有的学生观察入微,有的学生记忆超群,有的学生想象丰富,有的学生语言丰富,有的学生操作能力极佳,等等。

智力差异是小学生心理差异最重要的方面之一。小学阶段是小学生智力发展相对较快的时期,在这个时期教师如果能根据小学生智力发展的特点,有针对性地开发学生的智力,将对学生智力的全面均衡发展带来积极的影响。

小学生的智力差异主要体现在智力水平、发展方式、组成类型和表现范围四个方面。

(一)智力水平的差异

智力水平差异是指个体之间智力水平的高低程度上的差异。心理学研究表明,人类的智力水平呈常态分布。68%的人的智商在 85 到 115 之间,其聪明程度属于中等。智商分数极高与极低的人很少。一般认为智商超过 130 的人属于天才,他们在人口中所占比例不到 1%(见表 12-1)。

表 12-1　人类智力等级分布

智力等级	IQ 的范围	人群中的理论分布比率(%)
极超常	≥130	2.2
超常	120～129	6.7
高于平常	110～119	16.1
平常	90～109	50.0
低于平常	80～89	16.1
边界	70～79	6.7
智力缺陷	≤69	2.2

小学生的智力发展符合人类智力发展的特点。我国研究发现,大部分小学生处于中等智力水平,智力超常与落后的小学生是少数。智力超常小学生的智商通常在 120～129 之间,他们的特征是:(1)求知欲强,兴趣广泛,学习热情高;(2)观察力敏锐;(3)思维敏

捷,理解力强,善于抓住问题的关键;(4)注意力集中,能长时间集中注意力在学习或其他活动上;(5)想象力丰富,富于幻想,常标新立异;(6)极具独立性和创造性,不迷信权威,有自己独特的见解;(7)强烈的好胜心和坚强的意志,充满自信,积极乐观。智力落后小学生的智商通常在50～69之间,他们的特征是:(1)知觉慢,认知范围狭窄,内容笼统而贫乏;(2)记忆速度慢,遗忘速度快,再认能力差;(3)言语出现较迟,词汇贫乏,缺乏连贯性;(4)思维带有很大具体性,很难形成抽象概念,数概念差,难以胜任抽象的学习。这些智力落后小学生大多在我国的培智学校或其他特殊教育学校学习。

(二)智力发展方式:场依存性和场独立性

从个体智力发展方式的差异来看,有认知方式的区别,特别是表现为认知方式的场独立性和场依存性。所谓认知方式,就是个体在对信息和经验进行积极加工过程中表现出来的个体差异。它是一个人在感知、记忆和思维过程中,经常采用的、偏爱的和习惯的态度和风格。场独立型风格的小学生,在进行信息加工时常以自己内部的线索,如经验、价值观等为依据,不易受外来因素的影响和干扰,能在抽象和分析的水平上进行认知,从而独立地对事物进行判断。场依存型风格的小学生对物体的知觉倾向于把外部参照作为信息加工的依据,难以摆脱环境因素的影响。他们的态度和自我知觉更易受周围的人,特别是权威人士的影响和干扰,善于察言观色、注意并记忆言语信息中的社会内容。

(三)智力组成类型差异

智力是由思维、感知、记忆、想象、言语等多种不同能力所组成的集合体,不同心理能力的组合和使用有不同的智力表现。如有人擅长形象思维,有人擅长抽象思维,有人均衡发展;有人偏文,有人偏理,有人交叉发展;有人偏左脑,有人偏右脑,有人左右脑平衡;再加上非智力因素兴趣差异对智力产生的影响,从而产生智力类型上的差异。

(四)智力表现范围差异

从表现范围来看,智力可以表现在学习与非学习领域、表演与非表演领域、学术与非学术领域等。

【扩展性阅读】

斯腾伯格的三元智力理论

现代认知心理学提出了许多新的智力理论,影响较大的有美国心理学家罗伯特·斯腾伯格(Robert J. Sternberg,1985,1988)提出的智力三元理论(triarchic theory of intelligence)。他认为智力包括下面三种成分:(1)成分智力(componential intelligence)。指个人在问题情境中运用知识分析资料,通过思维、判断推理以达到问题解决的能力。一是包含元成分,指决定智力问题性质、选择解决问题的策略以及分配资源的过程;二是包含执行成分,指实际执行任务的过程;三是包含知识习得成分,指筛选相关信息并对已有知识加以整合从而获得新知识的过程。(2)经验智力(experiential intelligence)。指个人运用已有经验解决新问题时整合不同观念所形成的创造能力。(3)情境智力(contextual intelligence)。指个人在日常生活中应用学到的知识经验解决生活实际问题的能力。例如,区分有毒和无毒植物是从事狩猎、采集的部落人的重要能力,笔试和面试是工业化社会的重要能力。

三元智力理论将传统智力理论中的智力概念扩大了。传统智力所测量的智商只是智力三元论中的成分智力。该理论更贴近生活实际,有助于我们更全面地看待一个人的智力状况。

二、教育对策

小学生在智力上存在着诸多差异性,小学教师如何根据学生的这些智力差异进行针对性的教育教学,是提高教育教学质量的关键之一。许多研究者对此进行了探索,提出了一些教育对策。下面着重介绍几种主要的教育对策。

(一)认知发展阶段教学

认知发展阶段教学是以皮亚杰的儿童认知发展阶段理论为依据,适合小学生的不同认知发展水平的教学。皮亚杰认为小学低年级学生的思维以形象思维为主,他们的思维离不开具体经验的支持,还不能进行抽象的逻辑思维。到小学高年级,他们的逻辑思维能力得到较快发展,能够进行比较抽象的运算和概括。因此,小学教师要根据小学生思维发展的特点来开发他们的智力。教师开发低年级小学生智力的时候,要注意语言生动形象,内容通俗易懂,使用实物、图片、模型演示等直观教具来加深他们对知识的理解。开发高年级小学生的智力,则要重点注意训练小学生的思维语言,语言是思维的外在表现,借助语言思考问题,以语言的准确性、严密性、逻辑性、示范性培养他们的抽象思维能力。

(二)分层教学

分层教学是一种基于学生个体差异的个性化教学模式。分层教学是指学校在一个年级内的某一学科同时开设几种不同层次的课程,不同智力发展水平的学生有选择不同层次课程学习的自由。开展分层教学,要制订分层要求的教学目标、教学方法和教学评价。例如,开设 A、B、C 三种层次的课程,A 组课程的教学要求高于课程标准,采用实验教材;B 组课程略高于课程标准,采用统编教材;C 组课程按照课程标准的最低要求授课。三组课程的课时不变,安排在相同时间,供学生跨班选择。分层教学的管理是动态的,每一学期对学生学科学习特征及学习情况进行评估,并进行班组的调整,可能一个学生某学科参加 A 组的学习,而另一学科参加 C 组的学习。同时,学生也可根据自己的特长来选择。由此可见,分层教学有助于学生的主动发展和专长的培养。

(三)个别化教学系统

个别化教学系统(personalized system of instruction)简称 PSI,又称凯勒计划,由凯勒(F. S. Keller)及其同事于 1968 年创立。该系统允许学生保证在对教材真正掌握的前提下,按照自己的学习速度继续向前学习,避免了讲授式教学的单一性和时间安排的呆板性。

PSI 具有五个鲜明的特征。

1. 以掌握为导向

掌握规定的教学内容是教学的主要目标。每门课程分为若干单元,每个学生在学完某单元后,进行单元测验。通过测验表示学生已达到掌握标准,可以学习下个单元,若未掌握,教师会要求学生重新复习该单元。

2.使用指导性教材

系统编制教材是教学的重要一环,只有提供完备的教材才能指导学生学习,指导性教材包括对各单元教学目标的明确说明、教材内容的分析以及练习题等,供学生自学。

3.教师自由授课

教师只用少量几次教学来激发学生的学习动机和兴趣,授课内容常与考试内容无关,目的在激发学生学习的主动性与积极性。

4.学生自定学习进度

学生根据自己的能力、学习速度、时间安排自愿控制单元学习的进度。

5.安排学生助理

由已通过该门课程的学生担任学生助理,主要工作包括:按标准答案评阅学生的单元测试;帮助学习上遇到困难的学生;记录学生的学习进度并向教师汇报。

PSI能激发学生的学习动机,提高学生的学习积极性,增强学生之间的互动,以此适应学生的个别差别。

(四)计算机辅助教学

计算机辅助教学是计算机对教学过程中师生之间信息交流过程的模拟,该系统是根据程序教学原理而设计的。为适应学生智力发展的差异性,高质量教学软件的开发是核心。首先,明确课程的教学目标,并根据目标从易到难科学组织教学内容,做好教学过程控制的处理。学生可以根据自己的学习进度进一步完成学习目标。其次,充分利用计算机的交互性特点,将教与学的信息交流有机地融入软件中,由计算机对学生的反应做出正确与否的反馈,同时准确定位学生的发展水平,并提供适宜的教学材料为学生的下一步学习提供支持。最后,要充分利用计算机将学习内容以声音、动画、图形、图像等方式呈现,以适应不同认知类型的学生。计算机辅助教学为学生的个别化教学提供了有力的现代化教学手段。

(五)指导学生开展合作学习

合作学习是一种学生在小组展开学习活动,小组成员相互依赖、沟通、共同负责学习,达到共同目标的学习模式。合作学习建构了一个学生之间相互学习、取长补短的学习环境。通过合作学习能使学生认识合作的价值,增进友谊,加强团队意识,增强团队的凝聚力,培养学生的健康心理,避免挫折与焦虑感,有利于减少学生对其他同学不恰当的看法,尤其是减少对学困生的偏见,提高学困生的学习成绩。

合作学习要按照"组内异质,组间同质"的原则分组。也就是教师分组要考虑学生之间性别、智力、成绩、性格、特长等多方面的差异,使有差异的学生能够有机会在一个组相互交往沟通、学习与讨论,相互启发,从而达到提高学习能力的目的。教师在保证异质分组的前提下,向学生布置有关合作的学习内容,确定这些学习内容能够保证让所有的学生真正合作,避免让优等生承包完成学习任务,而学困生作为看客或旁观者不参与学习的情况。通过合作的操作形式,如共同学习法、小组游戏竞赛法、小组调查法等,保证合作学习的实施,使所有的学生都能够取得学习的进步。

第三节　小学生的学习困难

学习困难是当前国内外小学教育面临的一个严峻问题。我国小学学习困难的发生率在13%～17%左右[①]，且呈现上升趋势。小学阶段是个体学习品质培养的关键时期。学习困难的学生不仅学习成绩落后，而且常常伴随着一些心理行为问题、社会和情绪障碍。因此，小学教师有必要重视小学生学习困难问题，采取正确的教育措施来帮助学习困难的学生更好地学习。

一、学习困难的含义

学习困难由美国学者柯克(S.Kirk)在20世纪60年代首先提出。1988年美国学习困难联邦委员会对学习困难下了一个影响较大的界定，认为学习困难是多种异源性失调，表现为听、说、读、写、推理和数学能力的获得和使用方面的明显障碍。小学生学习困难是指小学生的学习成绩明显低于其他学生，不能达到预期的学习目的。理解这个概念要注意：这些学生的智力正常，但在注意、记忆、理解、推理、表达等方面存在一定的问题。

二、小学生学习困难的表现

小学生学习困难是一种常见的教育现象，其学习困难有多种表现形式，主要表现在以下四个方面。

(一)阅读困难

阅读是一个需要多种认知过程，如知觉、记忆理解、概括、比较、推理等参与的学习活动，只要小学生在这些认知能力上存在问题，都会影响阅读能力。阅读困难儿童具有正常的智力，没有明显的神经或器质方面的缺陷，而在标准阅读测验方面的成绩低于正常读者。正常的读者能够流畅地阅读文本和理解文本的含义，而阅读困难者在阅读过程中不能达到基本的流畅性，更不能理解文本的含义(王晓平，李西营，2006)。

阅读困难学生在阅读时常表现出：(1)阅读时动作紧张，皱眉、咬唇、侧头阅读或头部抽搐，以哭泣或其他问题行为来拒绝阅读；(2)阅读不流畅，朗读时常略过句子中的某些字，任意在句中加字插字，将句中的字以其他字替换，将词组的前后字任意颠倒，或不适当停顿、声音尖锐、喘气声很大等；(3)在回顾文本时，不能回答文本中有关时间、地点等基本事实的问题，不能按故事情节的先后顺序来复述故事，不能说出阅读内容的主题，不能正确说出阅读内容中的有些细节和一些特定信息；(5)理解文本方面存在困难，不能从阅读材料中得出结论、比较阅读材料与观点之间的差异，不能将阅读材料与自己的生活结合起来，不能分析作者的意图和信念，难以划出重点，不能认识阅读材料的性质、划分段落等。

---

① 金星明.学习困难综合征[J].中国儿童保健杂志,2000(2):102－103.

(二)书写困难

书写困难是指在写字和书面表达方面出现困难,书写的表达包括词汇、语句和文章的书写(杨双,刘翔平,王斌,吴洪,刘卫卫,宁宁,2007)。

小学生书写困难具体表现为:(1)写字容易左右或上下颠倒,无法将笔画顺序记忆下来,也无法掌握笔画的高低、长短,如写"国"字时,先封口,再写里面的"玉"字,或把一笔分成两笔,或把几笔连成一笔;(2)写作业或抄写需要花费比普通学生更长的时间,在没有人协助的情况下几乎无法独立完成作业;(3)书写的外形上不易辨识或空间安排欠佳,例如,他们写"吃"这个字时,会把左右两部分写得一样大,变成"口乞",写"明"字的左边部分与右边部分距离太远,变成了"日月";(4)写字和写作有困难,文句不通畅;(5)无法以书写方式作为沟通工具,不能一边书写一边思考;(6)没有格子时,无法将句子呈一条直线写下来,常常写出线外或格子外,信手乱涂,甚至连自己都认不出写的是什么。

(三)语言困难

语言困难是指学生在表达性语言、感受性语言和应用性语言方面存在困难。小学生语言困难主要表现为:(1)接受、处理、表达有显著的困难,如不太明白教师的口头指令,无法正确描述或简述上课内容,复述事情显得混乱,难以让听者明白;(2)无法区分、辨别或正确模仿教师的发音等。

(四)数学困难

数学学习是一个需要多种认知过程参与的活动,特别需要具有良好的推理、分类、组合、抽象、概括等能力。数学学习困难是指由于数学能力的缺损而导致的学生在数学学习上的落后,即明显落后于同龄或同年级水平的现象。

小学生数学困难主要表现在:(1)序数理解有困难,如不知道一周中的第二天是哪一天。(2)不能理解数位概念,不能理解相同的数字可以在不同的数位上表示不同的值,如"4"这个数字在个位上时表示 4,在十位上时表示 40,在百位上时表示 400。(3)运算法则混乱,如在乘法运算中会突然出现加法运算;运算过程中数字的位置排列发生错误,如 54－36＝22;运算法则掌握不好,不会退位减或进位加,省略运算步骤,如除法运算时省略了余数等。(4)阅读和书写困难,对数字的辨别能力较差,如容易把 5 与 2、6 与 9 等相混淆;把数字颠倒或反向,如把 71 读成 17。(5)问题解决能力较差,在解应用题时缺乏分析和推理能力,不能正确理解应用题的意思,解题错误。

三、小学生学习困难的成因

为什么一些小学生会出现学习困难?心理学家进行了大量研究,发现其成因是多方面的,主要有以下三个因素。

(一)生理因素

目前基于生理因素的研究表明,学习困难是由遗传、神经结构及功能异常、发育异常、神经递质异常、微量元素含量异常等生理因素导致的。有研究发现,阅读困难学生中存在着一定的家族遗传性,说明遗传因素与心理和生理特征共同作用。欣谢尔伍德(Hinshelwood,1895)发现,学习困难儿童存在额叶执行功能障碍,表现为认知功能缺陷或"构图思维能力"的某种障碍。程灿火等人(1992)研究发现,与正常儿童相比,学习困难儿童存在一定程度的神经心理功能缺陷,表现在解决问题、语言理解和长时间记忆等方面。[①] 静进等人(1995)对学习困难儿童和正常儿童的比较发现,学习困难儿童大脑左半球功能相对激活不足。周世杰、张拉艳、杨娟(2007)研究发现,学习困难儿童的认知障碍在语言能力上表现突出,在表象能力及注意能力方面存在缺陷。宋然然、吴汉荣(2005)指出,感觉统合失调所表现的学习能力不足和前庭失衡可能是引发儿童学习困难和行为问题的主要原因。

(二)心理因素

1.认知能力缺陷

认知能力是指人脑加工、储存和提取信息的能力,包括知觉、记忆、注意、问题解决的能力等。认知能力是小学生成功完成学习任务的最重要的心理条件。学习困难学生的认知障碍主要有:(1)注意障碍。注意是个体在认知加工过程中不可缺少的成分。研究发现,学习困难学生在学习活动中表现出明显的注意缺陷,他们在学习活动中不能将注意力集中于学习的中心刺激,而是注意于更多的附加刺激,使他们在学习中难以有效地接受知识信息,在对新知识加工的前期就产生了障碍。(2)记忆障碍。记忆对于学习内容的储存、保持和提取非常重要。学习困难学生在记忆系统或记忆策略方面存在障碍,这会影响他们有序地组织知识、保持知识、提取知识,也会影响他们理解知识以及运用知识解决问题。(3)问题解决障碍。问题解决是个体面临问题情境时如何运用信息与策略解决问题的能力,是一种重要的思维活动。学习困难学生与一般学生相比,确定问题的能力较差,他们往往不知道要解决的是什么问题,不能有效地计划、监控解题步骤以达到目标,不能灵活地选择相应的策略,很少有运用策略的意识。学习困难学生在制订学习计划、采用有效识别方法、重点复习、利用工具书和课后复习五个方面都明显比学习优良的学生要差,学习困难学生既不会在学习中运用这些策略,也不愿意在学习中运用这些策略。

2.情绪行为问题

学习困难学生同一般学生相比,他们存在更多的情意障碍,如成就期望低,学习缺乏胜任感,自卑自弃,懒散,畏学、厌学乃至逃学等等。罗伯特(Robert,2001)的研究证实,学习障碍儿童存在较多的情绪及行为问题,以多动和注意力不集中最常见。另外,还存在焦虑、抑郁、睡眠障碍等植物性神经紊乱状况。

3.感觉统合失调

感觉统合失调也称感觉统合障碍。感觉统合失调表现为学生不能进行完整的、有效的组织,统合从外部环境中摄取的各种感觉信息,从而导致与环境的平衡失调。静进等人(1998)的研究已经证实感觉统合失调会影响学生的学习进程,学习障碍儿童的视觉—空间能力、视觉记忆的组织整合及视动协调功能存在障碍。

(三)环境因素

对环境因素,实证研究表明,父母的教育方式及家庭环境易造成儿童心理不平衡及

---

① 程灿火,龚耀先,解亚宁.学习困难儿童的神经心理研究[J].心理学报,1992(3):297—304.

出现各种心理障碍,影响儿童的思维方式、情绪活动和注意力等,促成了学习障碍的发生;学校教育方式不当、教师低期望及同伴的拒绝,使学生更可能表现出较低的学业成就水平,并产生紧张、恐惧、厌学等情绪,出现抑郁、焦虑的反应,进一步导致学习障碍的发生。我们要注意,小学生学习困难的成因是许多因素相互联系、相互影响的结果。

四、教育对策

小学生学习困难存在的情况及问题是多种多样的,要解决这些问题,必须家庭、学校、学生本人多方面通力合作,共同努力。在这里着重提出下面四条教育对策。

(一)认识学生学习困难的类型

对学习困难的学生进行早期干预,需要认识学生学习困难的类型。学习困难的学生所表现的特性和问题是多种多样的,每一个学生的情况都各不相同,为使他们克服学习上的各种困难,提高读、写、计算等必要的基础技能,教师有必要认识每一位学习困难学生的具体情况,以及他们各种能力的特征和在认知、记忆、语言、推理、行为等方面存在的问题,必要时可以找有关专家或医生对学生进行学习能力的诊断与咨询。

(二)了解并帮助学习困难的学生建立自信心

教师了解学习困难的学生,不仅要了解他们的学习困难类型,更要了解他们学习困难的成因。对于非智力因素所致的学习困难的学生,如厌学、情绪不稳定、焦虑、意志品质差等问题,教师有必要了解他们的内心世界,甚至是家庭情况、身体状况、个性特征。教师可通过与其交往沟通,了解他们的心理需求,再进行针对性的指导,帮助学习困难的学生做正确的归因。学习困难的学生常将失败归因于能力不足,把成功归因于运气、任务容易或其他外部的因素,这些消极的归因严重影响了他们的学习自信心。教师可以通过一系列的活动培养学习困难的学生的自信心,如与他们一起讨论影响其学习困难的主要因素并给出合理的解决建议,给他们大量阅读、朗诵课文、做数学题的机会,鼓励他们多动脑筋,让他们在练习中不断提高自己的能力。教师要注意发现和表扬他们的优点和进步,强化他们的积极行为,切勿动辄惩罚他们,可以通过对他们进行心理辅导与咨询来减少他们的心理问题。

(三)采取针对性的补救教学

对于不同学习困难的学生,教师要采取针对性的措施。补救教学是教师在诊断学习困难学生的问题之后,所进行的具有事后补救功能的教学。教师采取补救教学要依据对学习困难学生诊断评估的结果,提供适合有效的补救教学策略。补救教学有直接教学法、合作学习以及个别化教学等。李新宇等人(2004)的研究发现,补救教学对学生加减应用题的解题能力具有一定的促进作用。

阶梯式教学是教师根据学习困难学生的学习情况及基础,按照因材施教的原则,采取循序渐进的方法,对学习困难学生提出由低到高的学习目标,当他们达到低一级的学习目标以后再提出新的高一级的学习目标,使他们体会到学习的成功感和进步,从而使学习困难学生的学习情况得到改善。教师对学习困难的学生还可以采取合作学习的方法,将优秀学生与学习困难学生混合分为一个学习小组,让优秀学生与学习困难学生共同讨论、交流,让他们帮助辅导学习困难学生,使学习困难学生有机会观察、学习到优秀学生的思维方式,使学习困难学生的认知能力得到提高,学习得到进步。教师对学习困难学生要多关心,要适当"开小灶",给予他们重点的辅导与帮助。要加强与学习困难学生家长的联系,告诉家长学习困难学生的学习情况及在校表现,得到家长的监督合作,通过家校合作来共同改善学习困难学生的学习情况。

(四)加强学习策略的训练

在一般情况下,大多数学习困难学生具备基本学习策略,而缺乏辅助性学习策略,可以对他们进行认知策略、自我管理能力、归因、感觉统合以及基于 PASS 理论的学习策略等训练,改变其学习状况。弗拉维尔等人选择了不会喃喃自语、复述所学知识的低年级小学生进行策略训练,通过训练以后,他们的学习成绩得到了提高。托格斯(Toggs)等人(1980)帮助学习困难学生运用组块进行记忆,当学习困难学生掌握并运用这种记忆策略以后,他们的记忆能力得到了改善。还有的研究者通过认知—行为矫正技术来训练学习困难学生的自我调控行为,纠正错误,使他们的行为逐渐符合教学任务的要求,改善对学习任务的注意。德拉巴斯(De La Paz,2005)对学习困难学生进行了历史性推理能力和书写能力的实验研究,教师对其进行历史性推理指导和书写指导,结果学习困难学生能够对资料做笔记,甚至能对所看的资料写感想,自我管理能力较之以前发生了很大变化。这说明,自我管理训练对学习困难学生提高学习策略是有帮助的。大量研究表明,学习困难学生往往把学习成功归因于外部的、不可控的、不稳定的因素,如运气、他人的帮助等,而将失败归之于自己能力不行。如何对学习困难学生进行归因训练,戴斌荣等人(2003)提出了 3 种方法:团体训练法、强化矫正法和观察学习法。刘弘白(1991)针对学习困难学生的矫正训练,主张通过循序渐进地训练方向感、韵律感、平衡感、速度感和轻重力量的作用能力、协调能力、放松能力,训练听语能力、视知觉能力,来提高学习困难学生的基本学习能力。[①] 美国堪萨斯大学的研究人员为学习困难学生专门设计了学习策略教程,实施结果显示,该教程改善了学习困难学生在阅读理解、命题作文、听讲以及做笔记等方面的能力。蒙特杰(Montague,1992)的"解决数学问题的认知—认知变换模式"有助于提高学习困难学生解决数学问题的能力。这些都说明,通过对学习困难学生的学习策略训练,是能够改善他们的学习状况,使其学习获得进步的。

第四节　小学生的性别心理差异

在小学,男女学生的发展与表现存在着一定的差异,这种差异不仅表现在生理方面,也表现在心理方面。小学教师要针对他们的性别心理差异进行教育。

一、性别心理差异的表现

性别心理差异指的是男女小学生在智能、情感、意志、个性等心理方面的差异。性别心理差异在小学生的婴儿期就表现出来了,并在社会影响下逐渐扩大。小学生的性别心

---

① 刘弘白.学习能力的障碍(第 3 版)[M].台北:财团法人台北市刘氏社会福利事业基金会,1991.

理差异主要有认知差异和非智力因素差异。

(一)认知差异

1.感知、注意与记忆差异

女生的听觉能力、声音辨析和声音定位能力明显优于男生;男生的空间知觉能力要优于女生。在空间能力上,男生从 10 岁左右就开始领先,表现在二维或三维物体操作、读图和确定目标物等活动中。我国心理学家许燕、张厚粲(2000)的研究发现,二、四、六年级小学生在空间能力的加工方式、加工精确性及加工策略上均存在着性别差异。在空间能力的发展趋势和空间组合能力方面,女生表现出稳定的优势;在空间旋转能力上,男生的优势随年龄的增长逐渐减弱并消失。女生的注意力要比男生集中,男生注意力容易分散,但注意力的分配与转移又优于女生。女生注意的兴趣多定向于人,对人与人的关系很敏感;而男生的兴趣多定向于物,喜欢摆弄物体,探索其奥妙。李靖、钱秀莹(2000)的研究发现,男女小学生的持续注意与时间的变化趋势一致;7 岁男生的持续注意能力优于女生,而 9 岁和 11 岁男女生的持续注意能力各有自己风格:男生反应快而正确率低,女生反应慢而正确率高。在记忆力方面,女生形象记忆、情绪记忆、动作记忆都优于男生,对具体事物的记忆精确,擅于强化;但男生的理解记忆和抽象记忆优于女生。

2.言语与思维差异

女生语言发育早于男生,语言表达的流畅性、清晰性都明显优于男生。许燕、张厚粲(1998)的研究发现,在言语表达能力上女生占优势。这种优势开始于小学四年级,并随年龄的增长而加大。在高水平的言语表达能力上,在各年级都体现了女生明显而稳定的优势。

女生善于运用具体形象思维,主要依靠表象之间的类比和联想;男生则擅长抽象思维和发散思维,他们主要依靠概念进行判断和推理,有较强的演绎和归纳能力。胡卫平、韩琴(2006)的研究发现,男女生的创造性科学问题提出能力发展趋势基本相同,但男生整体上要略高于女生。在观察力方面,女生的观察力具有敏锐、细腻、辨别能力强的特点,男生在对事物的整体及特点把握上要优于女生。

(二)非智力因素差异

非智力因素是对客观事物的对待活动,包括需要、动机、兴趣、情绪、意志、性格等,它并不直接参与认知过程,但对认知过程起着动力和调节等作用。心理学界对男女小学生的非智力因素进行了大量研究,发现他们的非智力因素差异表现在以下四个方面。

1.情绪与人格差异

男女小学生在情绪理解上存在显著差异。一种观点认为,女生的情绪理解水平高于男生,具体表现为表情识别能力、表情命名、复杂情绪理解、情绪词汇提名和情绪识别线索优于男生,女生比男生使用更多标准维持情绪表现规则;另一种观点认为,与女生相比,男生认为调节情绪更为重要,因此较少进行情绪表达。

小学生在情绪抑制策略上有显著性别差异,姜媛等人(2008)的研究发现,男生更倾向采用情绪抑制策略。这是因为从传统社会文化看,人们一般认为男生更应坚强和克制,更稳重和含蓄,因此男生更易于抑制情绪。反之,女生则更易表达和较少地抑制自己的情绪。①

小学生在人格上存在性别差异,张野、杨丽珠(2007)研究发现,认可型、矛盾型的女生显著多于男生,而拒绝型女生则显著少于男生。与男生相比,教师眼中的女生往往具有较好的人格行为表现,她们学习认真负责,能较好地控制自己,更容易表现出同情心、更多地做出关心他人的行为。

2.人际关系差异

在师生关系方面,女生更倾向与教师形成亲密型关系,男生更倾向与教师形成冲突型或依赖型关系。宋德如、刘万伦(2007)的研究发现,在师生关系中,女生比男生表现得更亲密、合作与主动,女生更乐于与教师交往,更善于与教师保持亲密关系,更易听教师的话,服从教师的要求。研究还发现,女生与教师的关系相对较稳定,而男生与教师的关系随年级的升高会有相对较大的变化。小学低年级男生对教师的依赖性较大,希望获得教师的支持,但随着年级升高,男生与教师的交往的亲密性、合作性和主动性会逐渐下降;而女生与教师的交往在年级升高的过程中变化不大。这可能是因为女生希望更多地获得别人的支持,有较强的交往倾向和归属感,而男生往往更倾向变化与自主。在同伴接纳方面,女生在低年级时更多受同伴的欢迎,但男生在整个小学阶段都受到同伴更多的拒绝。

3.社会行为差异

在小学低年级,女生的积极社会行为多于男生,高年级时男女生间的差异缩小,但女生的积极社会行为水平仍高于男生。男生的攻击冒犯行为多于女生,并保持稳定的差异。高年级女生的敏感退缩行为多于男生。小学女生的关系攻击显著多于男生,男生的身体攻击显著多于女生。赵冬梅、周宗奎(2010)对小学生的攻击行为进行的研究发现,为了达到最大的伤害效果,女生会选择关系攻击和采取言语攻击的方式来弥补自己在体质上相对柔弱的缺陷;而男生会选择外显攻击形式,然后逐步加入关系攻击。

4.学业成就动机差异

成就动机是指个人追求自己所认为重要或者有价值的事情的愿望。研究发现,小学三、四、五年级学生的学业成就动机具有性别差异,女生的学业成就动机要高于男生。男生努力学习,乃是因为他内在的成就动机高;女生努力学习,则可能是为了取悦他人或者为了获得他人的赞赏。男女生在成就的归因风格上也有差异,张学民等人(2000)在一项考察奖赏结构和结果效价对男女儿童归因风格的影响研究中发现,能力、运气归因存在性别差异,在竞争奖赏结构条件下,女生对成就状况倾向于做运气归因,而男生倾向于做运气以外的其他因素的归因,如能力;在非竞争奖赏结构条件下,男生对成就状况倾向于做运气归因,而女生倾向于做运气以外的其他因素的归因。

二、教育的对策

小学生的性别心理差异是在生物基础上,通过社会化过程逐渐形成的。教师需要了解小学生的这些性别心理差异,在教育中注意"因性施教",发挥小学生性别中的优势,弥补性别中的不足。

---

① 姜媛,白学军,沈德立.中小学生情绪调节策略的发展特点[J].心理科学,2008(6):1308-1312.

(一)了解学生的性别差异,形成平等的性别期望

很多教师并未意识到在实际教学过程中,学生性别的差异对自己教学行为造成的影响。张丹等人(2014)发现,虽然多数教师口头表示在课堂互动中对待男女生并无关注上的差异,但通过调查,结果显示在课堂师生互动中,男生是教师给予更多关注的对象。[①]性别刻板印象是指关于男女两性生物属性、心理特征和角色行为的固定的、陈旧的印象。性别刻板印象在社会上普遍存在,如"男性适合于职场,女性适合于家庭""男要闯,女要藏""男性天生比女性聪明"等等。甚至有些教师认为女生"小学好、初中一般、高中差"的现象是客观必然,不重视或放弃了对女生的教育培养。袁莉(2012)研究了小学教师的性别角色刻板,发现在测量"小 F 的语文和英语成绩差,但数学成绩好"这道题时,90.1%的教师认为小 F 是男生。[②]美国 20 多年的研究表明,男生总是比女生得到更多的关注,教师对男女学生评价不一,是造成女生学习缺乏信心的原因之一。

因此,小学教师应该有意识地反思学生性别差异对自身教学行为的影响,破除思维定式,对男女学生智商与情商的发展抱有一致的期望,并向家长宣传男女平等的道理,提高家长对女生的期望值,配合学校工作。

(二)针对男女生身心发展特征因性施教,取长避短

小学教师要针对男女学生心理发展的不同特点,采取科学的教育方法,促使他们各自优势的发展和劣势的弥补。首先,在小学阶段,女生整体心理发展略提前于男生,是女生心理发展的关键期,因此小学教师在与女生进行交流沟通时,要特别注意自身的榜样示范作用。其次,针对男女生认知方面的差异进行因性施教。如对于女生言语能力较强,擅长形象思维的特点,教师可善用她们的这些优势,培养和发展她们在语文、英语等学科方面的才能;针对女生逻辑思维、空间能力、理解记忆等方面的不足。要采取适当的教育措施,弥补她们的不足,比如,通过数学的教学培养女生的逻辑思维能力,可以多问女生"为什么""怎么样"之类的问题,引导女生从多角度考虑问题,培养女生独立、深入思考问题的能力和习惯。对于男生逻辑思维能力较强的特点,要通过综合课、数学课等方面的教学,培养他们在数学等方面的才能;针对男生形象思维、言语能力等方面的不足,教师可以通过加强对他们的语文、美术、音乐等形象性课程的教学,有意识地培养男生形象思维的习惯,提高他们形象思维的能力。教师还应加强直观教学,如观察事物标本、观看幻灯片、图片、模型等,丰富男生的直接经验和感性知识,使男生获得生动的表象,从而提高形象思维能力。

---

① 张丹,范国睿.课堂教学场域中教师关注的性别差异研究——以上海小学课堂为例[J].教育研究,2014(4):122-128,158.

② 袁莉.性别角色刻板观念对小学生学习影响的研究[D].天津师范大学硕士学位论文,2012.

第五节 小学生社会背景的心理差异

小学生是社会的人，他们不可能脱离社会背景孤立地生活与学习。小学生的发展离不开一定的社会背景，这种社会背景给小学生的心理发展带来了很大的影响。小学教师应该了解学生的这些社会背景，才能更好地开展针对性的教育教学工作。

一、社会背景的心理差异的含义

社会背景主要指对小学生的发展起作用的现实环境，如学校环境、家庭环境、社会环境等。社会背景的心理差异是指生活在不同现实环境中的小学生所表现出来的不同心理特征。小学生总是生活在特定的学校背景、社会经济文化背景及家庭背景中，这些社会背景相互影响、相互制约，共同对小学生的身心发展产生深刻而长远的影响。

小学生的社会背景差异是由许多因素相互作用导致的，主要有下面三个方面的因素。

（一）家庭背景对小学生的影响

不同家庭环境，包括家长的文化程度、父母教养方式，父母对子女的期望等诸多因素，都对小学生的成长起着重要的作用。程玉兰等人（2000）对武汉市8～13岁的109名学习困难学生与125名学习优良学生的比较研究发现，学习困难学生的父母的文化程度偏低，其职业以体力劳动为主；学习优良学生的父母的文化程度较高，职业以脑力劳动为主。戴晓阳（2007）对单亲家庭与非单亲家庭儿童自我意识和人际信任关系的比较研究发现，单亲家庭儿童的自我意识水平、人际信任程度显著低于非单亲家庭儿童。严虎、陈晋东（2013）对8～13岁农村留守儿童与非留守儿童的研究表明，农村留守儿童在内向孤僻、自卑胆小、紧张焦虑、抑郁和攻击性五个方面要显著高于非留守儿童。究其原因是留守儿童因父母长期在外务工，他们与父母交流不足，无法拥有完整的家庭，无法享受正常的亲情，亲情的缺失影响着他们正常的情感交流，致使其性格变得内向孤独。何淑华等人（2018）在中山市学龄儿童心理健康影响因素分析中发现，家庭主要教养方式为溺爱型、放任型、混合型、专制型与民主型相比较，溺爱型心理健康危险度高2.11倍，放任型高1.79倍，混合型高1.66倍，专制型高1.43倍。建议家庭应更多采取民主型的教养方式。

此外，家庭经济收入水平影响父母对子女的期望值，经济地位低的家庭大多对子女的期望不高。朱俊卿、陈会昌（2000）对农村温饱型地区父母教育观念的调查发现，他们对孩子的培养目标放在第一位的是孝敬老人，对子女学历要求不高，要求大学毕业者只占35%，大大低于城市父母。王晖和戚务念（2014）在父母教育期望与农村留守儿童学业成就的研究中指出，父母的教育期望对子女的学业成绩具有积极作用。父母对子女的期望水平与子女的学校适应呈正向相关，父母对子女的期望值高，子女的学业成绩愈高，学校适应愈好。

(二)学校背景对小学生的影响

学校背景包括学校的物质环境和精神环境。良好的学校环境给小学生带来温馨、舒适的学习和生活状态。林崇德等人(2002)的研究发现,小学生心理健康状况在条件不同的学校环境下有显著差异。处于城市学校环境下的学生的情绪困扰要低于农村学校学生,其原因是城市学校的条件比农村学校要好,师资力量更强,教师的教育教学水平更好。

班级环境与学生发展密切相关,对学生认知发展、学习成就和身心健康都有重要的影响。宋立华(2004)认为,积极的班级心理社会环境能有效激励学生的学习动机,提高学生学习的积极性。兰琢(2009)的研究发现,班级环境不仅影响学生的学习动机,对学生的课堂行为、学生的学习成绩和学生的品德形成都有着重要的影响。潭千保等人(2007)的研究还发现,班级环境中的师生关系、同学关系、秩序纪律和竞争维度与学生生活满意度呈显著正相关,学习负担与学生的家庭、学校、学业、自由和环境满意度呈显著负相关。这说明班级环境越好,学生的生活满意度越高。良好的班级环境可以改善班级中的师生关系、同学关系、促进学生学习,使学生身心健康。

学校教育主要是通过教师与学生的相互影响来实现的。教师的品德修养、知识经验、教育和教学技巧、对学生的态度等,对学生的发展都有十分重要的意义。教师的信任、尊重和期望有利于和学生建立亲密的关系,让学生获得社会支持,提高学生的自信心和心理承受能力。邹从(1996)的研究发现,教师对学生不当的评价、体罚等会让学生在同伴中地位低下,学习成绩差,产生孤单、寂寞、失落、无助、不满等不良情绪。伯奇(Birch)等人(1998)的研究指出,冷漠型、拒绝型与冲突型的师生关系会导致学生的逆反心理、攻击性、破坏行为的增加,并产生焦虑、抑郁、愤愤不平等心理问题。林崇德、王耘、姚计海(2001)的研究发现,亲密型的师生关系比冲突型和冷漠型的师生关系更有利于学生自我概念的发展。教师是学生在学校生活中的"重要他人",教师的关注、情绪反应与行为表现都会给学生造成影响。

(三)社会经济文化背景对小学生的影响

研究表明,对于一群学生来说,他们所处的社会文化、经济环境会影响其智力测验中的成绩差异。在认知成绩方面较差的学生大多生活在偏僻地区。于萍等人(1998)对不同地区、不同民族学生智慧发展的跨文化研究发现,5～13岁昆明汉族、普洱县汉族和哈尼族学生完成混合果汁、空间推理、社会推理等三项不同任务的情况是不同的。普洱县汉族、哈尼族学生要落后于昆明汉族学生。如13岁的昆明汉族学生有70%能解决混合果汁实验中设计的问题,而普洱县汉族、哈尼族学生只有46.7%与40%能解决同样问题。在解决空间推理问题时,昆明汉族学生与普洱县汉族、哈尼族学生在5岁时就表现出明显差异($P<0.05$),13岁时这种差异达到非常显著水平($P<0.01$):65%的昆明汉族学生能完成任务,而普洱县汉族、哈尼族学生为26.7%与20%。其原因在于这些学生所处的社会经济文化环境不同,昆明的经济文化发展比普洱县发展要好得多。国外一些研究也表明,学生处于社会经济状况发展较好的环境中,其智商分数较高,使用的语言结构

较复杂,具备行为、情感和认知方面的必要条件,这些条件能够帮助学生更好地适应陌生环境,提高学生学习的灵活性。杨翠蓉、殷建华、张奇(2018)在小学生学习品质的社区差异研究中发现,小学生的学习品质存在显著的城乡差异,农村小学生的学习品质显著低于城区与城郊的小学生。小学生的学习品质存在显著的经济发展水平之间的差异,小学生生活区域和就读学校所在区域的经济发展水平越高,学习品质越好。

二、教育的对策

(一)平等对待每个学生

从教育民主公平的角度看,无论学生来自什么样的社会背景,都应得到充分的尊重,都应该能平等地获得发展的机会及享用该有的教育资源。因此,小学教师要平等地对待不同社会背景的学生,尤其是来自社会背景较低的学生。要一视同仁地关心爱护每个学生,帮助每个学生。教师要教育引导学生正确认识自己所处的社会背景中的积极因素和消极因素,特别要保护他们应有的自尊心,要善于发现学生的优点,尤其是对于出生贫寒、家境不好的学生要多关心,多帮助,要帮助这些学生树立自信心,增强他们的进取心,促使他们能够获得更好的发展。

(二)针对差异,因人施教

小学教师对于来自较低社会背景、学习能力较差、行为习惯不是很好的学生,要进行针对性的教育指导,要多鼓励这些学生,消除他们的思想顾虑和胆怯心理,给他们创造表现和展示自己才干的机会,提高他们的语言表达能力,训练他们的思维,循序渐进地帮助他们解决学习中的问题,使他们能够体验成功,提高他们多方面的能力。教师对于来自较高社会背景的学生,要注意防止他们的优越感和骄傲自满的心理。对这些学生要严格要求,引导他们发挥聪明才智,提高他们学习和生活中的独立性、自主性,锻炼他们多方面的能力,帮助他们在原有基础上发展得更好。

(三)重视家校合作及教育的一致性

家庭是学生所处社会背景中的重要因素。如果家庭教育与学校教育相一致,就能取得良好的教育;如果两者相抵触或对抗,对学生的教育效果就差,甚至无效果。因此,小学教师应利用家长会、家访等途径了解学生家庭的状况,做到心中有数,并让家长适时地配合学校教育。对家庭资源要积极充分地利用,如家长文化水平较高,可以对家长提出较高要求,请家长辅导监督孩子的学习。同时对家庭中的消极因素,如父母离婚的问题,教师也应与家长及时沟通,采取有效措施使学生尽量不受这些因素的影响。在教育教学过程中,教师应充分考虑学生家庭背景的差异,经常家校合作沟通,协调一致,选择良好的教育方式和方法,促进学生健康发展。

(四)加强学生间的相互交流与学习

我国是一个幅员辽阔的国家,地区经济发展以及教育发展的不平衡,造成城乡学生之间、家境优越与贫寒学生之间,以及其他方面的发展不平衡。因此,教师要多关注学生的社会背景差异,应该多了解不同社会背景学生的身心发展特点,要消除和减少对家境不好、农村学生的社会偏见。通过不同社会背景学生之间的相互交流、相互学习,让不同社会背景的学生能够共同发展。例如,针对城乡教育的差异,开展城乡学生"手拉手""互帮互学"等活动,促进城乡学生互相学习、取长补短;或是开展城乡教师共同上课,探讨对不同社会背景学生的教育教学问题,实现教育资源互补。

本章小结

1.心理差异是指人与人之间彼此相区别的稳定的心理特点,包括心理过程、心理状态和个性心理特征等方面的差异。小学生差异心理的形成是生物因素和家庭、学校和社会环境综合作用的结果。

2.小学生的智力差异主要表现为智力水平、智力发展方式、智力组成类型和智力表现范围的差异。针对小学生的智力差异,可以采用认知发展阶段教学、分组教学、个别化教学系统和计算机辅助教学的教育对策。

3.小学生学习困难主要由多种因素引起,表现为阅读困难、书写困难、语言困难和数学困难。教师要认识学生学习困难的类型及成因,了解并帮助学习困难学生建立自信,采取针对性的补救教学以及加强学习困难学生的学习策略训练。

4.在小学,男女学生的发展与表现存在着一定的心理差异。男女学生的智力发展在总体上是平衡的,但在感知、注意与记忆、言语与思维方面存在显著差异;而非智力因素方面的差异,主要体现在情绪与人格、人际关系、社会行为和学业成就动机方面。教师应克服性别刻板印象,根据学生的性别施教,扬长避短。

5.小学生总是生活在特定的社会经济文化、家庭背景和学校背景中,这些背景会给小学生的心理发展带来很深刻的影响。作为教师,要平等地对待每个学生,针对学生的差异因人施教,除了重视家校合作,还要加强学生间的相互交流与学习。

复习思考题

1.概念解释

心理差异　智力差异　学习困难　性别心理差异　社会背景心理差异

2.问题简答

(1)小学生的智力差异表现在哪些方面?

(2)小学生学习困难的类型有哪些?

(3)小学生的性别心理差异表现在哪些方面?

（4）小学生有哪些社会背景心理差异？

3.理论论述

（1）论小学生性别心理差异形成的原因。

（2）论社会背景差异对小学生心理发展的影响。

4.实践探索

（1）如何针对小学生的智力差异进行教学？

（2）教师如何根据学习困难学生的问题进行针对性教学？

（3）教师应该如何对待不同社会背景的学生？

5.案例分析

高强今年一年级，因为"写字不像样"，总被同学们取笑。小高的妈妈说："我们在家辅导他的时间是别人的三倍，但是孩子就是写不出来，写不好。"入学以来，学校一般每天教授 8~10 个生字，每晚小高的父母都会陪着小高识字、认字、写字。"其他小朋友半小时就能完成的抄写作业，小高却要三个小时。即使记住了，写起来还是不按笔顺，漏点少划，有时真像鬼画符一般。"你认为应该怎么解决高强的问题呢？

第十三章　小学班级心理

【学习问题】

班级群体的含义是什么？班级群体的类型有哪些？小学班级具有什么特征和心理功能？小学班级中的群体心理因素有哪些？在班级管理中如何实现有效沟通？班集体是如何形成的？小学班集体的管理模式和策略有哪些？

【学习目标】

了解班级群体的含义及小学班级的特点，理解小学班级中的群体心理因素对小学师生的影响，掌握班级人际沟通原理及其有效沟通的技巧，领会班集体的形成及特点，掌握小学教师班级管理的模式和策略。

【学习方法】

在学习本章时，要多查阅群体心理研究方面的资料，进行小组讨论并运用案例分析法，联系小学班级管理中的实际情况以及遇到的问题进行思考，加深对所学知识的理解和掌握。

第一节　概述

班级是学校开展教育活动，传授科学文化知识的基层组织，也是小学生社会化的重要基地。班级中的群体心理和班集体的发展，班级的人际沟通对小学生的身心发展具有重要作用。

一、班级群体的含义

班级（class）是学校的基本单位，也是学校行政管理的最基层组织，是学校为了实现教育目的，按照一定的规章制度和学生人数规模建立起来的教育组织。班级不仅是学生获取知识教育的资源，也是学生社会化和自我教育的资源，整个学校教育功能的发挥主要是在班级活动中实现的。

班级群体（class group）是在班级中，为了实现特定的目标，按照一定的规范相互作用、共同活动的组织团体。在班级群体中，成员之间有共同目标，内部有一定的结构和规范，各个成员有自己的角色地位，成员之间彼此在心理上有依存关系和共同感，体现出群体的凝聚力。

二、班级群体的类型

按照班级群体的形成方式,可以分为正式群体和非正式群体两大类。

(一)正式群体

正式群体(formal group)是按学校正式文件的规定,在校领导者、班主任、教师的指导下组织起来的学生群体。班级属于正式群体。这种群体成员有固定的编制,有明确的职责分工、权利和义务,为了组织目标的实现,有统一的规章制度和组织纪律。

搞好小学班级正式群体的建设,对小学生和班级管理都具有重要作用,既可以实现班级目标,还可以对班级中的非正式群体起到有效控制的作用。例如:通过在班级建立各种兴趣小组,可以满足大部分小学生的需要;通过内容丰富、形式多样的正式群体活动,可以把小学生的注意力和兴趣吸引到正式群体中,引导小学生健康发展。

(二)非正式群体

非正式群体(informal group)是指小学生在相互交往中,由于相似的需要、兴趣、爱好、态度等聚集在一起,自发形成的学生群体。这种群体结构较为松散,由于成员间有较深的情感基础,交往比较多,因而常表现出较强的合作性、稳定性和一致对外性。

小学班级的非正式群体可以分为以下四种。

1. 积极型的非正式群体

该群体的价值目标与班级正式群体的价值目标是一致的,是班级正式群体的补充,对班级发展有促进作用。例如,班级中几个学习好的小学生由于兴趣爱好相同经常聚在一起交流学习经验。教师对于这种群体应加以保护和利用,对核心人物适当授权,让其成为班委会成员,组织所在群体开展一些有意义的活动。

2. 中间型非正式群体

该群体与班级正式群体若即若离,对班级发展不是很关心,对班级活动不太乐于参与,当班级活动有利于该群体时才主动加入。例如,某些小学生群体对班级活动和教师布置的作业经常敷衍了事,只参加能得到好处的活动,放学之后便三五成群地出去玩耍。教师对这种群体要采用教育引导的方法,在学生中开展讨论,提高认识,创造条件,引导其目标与班级群体目标统一起来。

3. 消极型非正式群体

该群体的活动与班级目标不一致,对班级会产生消极影响,但行为后果较轻,虽有违纪,但无违法。例如,一些学习成绩不好的小学生,对学习没有兴趣,却经常在一起打游戏、抽烟聊天,不做作业,甚至集体逃学。教师对这种群体应加强思想教育和法治教育,积极争取、引导和改造。要注意防止消极型非正式群体向破坏型非正式群体转化。

4. 破坏型非正式群体

该群体是反班级组织目标的,其活动后果较严重,不仅违纪,甚至违法。例如,某些小学生受坏人教唆形成了盗窃、抢劫的犯罪团伙。教师对这种群体的成员,要以教育为主,特别是对情节较轻,受坏人引诱而做了错事的小学生,不应推给公安机关了事,要力争通过教育使其向好的方面转变,对屡教不改者,应依据校规法律,给予必要的制裁。

小学教师要加强班级管理,依靠班干部和班级积极分子,通过班会、墙报、网络等大众媒介,大力宣传正确舆论、好人好事和互帮互助的故事,提高小学生参加班级活动的积极主动性,使非正式群体都能够朝积极型的非正式群体发展,共同为实现班级目标发挥作用。

三、小学班级的特征

小学班级除了具有正式群体的一般特征外,还具有以下四个特征。

(一)成员的相似性和平等性

同一班级中的小学生,由于年龄、文化程度、学习任务、兴趣爱好都接近,成员之间是一种平等的同学关系,无上下级之分。

(二)组织的严密性和强制性

班级具有较强的组织化特征和较为正式的结构,小学生没有选择进入哪个班级学习的自由,而是由学校分派,一旦班级的编制稳定,就不能随意调班。班级中师生具有不同的社会角色,承担着不同的责任和义务。

(三)活动的目的性和认同性

班级活动是按照教学计划的安排而实施的,师生对此只有认同和遵循。加之班级中的成员因为共同的学习目标而组织在一起,这就决定了班级中的一切活动都是为了促进小学生的发展而有目地开展的。

(四)教师的影响力和权威性

小学教师是由学校行政指派的,具有很大权力。小学教师身心成熟,知识经验丰富,对小学生的影响很大。小学生对教师榜样的模仿性较强,使教师在班级中起着十分重要的作用,具有较大的权威性。

四、小学班级的心理功能

班级作为小学生成长发展的主要社会环境,对其具有强大的心理功能。

(一)社会化功能

班级是小学生社会化的重要场所,具有将其由"自然人"教化为"社会人"的功能。班级的社会化功能体现在:一是发展小学生的责任感,使其服从于班级的共同价值目标,在班级中承担责任与义务;二是培养小学生的能力,使其具备所需要的知识与技能,表现出符合班级规范的社会能力。

(二)个性化功能

班级的个性化功能是通过班级的教育活动,依据小学生身心发展的差异性,去形成并发展小学生的个性。要发挥班级的个性化功能,教师必须努力发现每个学生的个性差异及其形成这种差异的条件,根据这些差异确定其可塑方向。如果教师漠视学生在智能、态度、动机、兴趣、理想、性格等方面的差异而进行千篇一律的教育,班级群体的个性化功能就难以实现。

(三)需要满足功能

班级是小学生学习活动的主要场所,小学生的主要人际关系来自班级。如果班级目标与学生需要一致,班级对学生就具有较强的吸引力,学生能从班级中获得教师的关爱、同学的友情和支持,就会在情感上与教师和同学产生共鸣,在安全、归属、尊重、求知等需要方面获得满足,自觉维护班级利益,并与班级保持行动上的协调一致。

(四)自我概念形成功能

自我概念是小学生对自己的社会角色、性格、能力、身体等方面的认知。小学生自我概念的形成和发展与班级角色、班级地位、班级作用以及班级中的他人评价有着密切关系。美国心理学家费斯汀格(L. Festinger)将这种作用称为社会比较作用。小学生通过与同学的相互比较,通过师生对自己的评价,可以更好地认识自我。

(五)行为塑造功能

班级是一个强有力的控制系统,它通过从众、竞争、合作、模仿、感染、舆论等多种心理机制,培养和鼓励小学生良好的行为方式,制止不良的行为方式。可以说,小学生的许多行为都与班级规范、班风有密切的关系。

第二节 小学班级的主要群体心理

群体心理是群体成员在群体活动中所共有的,有别于其他群体的价值观、态度和行为方式的总和。个体的心理及行为很大程度上受所属群体心理的影响。对于小学生而言,班级群体心理对其有重要的社会影响。在这里,我们着重论述小学班级中的主要群体心理因素。

一、课堂心理气氛

(一)课堂心理气氛的含义

课堂心理气氛(classroom psychological atmosphere)由小学课堂中师生之间、学生之间的情感交流与认知活动构成,指班上各种心理的气氛,如认知和情绪状态、教师的控制以及激励作用等。课堂心理气氛源自国外学者对课堂行为的测量。早期的课堂行为测量侧重于对课堂行为做观察性的描述,后来转向对课堂行为做价值归因分析,进而扩展到考察课堂行为测量与学业成就之间的相关性。在小学班级中,学生的态度、情绪、认知和行为方式都有差异,成员之间在课堂中的相互作用和相互影响,构成了课堂心理气氛。

课堂心理气氛既反映师生关系的性质又影响着师生关系。不同的班级往往有不同的课堂心理气氛。例如,在有的班级,课堂心理气氛紧张,师生之间的相互交流小心谨慎;在另外的班级,课堂心理气氛热烈,师生之间的相互交流自由活跃。即使在同一班级,也会存在不同的课堂心理气氛区。例如,有的教师上课时课堂心理气氛显得合作、认真而不失活跃,有的教师上课时则显得懒散、疏离和漠然。

课堂心理气氛有相对的稳定性,一旦形成了某种课堂心理气氛,往往能保持相当一段时间,甚至不同的课堂活动有可能被同样的心理气氛所笼罩。

(二)课堂心理气氛的类型

史莫克(R. Schmuck,1988)提出课堂心理气氛的类型可以通过观察班级群体成员的身体动作、姿态、人际之间的距离和交流的模式来判定。如学生怎样定位与教师的关系,他们与教师距离的远近;他们看上去是轻松自然还是紧张焦虑,是快乐、充满活力还是沉闷、厌烦和漠不关心;教师是否经常口头表扬学生等。根据课堂师生的注意、思维、情感和意志等心理状态的观察记录,可以将课堂心理气氛分为下面三种类型。

1. 积极的课堂心理气氛

学生在课堂上精神饱满,注意力集中,课堂纪律良好。师生关系和谐,教师善于引导启发学生,使其积极思考,踊跃发言,课堂上会出现既热烈活跃又恬静严肃的景象。

2. 消极的课堂心理气氛

学生在课堂上无精打采,注意力分散,课堂纪律较差。师生关系疏远,教师不善于组织教学,不能有效地引导学生思维,多数学生被动回答教师提问,有的学生上课时甚至提心吊胆,收不到良好的教学效果。

3. 反抗型的课堂心理气氛

学生在课堂上不认真听讲,故意捣乱,课堂纪律极差。教师不能集中精力讲课,时常为了维持课堂纪律而中断讲课,完成不了预定的教学目标。

课堂心理气氛对师生顺利完成教育教学任务非常重要。教师应努力创造各种条件,营造积极的课堂心理气氛。首先,教师上课前要准备充分,了解班上学生的心理特征,在把握教学目标、教学内容、教学重难点、教学过程、教学方法的基础上进行有效的教学设计。其次,教师要注意调动学生的积极情绪,要学会赏识学生,对学生的正确解答给予微笑与鼓励,让学生产生成就感和荣誉感。第三,教师要注意培养学生的问题意识。要注重创造问题情境,通过提出具有吸引力和挑战性的问题,激发学生的问题意识,培养学生的自主探究能力。第四,教师要增加语言的鲜活度。要积极学习并使用学生所熟知与喜爱的词汇,才能更好地使学生集中注意力,调动其学习积极性。

二、社会促进与社会抑制

(一)社会促进与社会抑制的含义

社会促进(social facilitation),也称社会助长,是指小学生在完成某项任务时,由于他人在场,表现出比自己单独活动效率更高的现象。例如,有的小学生与同学在一起合作学习,思维更加开阔,通过集思广益,完成作业的质量更高。最早对社会促进进行研究的是美国心理学家特里普里特(N. Triplett,1898),他通过实验研究发现,青少年骑自行车,在独自骑行、有人跑步伴同、竞赛三种情境中,竞赛时的速度大幅度提高。随后的系列实验研究发现,与他人在一起工作能促进个体能量的释放。

与社会促进相反,社会抑制(social inhibition)是指小学生在完成某项任务时,由于他人在场或共同活动而工作效率降低的现象,也称社会干扰。例如,有的小学生在众人面前发言感到紧张,结结巴巴,不得要领。奥尔波特(Gordon W. Allport,1924)最早采用实验法研究了这种现象,他让被试独自或在小组中进行划去母音、乘法题计算、逻辑推论等工作,结果表明:被试做前两种工作,在小组中完成得更好;对于第三种工作,则是单独完成的准确率更高。

(二)影响因素

究竟在何种情况下会发生社会促进作用或社会抑制作用,主要取决于以下四种因素。

1. 作业类型与难度

心理学家扎琼克(R. B. Zajonc)指出,他人在场,增加了个体的活动驱力,这种驱力的增强对作业成绩的影响依作业性质而定。当作业所需要的反应是熟练或简单的,他人的存在有助于提高个人效率,可发挥社会促进作用。但是,当作业生疏或者难度太大,他人在场反而会破坏个体的表现。例如,解答较难的数学题或记忆新材料时,他人在场会使小学生的学习效率降低。

2. 被他人评价的意识

个人参与群体共同活动,不可避免地会产生被他人评价的意识。个体的自尊需要,总是渴望他人的肯定评价。例如,有的小学生参与集体活动,渴望得到教师的肯定、同学的敬佩,为了达到目的,他们会斗志昂扬、全力以赴地行动,争取成功,从而产生社会促进作用。但是如果小学生的这种意识过于强烈,过于看中他人的评价或议论,担心别人的负面评价,就会产生紧张的焦虑情绪,产生社会抑制作用。

3. 注意的干扰

巴伦(Baron)的研究表明,他人在场,个体既关注他人又关注工作,当这两种关注的强度都大时,个体的注意容量就无法满足两者的要求,导致注意的冲突和分心,降低工作效率。如小学生在考试时,遇到监考老师往返走动的压力,或者考场上担心竞争对手太强,题目太难等而患得患失,就不能聚精会神地作答,进而干扰考试能力的正常发挥。

4. 他人特征变量

他人的身份、性别等特征变量,同样会对小学生的社会行为产生很大的影响。金盛华和张杰(1995)提出了"性别助长"假设:对于性意识发展达到成熟水平的个人,异性的存在会导致特殊的行为效率的提高;而性意识尚未得到充分发展的青春期之前的儿童,则不存在性别助长现象。小学高年级的女生逐渐进入青春期,"性别助长"开始对其发生作用。而教师的人格特征、教学态度和教学风格等以及同学的学识素养都会对学生的社会行为产生很大影响。

社会促进与社会抑制在班级群体中是一种普遍的社会心理现象。根据这种社会心理现象的原理,在小学课堂上,教师要鼓励学生积极回答问题,促进良好的学习气氛的形成;要根据学生学习任务的难易程度,帮助他们选择不同的学习方式,如是单独学习还是集体学习,以促使学生产生社会促进作用;要加强对学生的知识技能训练,增强其自信心,减弱社会抑制的影响;要注重对学生的发展性评价,鼓励同学之间进行积极的相互评价;要积极创造良好的课堂环境,使学生能够集中注意力,促进其身心健康发展。

三、从众与服从

(一)从众

从众(conformity)指小学生在真实或臆想的群体舆论压力下,放弃自己的意见,转变原有的态度,采取与大多数人一致的行为。从众在生活中司空见惯,如随波逐流、人云亦云等。从众行为是好或是坏,关键是看从众的方向与效果。从众者可以是无主见者,或指鹿为马的随声附和者,也可以是识大体、顾全大局者;不从众者,可能是固执己见者,也可能是不受落后观念或落后势力影响的先进人物。

社会心理学家阿希(S. Asch)进行了从众的经典研究。他将被试组成 7 人小组,其中6 人是实验助手(假被试),只有 1 人是真正的被试。实验材料是 18 套卡片,每套 2 张,一张是标准线段,另一张是三条比较线段(见图 13-1)。所有被试都围桌而坐,依次比较判断 A、B、C 三条线段中哪一条与标准线段等长。前几次大家都做出了正确的判断,但从第 7 次开始,假被试故意做出错误的选择,观察真被试的选择是独立的还是从众的。实验发现:(1)有 1/4 到 1/3 的被试保持独立性,即每次选择反应无一次发生从众行为;(2)约有 15% 的被试平均做了总数 3/4 的从众行为,即从众反应平均每 12 次中就有 9 次;(3)所有被试平均做了总数的 1/3 次的从众反应,即每 12 次中就有 4 次发生从众行为。

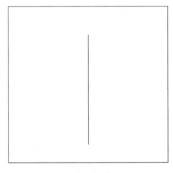

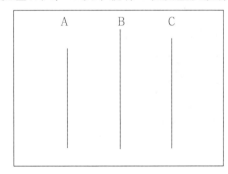

标准线   比较线

图 13-1 阿希从众实验的图例

产生从众现象的原因可以从多方面的影响因素来说明。

1. 个体特点

在个人方面,一些研究认为与下列因素有密切关系:(1)智力的高低。一般说来,智力低者易受群体压力的影响,从众者较多。(2)情绪的稳定性。焦虑多,情绪不稳定者,对外力的抵御性低,易从众。(3)对偏离群体的恐惧。偏离群体的行为会使个体处于一种与众人对立的状态,失去安全感。因此,出于一种自我保护的心理,会选择从众。(4)人际关系的概念。过分依赖他人,看重他人评价者,易受到别人的暗示而更多地表现出从众。

2.群体特点

在群体方面,一些研究认为特别有关的因素是:(1)群体的规模。群体的规模越大,持有一致意见的人越多,持不同意见者感到的压力越大,从众行为越显著。(2)群体的凝聚力与一致性。群体的凝聚力高,群体成员抱成团,个体在其中易从众。反之,群体内出现意见分歧者并得到一些同伴的支持,从众性便会降低。(3)群体成员的成分。如果群体成员的地位与能力多数高于自己,个体就易放弃己见而从众。

3.情境特点

在情境方面,主要有:(1)刺激的模糊性。个体在知觉和判断事物时,知觉的对象模糊、不确定或难以把握,个体从众的可能性就较大。(2)反馈的匿名性。一般说来,个体的意见或知觉结果是公开的,个体所承受的群体压力就较大,从众的可能性会相应增加。多伊奇(M. Deutsch)等人的研究发现,被试在当众和秘密两种条件下对线段知觉问题做出判断时,被试在公开条件下更容易从众。

在小学课堂情境中,从众行为的发生一般认为有两个原因:一是小学生往往相信大多数人的意见是正确的,跟随大多数人会降低犯错误的可能性,因而遇到自己的意见与大多数同学不同时,往往放弃自己的意见。小学生越相信群体信息的正确性,自信心越差,从众的可能性就越大。二是小学生往往不愿意被班级其他成员视为不合群者,为了避免他人的非议或排斥,从而发生从众行为,与多数人的意见保持一致。

在小学班级管理中,从众具有一定的积极作用。小学班级建设需要有共同的目标、明确统一的规范,只有这样,才能保证课堂教学、集体活动的正常运行,师生之间、学生之间的顺利交往。因此,小学生的观念与行为与多数人保持一致是必要的。小学教师要善于利用从众心理,通过制造正确舆论和群体压力来影响和改变小学生的不良观念和行为。比如,营造积极向上的班级舆论,大张旗鼓地表扬学习勤奋、乐于助人的学生,有利于学生朝好的方向发展,特别是有利于后进生的转化。

另一方面,从众也具有消极作用,有的时候多数人的观点并不能代表真理。如果小学生没有独立思考,盲目听从别人意见,人云亦云,对他们独立人格的培养、学习进步等是有害的。从班级管理的角度看,如果班风不好,不良言行就会通过从众像瘟疫一样在班级蔓延,使自信心不强、意志薄弱的小学生随波逐流。

(二)服从

服从(obedience)指小学生按照群体要求或他人意志而产生的行为。服从与从众虽然都是在外界压力下发生的,但有着本质的不同。从众虽没有按照自己本愿去行动,却是自愿的;而服从是个人通常不得不去做,甚至是被迫的。

服从表现为两种情况,一是对正式群体规范的服从;二是对权威人物命令的服从。对正式群体规范的服从,有自觉服从和被迫服从两种形式。在正式群体中,多数成员都能以群体规范作为行为准则，自觉服从。例如，多数小学生都能做到自觉遵守校规校纪，上课不迟到、不早退，按时完成作业，考试不作弊等。而对于少数不能自觉遵守群体规范的学生，教师通常是采用奖惩等强化手段，强迫他们服从，以促使他们把外在的群体规范逐渐内化为自身的行为准则，自觉遵守。

对权威人物命令的服从也有两种情况。一种是出于对权威人物的敬仰，发自内心的信服，认为他们是理想的化身和学习的榜样，对于他们的要求毫不犹豫地执行。比如，小学优秀的教师往往在学生心目中具有崇高威望，学生愿意自觉地接受其领导；另一种是迫于权威人物奖惩的惧怕，违心屈服。如小学生为了避免考试不及格和家长的责罚，不得不按照教师的要求学习。

影响小学生产生服从行为的原因比较复杂。一般而言，个性较强、独立判断能力较高的小学生产生服从行为的概率较低。服从也与社会中的某些合法权力有关。合法权力是社会赋予角色关系一方以职位、权力以及影响力，从而使另一方认为自己应当服从。如社会赋予小学教师教育、管理学生的责任与权力，学生就必须服从教师的正确管理与教导，按照教师的要求行事。

服从是人类社会普遍存在的一种心理现象，在维持社会秩序中起着重要的作用，在学校尤其如此。小学班级正常的教育教学活动，是通过小学生的服从来保证的。服从也是教师对学生进行社会化教育的一项重要任务。为了塑造小学生的健全人格，减少其服从的盲目性，小学教师要注意培养其民主意识和参与意识，强调服从各种社会规范的意义和执行方法，而不是一味强调对教师权威的服从。

四、合作与竞争

合作与竞争是人类社会普遍存在的现象，对于人类的生存与发展具有重要的影响。合作使人类互相学习、彼此依赖，为抵御共同困难、取得胜利同心同德，群策群力，没有合作就没有人类社会的生存发展。竞争是一切生物生存的需要，人类社会同样需要竞争。竞争使人类精神振奋、开拓进取，不断挑战自我，勇往直前。合作与竞争是影响小学生班级群体的两个重要因素，也是进行班级活动的两个主要手段。

(一)合作与竞争的含义

合作(cooperate)是指班级群体成员为追求共同目标，相互支持和帮助的一种共同行为，包含两个必备条件：一是共同目标、利益；二是相互依存、缺一不可。有研究发现(Cohen，Lotan & Holthuis)，学生在课堂上合作越多，他们在数学测验中得分就越高。

竞争(competition)是个体或班级群体力求胜过对方的对抗性行为，包括两个基本条件：一是竞争的各方必须是争夺同一对象；二是竞争的结果必须使一方获胜，竞争双方是互不相容的。竞争不仅有对抗性，而且具有排他性。

合作和竞争是相互对立的行为。但在现实生活中，它们却难以截然分开。竞争中常常包含合作，合作中也常常包含竞争。比如，小学班级之间常常存在竞争，但这种竞争是以班级同学的内部团结、彼此合作为前提的。一盘散沙的班级难以在竞争中取胜。又如,小学生参加篮球比赛时分工明确、配合密切,在场上纵横驰骋展现着自己的风采,但同时也存在着与同伴的竞争。因此,教师要引导小学生正确认识和处理好合作与竞争的关系。

(二)影响的因素

小学生是采取合作行为还是竞争行为取决于许多因素,主要有以下两个方面。

1. 人际关系

合作行为的产生需要两个条件:一是合作双方关系的持续性。人与人之间的交往不是一次性的,而是持续的;二是合作双方的相互回报。目标相同、利害与共的学生,通常会选择合作行为;处于利害冲突关系中的学生,通常会选择竞争行为;而既有共同利益又有分歧的学生,则可能采取既合作又竞争的行为方式。

2. 个性特征

一般说来,成就欲望强烈,喜欢争强好胜的学生,在涉及利害问题时,更多选择竞争的方式;而性格温顺、竞争力不强的学生则较易采用温和的方式;多疑的学生则难于同别人共事。学生之间的能力差异,也是导致他们相互竞争的原因之一。研究表明,学生倾向于同自己能力大致相仿的人竞争。

现代社会是一个充满竞争的社会,要想立足于社会,不仅不能回避竞争,而且必须让学生通过锻炼经受得起竞争的挑战和韧性。竞争引导得当,竞争下的成功可以增强学生的自信心和成就感;即使竞争未取得成功,只要不气馁,冷静分析,探寻问题的原因,也有可能获得成功。

教师要合理引导小学生之间的竞争,要正视竞争中可能存在的问题。首先,不能滥用竞争,因为太多的竞争会给小学生造成过大的压力,影响学习效果,甚至造成心理健康问题;其次,如果小学生只把竞争的意义限于打败对手以证明自己的价值,就可能不择手段地削弱对手,而看不到对方的长处,更不用说向对方学习,而且会损坏彼此的人际关系。心理学的研究发现,群体之间的竞争要好于个体之间的竞争,教师应多鼓励小学生积极参与到群体之间的竞争中。

合作已越来越受到教育领域的重视,并成为当代主流教学理论与策略之一。如果教师对小学生的合作组织引导得不好,班级群体中可能会出现磨洋工、小团体主义等现象。教师要使小学生理解合作需要目标共同、利益与共、相互依存、共同活动、相互理解等条件。谢里夫(M. Sherif)的研究表明,只要引导得当,学生之间的合作是能够发挥应有作用的。总之,竞争与合作在学校是常有的事情,教师在班级中应该教育小学生既要竞争,又要合作,在竞争中合作,在合作中竞争。

五、群体规范

(一)群体规范的含义

群体规范(group norms)是群体中每个成员必须遵守的思想和行为标准。群体规范使成员知道,在什么情境下应该有怎样的行为,不应该有怎样的行为。群体规范包括正式规范和非正式规范两类。正式规范是在正式群体中,由领导者倡导、明文规定、群体成员认同与遵守的思想和行为准则,是有目的、有计划的教育结果。非正式规范是成员间约定俗成的结果,受模仿、暗示和顺从等心理因素的制约。

(二)群体规范的作用

群体规范的作用可以概括为以下三点。

1.维系群体存在和发展

群体规范是群体得以存在、维持、巩固和发展的支柱。群体内的成员是根据规范来相互认同、相互合作的。群体的规范越具体和细化,对群体成员的约束力越强,群体成员的活动就越协调,关系越紧密,反之,群体缺乏规范,必然如同一盘散沙。

2.评价和引导群体成员的言行

群体规范如同一把尺子,摆在每个群体成员面前,使群体成员的认识、评价有统一的标准,从而形成了共同看法和意见。群体规范不仅约束着成员的认知和评价,还约束着成员的行为,对行为有定向作用。群体规范使成员了解,为了满足个人的某种需要,应该做些什么和不该做什么。

3.使群体成员产生一定的惰性

群体规范也会使群体成员产生惰性,这是群体规范消极的一面。群体规范是多数人的意见,要求成员行为趋于一致。在群体规范的限制下,群体成员往往把一些创造性行为看作越轨的、不符合群体规范要求的行为。一些群体成员由于担心受到其他群体成员的打击和排斥,胆小怕事,不敢越雷池一步,这就不利于群体成员积极性和创造性的发挥。

(三)群体规范的建立

群体规范是教师通过好的纪律、班风来培养小学生好思想、好品德的根据。在小学低年级,建立班级规范很重要,有利于增强学生的自我管理意识,提高其自我管理能力,培养其良好的行为习惯,形成良好的班风、学风。对于小学中年级学生而言,班级常规变得相对自动化,可是一些新活动还需要教师的直接指导,班级规范还需要教师的监控和维持。对于小学高年级学生而言,一些学生开始挑战权威,教师的管理重点在于有效处理学生的一些破坏班规的行为,设法去激发那些不太关注教师意见而更多沉迷于自己社会生活的学生的参与热情(Emmer & Evertson,2013)。在小学班级中,创建并维持良好的规范是关系到小学生培养的重要事情。

1.设定班级管理目标

这是班级管理实现群体规范的出发点和归宿。班级管理目标包括:(1)促进和实现学生的发展。将学生培养成为德智体美劳全面发展的社会主义建设者和接班人,这是班级管理的终极目标。(2)创造有效学习的途径。要让学生理解教师对班级目标的要求和期望,传达让学生参与的信号,并且指导学生的重要行为,确保每个学生都清楚该怎样参与到课堂活动中(Emmer & Stough,2001)。(3)创造更多的学习时间。学生在课程内容上所花的时间与学习效果之间有显著的正相关(Weinstein,Romano & Mignano,2011)。

教师通过让学生积极参与有价值的、合适的学习活动,从而有效增加其学业学习时间。(4)促进学生的自我管理。教师通过让学生做决策、处理结果、设置目标和重点、管理时间、协作学习、调停争执、发展师生信任关系等方式来学习自我管理(Bear,2005；Rogers & Frieberg,1994)。

2. 建立班级常规和规章

班级常规是班级活动的规定步骤,良好的班级常规有利于小学生形成良好的行为习惯,保证学生的正常学习和生活。建立班级常规主要包括:(1)学生的行为管理,如言谈举止、午间就餐、个人清洁、个人安全等;(2)学生活动,如值周、升旗、早读、眼保健操和课间操、班会、文体活动、班级自办报刊或黑板报等;(3)环境维护,如班内值日、物品摆放、公物保管等;(4)教学运行,如出勤时间、课前准备、上课要求、课堂秩序、考场纪律、班干部职责等;(5)师生互动,如师生课上和课后的互动方式及要求等;(6)学生交流,如寻求或给予他人帮助的要求或人际交往原则;(7)家校合作,如家长开放日、家长参与学生学习及生活管理的要求等;(8)奖惩措施,针对以上班级常规工作做出切实可行的奖惩措施。

班级规章是班级的规范和章程,是关于被期望和被禁止行为的陈述。班级规章常常以书面形式呈现,并粘贴在墙上。班级规章应该是积极的和可观察的。小学班级规章的建立要注意以下几点:(1)让学生明确制订班级规章的目的是"秩序、公平、好习惯和高效率",要从学生的需要出发,组织学生共同讨论,让学生明白制订班级规章的目的不是为了"管住"他们,而是为了保证班级所有成员的利益;(2)班主任不应凌驾于规章之上,应当是班级的普通一员;(3)要针对班级实际,具有可行性和可操作性;(4)要经历"由简到繁、由少到多、相对稳定、调整完善的过程";(5)在内容上,要符合《小学生守则》《小学生日常行为规范》和国家的法律法规。

教师要与班里的学生共同制订班级常规和班级规章,做出明确的奖惩规定,让学生明白遵守或违反规定的行为后果。对于违纪学生在调查清楚原因后,必须按规定及时、果断地做出威慑性的处罚,要教会学生表现出负责任的行为,建立师生间的相互尊重和信任(Charles,2011)。教师只有公平公正、赏罚分明、以身作则,班级规范才能得以建立和维持。只有严格按规定办事,才能赢得学生的尊重和信服,促进良好班风的形成。

3. 创建班级文化

班级文化(class culture)是班级成员(包括教师)在班级活动中所创造的物质财富和精神财富的总和,是班级成员共同创造的群体文化。班级文化可分为"硬文化"和"软文化"。"硬文化"是一种"显性文化",属于摸得着、看得见的环境文化,也是物质文化。营造"硬文化"要根据课程和教学内容合理安排教室布局,将教室环境设计为适合学生主动学习、小组合作或独立研究的场所。可以在教室墙壁上粘贴一些写有名言警句的书法作品、英雄人物或世界名人的画像;搭建一个展示学生书画艺术的书画长廊或激发学生探索未知世界的科普长廊;或在教室前面悬挂有关班规、班风建设目标等醒目图案或标语等,增强学生的求学动机。"软文化"则是一种"隐性文化",包括班级全体成员所共同认同的制度、观念和行为文化。"软文化"是班级文化的核心和灵魂,是班级的本质、个性和精神面貌的体现。营造软文化需要明确规定班级管理制度并严格执行，形成制度文化；还可以在班级内提倡勤奋学习、助人为乐、团结互助行为，引导大家形成班集体意识和文明行为。小学教师可以在班级中开展班级文化建设主题班会活动，通过设计班歌、班训、班徽，开通班级微信群、QQ群和班级博客等方式，让学生参与班级文化建设，共同营造健康向上的班级文化。

六、群体凝聚力

(一)群体凝聚力的含义

群体凝聚力(group cohesion)指群体对每个成员的吸引力。它通过群体成员对群体的忠诚、责任感、荣誉感，成员之间的友谊感等来体现。群体凝聚力对班级管理作用的实现有重要的影响。有研究表明，凝聚力强、人际关系融洽的班级，会使学生产生强烈的自豪感和认同感，促进学生的发展。反之，凝聚力差、人际关系紧张、经常产生摩擦的班级，会使其成员灰心丧气，离心离德，阻碍学生的发展。所以，群体凝聚力的强弱是衡量一个班级成功与否的重要标志，教师应采取措施提高班级的凝聚力。

(二)群体凝聚力的影响因素

1.群体成员对目标的认同

群体依靠共同目标来聚合成员。群体成员对群体目标的认同形成了一种共同的忠诚。共同的忠诚是群体成员相互认同的基础。群体成员对群体目标的认同感越高，群体的凝聚力就越强。群体如果缺乏共同目标，或目标得不到广大群体成员的认同，群体就没有了将群体成员联系起来的灵魂，就没有了凝聚力，就会涣散。

2.群体领导的方式

不同的领导方式对群体凝聚力有不同的影响。勒温(K. Lewin)、李皮特(R. Lipper)和怀特(R. K. White)的研究表明，民主型领导方式比专制型或放任型领导方式更有利于提高群体凝聚力。教师采用民主型的领导方式可以加强班级成员内部的团结，受到学生爱戴的教师会成为班级团结的核心。教师采用其他的领导方式，会导致学生对教师的盲目顺从、依赖、反抗、自以为是等问题，使班级的人际关系不良，互相争吵，互相攻击。

3.群体目标结构和奖励方式

目标结构指群体中个人目标之间的相互依赖关系。一般存在三种目标结构，即竞争、合作和独立的目标结构。不同的目标结构采用的人际相互作用方式不同，对群体凝聚力的影响不同。多伊奇等人的研究发现，合作的目标结构有利于增强群体的凝聚力，而竞争的目标结构则会降低群体的凝聚力。

教师对学生的奖励方式有两种，即个人奖励和群体奖励。不同的奖励方式对群体成员的情绪和期望有不同的影响。个人奖励有利于激励个人的积极性，但有离散成员之间关系的负面作用。群体奖励有增强群体成员归属感和认同感，密切彼此关系的作用，但它的负面作用是可能导致群体成员产生依赖感、个人努力不够。从增强群体凝聚力来说，教师应更多地使用群体奖励。

4.群体间的竞争

当一个群体面临外部压力(如竞争对手的存在)或受到威胁(如表现不好会失去荣誉或受到惩罚)时,群体内部的凝聚力会大为增强。因此,群体之间的竞争有助于增强群体的凝聚力。

班级凝聚力的大小是班级发展水平的重要标志,也是培养小学生集体主义精神不可缺少的条件。从维持班级凝聚力的角度来看,教师应着重培养学生间的合作气氛。教师要帮助班级里的所有学生对一些重大事件与原则问题保持共同的认识和评价,形成认同感;要引导所有学生积极参加丰富的班级活动,使班级成员有开放和畅通的沟通渠道,使学生产生对班级的自豪感,形成归属感。当学生表现出符合群体规范和群体期待的行为时,教师要就给予赞许和鼓励,使其行为因强化而巩固,促进班级凝聚力的形成。

第三节　小学班级管理中的人际沟通

班级中的各种人际关系都会对小学班级管理产生重要影响。师生间积极、温暖、支持的关系能够影响学生的行为反应,如提高课堂活动的参与度、形成更好的批判性思维技巧、提升学生的自尊心、增强学习动机、促进出勤率、减少破坏性行为、降低辍学率等。而建立在人际关系基础之上的人际沟通也是小学班级管理的重要内容。如何进行班级中的人际沟通,关系到班级的建设和发展。

一、人际沟通的含义

人际沟通是指人与人之间的信息交流过程,也是人们在共同活动中彼此交流各种观念、思想和情感的过程。人际沟通是小学生人际交往的一个重要方面,是维护和发展小学生人际关系的基本手段,是师生互动交往的重要形式,贯穿于整个班级教育和管理活动的全过程。教师要达到班级管理的目标,依赖于各种形式的人际沟通。

二、人际沟通的特点

(一)主动性

在人际沟通中,沟通双方都有各自的动机、目的和立场,都会设想和判定自己发出的信息会得到什么样的回答。因此,沟通的双方都处于积极主动的状态,在沟通过程中发生的不是简单的信息运动,而是信息的积极交流和理解。

(二)符号性

人际沟通要借助言语和非言语两类符号,如言语的表达、表情、动作、姿态等。言语和非言语沟通在人际交往中可能一致,也可能矛盾。

(三)互动性

人际沟通是一种动态系统,沟通双方都处于不断的相互作用中,刺激与反应互为因果。如收信者对发信者发出的信息会给予反应,这种反应作为一种信息又反过来作用于发信者,发信者根据它来调节自己的行为。

(四)理解性

在人际沟通中,沟通双方应有统一或近似的编码系统和译码系统。这不仅指双方应有相同的词汇和语法体系,而且要对语义有相同的理解。语义在很大程度上依赖于沟通情境和社会背景。沟通场合以及沟通者的文化程度、社会地位、职业等差异都会对语义的理解产生影响,进而由于理解偏差产生沟通障碍。

三、人际沟通的过程

人与人之间的思想和情感交流,归根到底是一种信息沟通。人际沟通的一般模型见图 13-2。

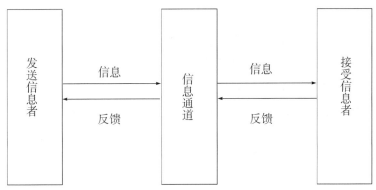

图 13-2　人际沟通模型

从上述模型中,我们可以看到人际沟通的基本要素:(1)信息源,指信息的发出者确定沟通对象、选择沟通目的、主动发动沟通过程;(2)接受者,指信息的接受者根据已有经验,将接受到的信息符号转译,沟通质量取决于信息发送者与接受者之间已有经验的差别大小。(3)信息,指沟通者试图传达给他人的观念和情感,个体的感受要被他人接受,就必须将它们转化为各种不同的能被他人觉察的信息信号,信息信号中最重要的是词语、表情和肢体动作。(4)通道,指信息的载体,同一信息经过不同的信息通道传递其效果大不一样,因此,要注意选择适当的沟通渠道,使之与传播的信息相匹配,并符合接收者的需要。

四、班级管理中的沟通

沟通是小学教师必备的一项工作技能,现实生活中发生的师生冲突多是源于师生间缺少良好的沟通造成的。小学教师如何才能与学生进行良好的沟通,要注意以下六个方面的问题。

(一)重视沟通的第一印象

在与他人交往的过程中,所得到的有关对方的最初印象被称为第一印象。第一印象并非总是正确的,但它总是最鲜明、最牢固的,并且决定着以后双方交往的过程。在小学师生沟通中,教师给学生的"第一印象"非常重要。教师开始传递信息的方式,往往决定了与学生沟通的结果,会影响学生对教师的评价。如果教师漫不经心地展开与学生的初次沟通,几句话就会使学生注意力分散,甚至使他们厌倦,进而拒绝教师所传递的信息。

(二)真诚、尊重与接纳学生

真诚是教师应当表现出开放和诚实,成为表里如一、真实可靠的人。教师真诚的基础是基于对学生的信任和坦诚。教师要开放自己的心灵,不能在学生面前装腔作势、深不可测,要与学生交心。尊重与接纳,就是教师要相信学生是有价值的人,即使学生有的想法是幼稚、不成熟的,也有其意义。教师要理解学生,给予学生安全感,使学生获得温暖,产生心理需要的满足感。

(三)培养对学生的同理心

同理心是教师要进入并了解学生的内心世界,站在学生的立场去理解他们,设身处地地为学生考虑。教师要学会从学生的立场、利益、处境出发,理解学生看问题的思维方式,考虑学生对事物的感受和体验,使学生产生对教师的信任感和安全感,能够在教师面前毫无顾忌地敞开心扉,与教师进行良好的沟通。

(四)采用丰富多彩的沟通方式

班级管理中的沟通充满了语言和非语言、有意传达和无意传达的信息,师生之间的沟通无时不在、无处不在。教师传递信息的方式影响着学生对这些信息的理解和评价。年级越低的小学生,学校教育对他们的影响受制于他们对师生沟通的感受。教师说话的语气语调,词汇的使用或省略,与学生眼睛接触的频率、表情姿态等,都在帮助学生接受、理解教师所表达的语言意义。教师只要和学生接触,师生的沟通就开始了,教师要采用言传身教等丰富多彩的方式以实现有效沟通。

(五)善于倾听和归纳总结

倾听是凭借听觉器官接受言语信息,并综合感知觉、思维和感情等心理操作,达到认知理解的过程。美国心理学家梅拉宾(Mehrabian,1968)对言语和非言语方式的沟通数据分析发现,在沟通中言语成分占7%,声音占38%,面部表情占55%。善于倾听是良好沟通的关键。

教师要培养自己积极倾听的能力。(1)排除外在刺激。倾听要设身处地、全神贯注、不带偏见、不带主观情绪,避免错听、错解。在倾听中切身体会学生的思维和情感,鼓励学生畅所欲言。(2)注意言语和非言语信息。教师要细心注意学生的言行举止,以及在叙述时的犹豫停顿、语调变化及伴随言语出现的各种表情、姿势、动作等,听出言外之意,从而对言语做出更完整的判断。(3)区分信息中包含的理性和情感成分。(4)推断说话人的感受。(5)适当参与和反应。通过鼓励、澄清、释义、情感反映和归纳总结等倾听技巧对学生传达的信息进行反应。主要的倾听技巧概况见表13-1。

表 13-1　倾听技巧一览表

倾听技巧	主要特征
鼓励	教师要运用言语或非言语方式,如微笑、关心、点头、张开手、肯定性短语、重复学生话语中的关键词等,使学生消除顾虑,能够讲述更多信息
澄清	当学生发出模棱两可的信息后,教师要对其信息进行澄清,如"你的意思是……"或"你是说……"这样的问句,重复学生先前的信息,鼓励学生更详细地叙述,检查内容的准确性
释义	教师将学生所说的信息与情境、事件、人物和想法有关的内容进行重新解释,帮助学生注意自己信息的内容
情感反映	教师对学生的感受或信息中的情感内容重新加以解释,鼓励学生更多地倾诉感受,帮助学生认识并管理情绪
归纳总结	教师将学生话语中的多个不同信息联系起来,并重新编排,确定一个共同的主题或模式,清除多余的陈述,回顾整个师生谈话过程

在倾听技巧中,释义是与学生交流的第一步。在班级讨论中,包括教师在内,在发言前都需要概述前面发言人的话语。如果总结错了,就表明其意图没有被很好地理解,这个发言人需要重新对自己的话再做出概述。直到先前发言人认为听者正确理解了自己的意思为止,这一程序才结束。在教师能够合理处理问题之前,教师必须明白真正的问题是什么。如学生说"这本书真垃圾！为什么我们必须要读它?"时,可能他们真正的意思是"这本书对我来说太难了,我读不懂,所以感觉书很烂"。(Anita Woolfolk,2014)

(六)教会学生冲突解决策略

在小学,班级同学之间产生冲突时,最常用的解决方式是逃避、武力和威胁。美国教育心理学家约翰逊及其同事(David Johnson et al.,1995)对 227 名二至五年级的小学生进行了冲突解决策略的培训,教会学生通过同辈协商和调解的方式来解决冲突。学生在训练中,学会了五阶段的冲突调节策略:(1)共同认识冲突。让冲突双方跳出冲突情境,避免"非输即赢"思想阻碍他们对问题的认识,让双方的问题解决目标清晰。(2)交换想法。双方均提出一个解决问题的提议,并说明相应的理由。同时,认真倾听对方的想法,保持灵活性和合作性。(3)换位思考。站在对方的角度重新考虑问题,提出意见,并对这个意见进行辩护。(4)提出至少三个建议实现双赢。通过头脑风暴、锁定问题目标等方式共同协商解决方法,相信每一个学生都有能力解决问题。(5)最后达成一致的解决方案。此方案让双方都能实现目标。如果不行,就通过掷硬币、轮流的方式解决,或者教师每天从班里选择两名学生作为班级协调人,让第三方介入解决问题。该研究发现,通过学习,学生掌握了冲突解决策略和调解他人冲突的策略,并且能将这些方法有效运用于解决学校和家庭情境的冲突中。

第四节　小学班集体的形成与管理

一、小学班集体的形成

任何学校都由若干班级组成,并非所有的班级都能称之为班集体。班集体是班级发展的高级阶段。班集体有明确的社会意义的集体目标和有维护集体利益的规章制度,集体成员能够以大局为重;有很强的凝聚力,集体成员能够得到集体的关心帮助,感受到集体的温暖,愿意为集体做贡献。

小学班集体的发展要经历一个过程,分为四个连续的时期。

1. 松散期

小学生刚进学校,班级成员之间的交互活动带有相互探询和适应的性质。集体活动与任务多来自教师或学校要求,学生参与意识不强,班级还未发挥应有的功能,对学生暂时还没有多大吸引力。在这一阶段,教师应当尽量给学生提供多种交往机会,让班级成员相互了解,尽快摆脱松散和孤立的状态。

2. 同化期

小学生经过一段时间的接触与了解,逐步摆脱了拘谨,进入到比较坦然表现自己的状态,开始出现了非正式群体。学生在班级中的地位开始分化,出现了集体活动的积极参与者或旁观者。在这一时期,教师要通过组织丰富多彩的集体活动,使学生获得集体活动的经验,激发他们参与集体活动的热情与建立班集体的意向,促使班级成员道德观念和行为要求在相互影响下趋向一致,加速同化的进程,为形成班级核心和健康的集体舆论奠定基础。

3. 凝聚期

在同化期的基础上,小学生之间的交往进一步发展,越来越多的学生有了共同语言和思想,愿意为班级活动的成功付出努力,并在共同活动中形成了相互关心、相互合作的关系。学生干部和班级先进分子成为班集体的核心。在这一时期,教师应特别注意和重视班级“领袖人物”,注意通过班级骨干来影响班集体的活动。

4. 形成期

在班级核心层的带动下,班集体形成了关心集体、互帮互助、团结融洽的班级风气和健康的集体舆论,并对班级成员起着潜移默化的教育作用。班集体已经成为教育的主体,不需要外来的监督,就能高度自主地进行运转,能主动提出班集体发展的目标和要求,适应外界的各种挑战,集体成员的主动性、创造性得到了充分发挥。这一阶段,教师应重视舆论的作用,并由此来影响班集体成员。

二、小学班集体的管理

班级管理（classroom management）是指在师生互动的教学活动中，教师对学生行为的处理方式包括：避免学生违规行为的发生与培养学生遵守班级规范的习惯、形成良好的班风、加强学生品德教育、提高学生的学习能力、促进学生健康发展。

（一）小学班级管理模式

小学班级管理主要有以下四种模式。

1. 树状模式

这种模式以教师为班级管理中的主干。教师并不直接参与对全班学生的管理，而是通过对班委会的管理，再由班委会具体参与班级管理，由班委会将教师的管理意图渗透到班级成员中。它的特点是管理结构层次分明、有利于发挥班委会成员的积极作用，锻炼其能力，使学生逐步学会自己管理班级。但这种模式不利于教师和学生之间的情感交流与信息反馈。这种模式的操作要点是要注重先行培养班委会成员的管理能力，正确看待和发挥班委会的中介作用，使他们成为管理过程中的"主角"。

2. 网状模式

这种模式以教师为"纲要"，以班委会为骨干。教师充分发挥每个学生的特长，调动他们的积极性，使他们由被动接受管教变成主动参与管理，由此形成一种相互影响的管理关系网络。在这种模式中，每个学生的位置、角色在不断发生变化。例如，体育活动中，具有体育才干又有较强组织能力的学生处在管理者的地位；而在讲演或文艺活动中，表达能力强、有艺术能力的学生则处在管理者的位置。这种模式有利于发挥学生的主动性和潜能，使其特长和个性在集体活动中得到充分体现。但这种模式对教师提出了更高的要求，教师必须充分了解每个学生的个别差异，从而在不同的管理环境中发挥不同学生的作用。

3. 交叉模式

这种模式的结构开放，班级管理处于整个学校环境中。例如，班集体要接受来自班主任、教务处、政教处、总务处等多方面的管理。其主要特征是：结构倾向于开放，有利于学生接受全方位的管理和多方面规范化的发展。这种模式要求各方面协调一致，否则就会造成管理上的混乱。

4. 轴辐模式

这种模式以教师为中心，整个班级的管理工作都围绕教师的中心意图运作，这样在结构上就形成闭合圆周式，以教师为原点将管理影响辐射到每个学生身上，形成明确的管理和被管理关系。教师直接参与每个学生、每个事件的管理。这种管理模式能使教师及时掌握班集体发展的动态和学生的情况，但容易使学生处于被动的地位，难以达到更高层次的管理目标。操作要领是教师要全面关心学生，以情感交流作为联系学生的纽带，逐步形成教师的权威性，切忌因"婆婆嘴"造成学生的逆反心理。

以上四种模式孰优孰劣不能一概而论。教师应该根据班集体的发展水平及师生关系的特点选择恰当的管理模式。

【扩展性阅读】

教师如何实施对学生的惩罚

1. 在学生违反班规时,教师要保持冷静客观

教师在学生违反班规的时候,应该以平和的语气对违规学生说:"坐在那儿,想一想都发生了什么。我过几分钟再跟你谈。"或者:"我不太喜欢我刚才所看到的一切,在今天的自由活动时间跟我谈一下。"教师也可以这样说:"我对刚才发生的一切很生气。每个人都把日记本拿出来,把刚才的事情记下来。"写了几分钟以后,整个班级可以共同讨论事件的发生经过。

2. 不公开惩罚学生

教师可以私下对学生采取惩罚,并坚定地要求学生执行惩罚。教师应避免公开提醒学生他们已经违反了规定,可以走近违反纪律的学生并提醒他,保证只有他一个人能够听到。

3. 在对学生实施惩罚后,要重新与学生建立积极的师生关系

教师在惩罚学生后,需要给学生派点差事或请求他们的帮助。如果违规学生的行为得到了纠正,教师要对他们提出表扬,或通过拍拍背等肢体语言来表示赞扬。

4. 建立不同等级的惩罚,以适用于不同的情景

教师对于学生不交作业的情况,根据问题的严重程度,可以采取不同策略。如提醒学生、警告学生,让学生在放学之前必须递交作业,或者放学后留下来完成作业,参加教师—学生—家长的三方会议,共同制订一个行为计划。

5. 在惩罚的同时教授学生问题解决策略

教师要启用问题日记。在问题日记里,要求学生记录他们的感受、对问题的认识和他们的目标,然后想想其他可能的解决问题和实现目标的办法。

(二)小学班集体的管理策略

1. 情感管理策略

小学生对教师的依赖性比较强。小学教师要关爱学生,真诚呵护学生,使学生感受到教师的关心爱护,让学生体会到班集体是他们的第二个"家",学会如何关心别人,如何为别人着想,正确处理师生之间的矛盾与冲突。形成班级良好的人际关系环境,就能激发学生积极向上的情感,调动学生的积极性,提高班级管理的效果。

2. 自主管理策略

每位小学生都是班集体的主人,教师在班级管理中主要充当组织者和指导者的角色,在组织学生比赛、参观、游览等活动中,教师应使每个学生都有平等参与的机会,能够相互配合、大胆探索,使学生能够充分展示自己的特长,发挥自己的能力。另外,教师对班级干部的选举,可以设置多个职位,如班长、科代表、兴趣小组组长、读书站站长、广播体操队长、课间活动监督员、班级图书管理员等,为学生创造竞争的机会,促使学生参与班级管理,使他们能够为班级建设群策群力、团结合作,培养学生的自主管理意识,使他

们能够更好地为班级做贡献。

3.差异化管理策略

在班级中不同的学生受不同的环境影响,其体力、智力、兴趣、爱好、性格等存在差异。教师要认真研究学生的特点,从家庭、社区、同伴等方面了解学生的表现,了解影响他们成长的因素。正如美国教育学家米尔纳(Richard Milner,2006)所说:"问题的关键并不在于哪种方式是正确的,哪种方式是错误的,而是哪种方式与学生的先前经验和认知方式相符。"

教师在充分了解学生年龄特点和个别差异的基础上,要因势利导,进行恰当的教育。例如,有的学生需要严厉批评,有的学生需要和风细雨式的说服,有的学生则需要关怀式的温情,给予信心。教师的教育要因人而异,扬长补短,让每位学生都为班级增添光彩。

4.家校合作策略

学校教育和家庭教育的目的都是为了教育和培养学生。家庭是孕育学生个性品质雏形的地方,家长的言谈举止、品行学识都对学生有潜移默化的影响。教师要根据学校教育的目的、要求,及时向家长宣传,把家长看成班级管理的生力军,充分调动家长教育子女的积极性,不断总结、推广家长教育子女的好做法、好经验。家校合作的主要方式有家庭访问、电话联络、召开家长会、举办学校对外开放日活动、聘请班级校外辅导员等。在这方面,教师的积极主动更能赢得家长的支持,达到事半功倍的效果。家校教育互相配合,互相支持,互相补充,方能形成教育的合力,产生 $1+1>2$ 的教育效果。

5.公平激励策略

激励是教师通过适当的奖惩形式,以一定的行为规范和措施来激发、教育引导学生的行为,实现班集体目标。美国心理学家亚当斯(J. S. Adams)认为,公平感是影响人类积极性的普遍现象。如果小学生遇到教师不公平的评价,就会产生受挫感,影响积极性的发挥。小学教师要一视同仁地对待每个学生,避免先入为主、主观片面的评价;要设计出衡量小学生品行规范的科学指标,实行量化管理,把公平落到实处;小学教师要注意对事不对人,增强奖惩的客观性、公正性以及透明度,从整体着眼,从细处着手,激发学生的自觉性和积极性,从而达到学生自我约束、自我提高的目的。

6.榜样激励策略

榜样是根据小学生爱模仿的心理特点而树立起来的一面旗帜,它具有说服力和号召力,容易引起小学生感情上的共鸣,给予小学生鼓舞、教育、鞭策,激起他们模仿和追赶的愿望。榜样可以是社会上的英雄人物,也可以是小学生身边的先进人物。小学生中的先进人物更具有现实性、可信性、可比性,更易为小学生所接受并模仿。小学生会用先进人物的事迹对照自己的言行,检查不足,激发上进心,从而自觉抵制外界的不良诱因,克服缺点,矫正不良行为。教师可以在班级设立荣誉专栏,展示先进人物的荣誉证书、个人彩照及先进事迹等,激励小学生向他们学习,形成班级学习先进人物的好风尚,使班级在先进人物的带领下欣欣向荣、蒸蒸日上。

本章小结

1. 班级是学校的基本单位，也是学校行政管理的最基层组织，是学校为了实现教育目的，按照一定的规章制度和学生人数规模建立起来的教育组织。班级作为小学生成长和发展的一种主要社会环境，对学生的发展具有强大的心理功能。

2. 正式群体是按学校正式文件的规定，在校领导者、班主任、教师的指导下，组织起来的学生群体。班级属于正式群体。非正式群体是指在相互交往中，学生由于相似的需要、兴趣、态度与价值观等聚集在一起，自发形成并私下活动的群体。

3. 小学班级中的群体心理因素，包括课堂心理气氛、社会促进与社会抑制、从众与服从、合作与竞争、群体规范以及群体凝聚力。

4. 人际沟通是小学班级管理中的一项重要内容，指人与人之间的信息交流过程，也就是人们在共同活动中彼此交流各种观念、思想和情感的过程。实现班级的良好沟通包括：重视沟通的第一印象；真诚、尊重与接纳学生；培养对学生的同理心；采用丰富多彩的沟通方式；善于倾听和归纳总结；教会学生冲突解决策略。

5. 班集体是班级发展的高级阶段，班级群体要发展成为集体要经历松散期、同化期、凝聚期和形成期四个连续的时期。小学班集体的管理策略主要包括情感管理策略、自主管理策略、差异化管理策略、家校合作策略、公平激励策略、榜样激励策略等。

复习思考题

1.概念解释

班级群体　课堂心理气氛　社会促进　从众　群体规范　人际沟通　班集体

2.问题简答

(1)什么是正式群体，其作用是什么？

(2)小学生的非正式群体有哪几种类型？

(3)小学班级中的群体心理因素有哪些？

(4)小学班级管理的主要模式有哪些？

3.理论论述

(1)论小学教师如何针对小学生的不同非正式群体进行教育引导。

(2)论小学教师如何利用小学班级中的群体心理因素进行班级管理。

(3)在小学班级中，如何创建并维持良好的群体规范。

(4)论小学班集体的管理策略。

4.实践探索

（1）教师如何利用班级群体心理因素促进教学效率和效果的提高？

（2）小学教师如何与学生进行良好的沟通，要注意哪些问题？

（3）小学教师如何促进学生班级向优秀班集体转变？

5.案例分析

本学期，徐老师接手管理三年级（1）班，据其他老师反映，这个班很难管，有不少问题学生，思想差，成绩差，纪律差，自由散漫，学习态度不够端正。徐老师经过一周时间的接触后发现果然如此。开学的一周内，值日生不知道自己的值日时间和职责，多数学生卫生意识差，吃过的零食和包装袋，以及透明胶带等到处乱扔。上课时，教师经常要停下来强调纪律，课堂教学被多次打断，影响了教学进程。下课后，有几个学生总喜欢下楼溜达一圈，从厕所逛到小店，往往是在上课铃响后或是老师已经开始上课了才陆续地走进教室。有时徐老师偷偷观察任课教师的表情，在任课教师的脸上从未看到过满意的笑容。同时，徐老师也发现班上有几个同学学习态度端正，行为表现突出，工作能力较强。请问案例中的班级处于班集体发展的哪一时期？教师对待这种班级应该怎样进行管理？请为徐老师设计一个班级管理方案。

参考文献

一、中文文献

1.［美］安妮塔·伍尔福克.伍尔福克教育心理学(第12版)［M］.伍新春,张军,季娇,译.北京:中国人民大学出版社,2015.

2.陈光辉,杨晓霞,张文新.芬兰反校园欺凌项目KiVa及其实践启示［J］.中国特殊教育,2018(9):80—85.

3.陈莉,付春江,李文虎.小学生家庭环境、个性与社交焦虑的相关研究［J］.中国学校卫生,2005(9):730—731.

4.陈亮,张文新,纪林芹,等.童年中晚期攻击的发展轨迹和性别差异:基于母亲报告的分析［J］.心理学报,2011(6):629—638.

5.陈启玉,唐汉瑛,张露,等.青少年社交网站使用中的网络欺负现状及风险因素——基于1103名7—11年级学生的调查研究［J］.中国特殊教育,2016(3):89—96.

6.陈庆飞,雷怡,李红.颜色、形状和大小相似性与变化性对儿童归纳推理的影响［J］.心理发展与教育,2011(1):17—24.

7.陈维汉.数学学习困难学生的情意系统障碍分析及排除［J］.现代教育论丛,2004(06):35—37.

8.陈英和.认知发展心理学［M］.杭州:浙江人民出版社,1996.

9.谌启标,王晞,等.班级管理与班主任工作［M］.福州:福建教育出版社,2007.

10.程奇芳.电视文化环境对小学生教育的影响——电视传媒与素质教育科目［D］.山西大学硕士学位论文,2012.

11.戴斌荣,任瑛.学习困难儿童的心理特点与教育策略［J］.天津师范大学学报(基础教育版),2003(1):1—5.

12.邓春暖,潘向明.汉、傣、哈尼、基诺学生性格发展比较研究［J］.楚雄师范学院学报,2006(1):104—108.

13.杜艳芳.小学生学习策略水平的发展研究［J］.内蒙古师范大学学报(教育科学版),2010(8):57—60.

14.冯彩玲,樊立三,时勘.学习困难儿童的干预［J］.中国组织工程研究与临床康复,2007(52):10667—10670.

15.冯佳佳,张晓文.回顾与反思:我国班级文化研究综述［J］.现代教育科学,2017(6):10—17.

16.冯维,张美峰.243名国家级中小学骨干教师心理卫生状况的调查研究［J］.上海教育科研,2004(4):28—30.

17.冯维.现代教育心理学(第3版)［M］.重庆:西南师范大学出版社,2013.

18.冯维.小学心理学(第4版)［M］.重庆:西南师范大学出版社,2013.

19.付春江,陈莉,雷良忻.影响城市小学生个性及学习成绩的相关因素分析［J］.江西教育科研,2004(9):28—30.

20.傅一笑,蒙华庆,李涛,等.遗传与家庭环境对儿童个性影响的双生子研究[J].中国心理卫生杂志,2009(1):34—39.

21.高华,彭新波.小学生性格发展的测验研究[J].湘潭师范学院学报(社会科学版),2000(3):136—141.

22.谷传华,张文新,秦丽丽.儿童欺负研究的问题与前瞻[J].心理发展与教育,2003(1):85—88.

23.顾丹丹.小学生学校内焦虑问卷的修订及其应用研究[D].苏州大学硕士学位论文,2010.

24.关宏岩,戴耀华,张雨青.早期儿童气质对学龄期儿童行为问题的预测效果初探[J].中国儿童保健杂志,2010(1):14—17,29.

25.郭亨杰.《心理学》——学习与应用[M].上海:上海教育出版社,2001.

26.何宏灵,杨玉凤,刘灵,等.家庭环境和个性对小学生学习成绩的影响研究[J].中国儿童保健杂志,2006(2):122—124.

27.何淑华,高建慧,曾洁,等.中山市学龄儿童心理健康影响因素分析[J].中国儿童保健杂志,2019(5):558—561.

28.核心素养研究课题组.中国学生发展核心素养[J].中国教育学刊,2016(10):1—3.

29.胡卫平,韩琴.小学生创造性科学问题提出能力的发展研究[J].心理科学,2006(4):944—946,928.

30.胡卫平,刘佳.小学生思维能力的培养:五年追踪研究[J].心理与行为研究,2015(5)648—654,663.

31.胡咏梅,唐一鹏.学习策略与教学策略哪个更重要?[J].北京师范大学学报(社会科学版),2018(3):41—56.

32.纪林芹,魏星,陈亮,等.童年晚期同伴关系不利与儿童的攻击行为:自我概念与同伴信念的中介作用[J].心理学报,2012(11):1479—1489.

33.纪林芹,陈亮,徐夫真,等.童年中晚期同伴侵害对儿童心理社会适应影响的纵向分析[J].心理学报,2011(10):1151—1162.

34.姜媛,白学军,沈德立.中小学生情绪调节策略的发展特点[J].心理科学,2008(6):1308—1312.

35.金星明.学习困难综合征[J].中国儿童保健杂志,2000(2):102—103.

36.静进,郭靖,王梦龙,等.学习障碍儿童的本顿视觉保持实验研究[J].中国心理卫生杂志,1998(2):83—85,127.

37.雷雳.发展心理学(第3版)[M].北京:中国人民大学出版社,2017.

38.雷湘竹.城市小学高年级学生同伴交往的现状与对策[J].教育科学论坛,2007(4):72—74.

39.李佳佳,张大均,刘广增,等.8～12岁儿童父母教养方式与同伴接纳:心理素质的中介作用[J].西南大学学报(自然科学版),2018(1):64—70.

40.李靖,钱秀莹.7～11岁儿童持续注意能力的性别差异研究[J].应用心理学,2000(2):25—28.

41.李凌,缪小春."中小学生心理健康"公众观的调查和分析[J].心理科学,2000(5):537—541,637.

42.李宁国.小学儿童合作行为与气质、父母教养方式的关系[D].山东师范大学硕士学位论文,2012.

43.李文娴.基于"群体"的小学生诚信教育研究[D].浙江师范大学硕士学位论文,2016.

44.李侠,王洪,姜树强,等.8~12岁麻烦型气质儿童运动行为的心理教育探讨[J].中国儿童保健杂志,2008(3):354—356.

45.李晓文.不同适应水平小学生自我描述与评价比较——关于小学生自我调节机制的一项研究[J].心理科学,2002(2):156—159,253.

46.李毓秋,张厚粲.关于小学四年级至初中一年级学生阅读理解能力的研究[J].心理科学,2001(1):29—31,125.

47.李征瀛,郁敏,王树洲.小儿腹痛与生活因子的相关性调查研究[J].现代保健·医学创新研究,2006(9):56—57.

48.李志鸿,任旭明,林琳,等.教学效能感与教师工作压力及工作倦怠的关系[J].心理科学,2008(1):218—221.

49.林崇德.从智力到学科能力[J].课程·教材·教法,2015(1):9—20.

50.林崇德.发展心理学(第3版)[M].北京:人民教育出版社,2018.

51.林崇德.小学儿童数概念与运算能力发展的研究[J].心理学报,1981(3):289—298.

52.林镜秋.大中小学生注意转移的实验研究[J].天津师大学报(社会科学版),1996(6):33—37.

53.刘弘白.学习能力的障碍(第3版)[M].台北:财团法人台北市刘氏社会福利事业基金会,1991.

54.刘建榕,刘金花.初中生心理健康与气质、父母教养方式的关系[J].心理科学,2000(6):659—663,760—765.

55.刘景全,姜涛.关于小学生某些注意品质的实验研究[J].天津师大学报(社会科学版),1993(4):32—35.

56.刘俊升,赵燕.童年中期受欺负与问题行为之关系:一项两年纵向研究[J].心理科学,2013(3):632—637.

57.刘玲.日本动漫对中国青少年的影响[D].湖南师范大学硕士学位论文,2012.

58.刘明.中国儿童青少年的气质分布与发展研究——《中国儿童青少年的气质分布与发展》协作研究组[J].心理发展与教育,1990(3):180—184.

59.刘文,杨丽珠,金芳.气质和儿童同伴交往类型关系的研究[J].心理学探新,2006(4):68—72.

60.马兰花,石学云.2006年~2013年我国学习障碍研究热点领域分析[J].中国特殊教育,2014(11):90—96.

61.莫雷.教育心理学[M].广州:广东省高等教育出版社,2005.

62.牧新义,白世国,安莉娟.小学生心理健康教育[M].北京:北京师范大学出版社,2017.

63. 聂衍刚,刘毅. 小学生学习适应性状况的研究[J]. 教育研究与实验,2004(4):65—68.

64. 欧阳林静,赵小玲,马静敏,等. 广东省佛山市 2～12 岁儿童气质特点研究[J]. 海南医学,2008(8):160—162.

65. 彭聃龄. 普通心理学(第 4 版)[M]. 北京:北京师范大学出版社,2012.

66. 彭跃红,贺小卫. 小学生心理健康教育[M]. 北京:清华大学出版社,2018.

67. 桑标. 当代儿童发展心理学[M]. 上海:上海教育出版社,2003.

68. 沈德立. 小学儿童发展与教育心理学[M]. 上海:华东师范大学出版社,2003.

69. 石美玲,洪建中,葛栋. 我国学习策略的现状与教学[J]. 教育观察,2013(1):17—21.

70. 束静. 学习障碍儿童的心理行为问题及家庭影响分析[J]. 中外医疗,2014(30):112—113.

71. 宋德如,刘万伦. 中小学生师生关系发展特征研究[J]. 心理科学,2007(4):873—877.

72. 宋广文,李寿欣. 中小学生智力水平、性格类型与人缘关系的相关研究[J]. 心理发展与教育,1991(1):43—45.

73. 宋洁. 小学生考前焦虑的现状调查及 OB 训练干预研究[D]. 辽宁师范大学硕士学位论文,2018.

74. 宋珊珊,李秀红,静进,等. 中小学教师职业倦怠现况及其与生存质量的关系[J]. 中国学校卫生,2012(12):1509—1511.

75. 孙俊才,卢家楣,郑信军. 中小学生的情绪表达方式认知及其与同伴接纳的关系[J]. 心理科学,2007(5):1052—1056.

76. 孙时进,施泽艺. 校园欺凌的心理因素和治理方法:心理学的视角[M]. 华东师范大学学报(教育科学版),2017(2):51—56,119.

77. 孙晓军,张永欣,周宗奎. 攻击行为对儿童受欺负的预测:社会喜好的中介效应及性别差异[J]. 心理科学,2013(2):383—389.

78. 孙晓军,周宗奎,范翠英,等. 童年中期不同水平的同伴交往变量与孤独感的关系[J]. 心理科学,2009(3):567—570.

79. 谭千保,曾苗. 548 名中学生的班级环境和生活满意度[J]. 中国心理卫生杂志,2007(8):544—547.

80. 唐宏. 不同学业成就小学生注意加工水平的比较研究[J]. 心理科学,2008(5):1143—1146,1138.

81. 唐伟伟,曲建香,张秀娟. 学龄期儿童气质特征与发生骨折的相关性研究[J]. 中华现代护理杂志,2015(16):1198—1901.

82. 唐银梅. 小学生常见心理问题及对策[J]. 吉首大学学报(社会科学版),2017(S2):229—231.

83. 陶公民,陈京栋,方红英,等. 学龄儿童气质与睡眠障碍关系的研究[J]. 安徽医学,2010(6):668—670.

84. 陶沙,刘红云,周翠敏,等. 学校心理环境与小学 4～6 年级学生认知能力发展的关系:基于全国代表性数据的多水平分析[J]. 心理科学,2015(01):2—10.

85.田宏碧,陈家麟.中国大陆心理健康标准研究十年的述评[J].心理科学,2003(4):704－708.

86.汪桂美.小学青年教师职业发展中的职业压力及心理健康状况研究[D].辽宁师范大学硕士学位论文,2014.

87.王阿青.小学生性格特征与参加体育活动关系的探讨[J].内蒙古教育,2018(12):120－121.

88.王朝晖,田玉珍.哮喘儿童气质特征的临床研究[J].中国儿童保健杂志,2007(4):344－346.

89.王丹丹.积极心理学视域下小学生朋辈心理辅导的实践探究[J].中小学心理健康教育,2018(7):30－32.

90.王红胜,欧阳洪华,钟响明,等.安远地区儿童肠易激综合征的流行病学调查[J].医学信息(下旬刊),2009(10):268－269.

91.王晖,戚务念.父母教育期望与农村留守儿童学业成就——基于同祖两孙之家的案例比较研究[J].教育学术月刊,2014(12):66－71.

92.王惠萍,孙宏伟.儿童发展心理学[M].北京:科学出版社,2010.

93.王俊霞.小学生心理问题矫正教育策略探究[J].课程教育研究,2018(43):189－190.

94.王萍.城市离异家庭与完型家庭子女心理健康状况比较研究[D].东北师范大学硕士学位论文,2007.

95.王姝琼,张文新,陈亮,等.儿童中期攻击行为测评的多质多法分析[J].心理学报,2011(3):294－307.

96.王薇.中小学生的创造性思维训练研究[D].河北师范大学硕士学位论文,2014.

97.王晓平,李西营.发展性阅读障碍的原因及其本质研究[J].中国临床康复,2006(2):138－140.

98.王莹.小学大班额教学中学生课堂问题行为研究[D].山东师范大学硕士学位论文,2016.

99.王耘,叶忠根,林崇德.小学生心理学[M].杭州:浙江教育出版社,1993.

100.伍新春.儿童发展与教育心理学[M].北京:高等教育出版社,2004.

101.伍雁鸣.制度、观念、行为——打造特色班级"软文化"三部曲[J].新课程(上旬),2018(2):205－207.

102.郗浩丽.中小学生自我概念发展的影响因素研究[J].南京师大学报(社会科学版),2002(5):97－103.

103.许燕,张厚粲.小学生空间能力及其发展倾向的性别差异研究[J].心理科学.2000(2):160－164,253.

104.许燕,张厚粲.小学生言语能力及其发展倾向的性别差异研究[J].心理发展与教育,1998(3):1－4,9.

105.许易萍.台北市国民小学教师对九年一贯课程之品德教育的认知与实践之研究[D].台北市立教育大学硕士学位论文,2010.

106.杨翠蓉,殷建华,张奇.小学生学习品质的社区差异[J].社区心理学研究,2018

(1):75－90.

107.杨红丹.小学高年级学生性格优点特点及与生活满意度关系研究[D].湖南师范大学硕士学位论文,2012.

108.杨姝.当前中小学生对社会事件的道德推理研究[D].福建师范大学硕士学位论文,2016.

109.杨双,刘翔平,王斌,等.空间书写障碍的个案研究[J].心理学报,2007(1):71－77.

110.杨雯雯.小学班主任与家长沟通现状及优化策略的研究——以锦州市 X 小学为例[D].渤海大学硕士学位论文,2017.

111.杨燕.当前小学心理健康教育存在的问题及对策[J].教育探索,2004(3):82－84.

112.姚彬,吴汉荣.学习障碍儿童性格、行为特点及其危险因素研究[J].中国临床康复,2003(15):2200－2202.

113.叶树培,李美娟,罗振峰.小学生气质与学习成绩的关系[J].社区医学杂志,2006(9):28－29.

114.叶奕乾,孔克勤.个性心理学[M].上海:华东师范大学出版社,1993.

115.游志麒,范翠英,周宗奎,等.儿童同伴尊重的发展及社交领导性的影响:三年追踪[J].心理与行为研究,2013(1):65－72.

116.游志麒,张凤娟,范翠英,等.班级朋友对抑郁的影响:一项社会网络分析[J].心理发展与教育,2016(3):339－348.

117.游志麒,周然,周宗奎.童年中后期儿童同伴接纳知觉准确性与偏差及其对社交退缩的影响[J].心理科学,2013(5):1153－1158.

118.于晓宇,朱小茼,郑海英,等.5～6 年级小学生父母教养方式、气质类型与社交焦虑之间的关系[J].河北联合大学学报(医学版),2015(4):46－49.

119.袁莉.性别角色刻板观念对小学生学习影响的研究[D].天津师范大学硕士学位论文,2012.

120.袁忆达,姚昉.气质与智力对注意力的影响[J].中国行为医学科学,1999(1):28－29.

121.张大均.教育心理学[M].北京:人民教育出版社,2005.

122.张丹,范国睿.课堂教学场域中教师关注的性别差异研究——以上海小学课堂为例[J].教育研究,2014(4):122－128,158.

123.张锋,窦刚,邓永菁.智力与性格因素影响小学生学业成就的测验研究[J].云南师范大学学报,2000(1):19－24.

124.张华娜.儿童气质与学习成绩的关系[J].健康心理学杂志,2002(1):6－7.

125.张家瑗.脑图笔记法在小学各学科中运用可行性研究[J].天津市教科院学报,2017(1):78－79.

126.张劲松,沈理笑,许积德,等.上海市 1 个月—12 岁儿童气质特点研究[J].中国心理卫生杂志,2000(2):79－83.

127.张莉,辛自强,古丽扎伯克力.5～9 岁儿童在不同复杂性任务上类比推理的发展特点[J].心理发展与教育,2010(6):584－591.

128.张履祥,钱含芬.气质与学业成就的相关及其机制的研究[J].心理学报,1995

(1):61－68.

129.张履祥,钱含芬.小学生学习策略训练效应的实验研究[J].心理科学,2000(1):103－104.

130.张曼华,杨凤池,刘卿.气质对小学生学习成绩的影响[J].健康心理学杂志,2000(2):164－165.

131.张萍,梁宗保,陈会昌,等.2～11岁儿童自我控制发展的稳定性与变化及其性别差异[J].心理发展与教育,2012(5):463－470.

132.张庆林.当代认知心理学在教学中的应用——如何教学生学会学习和思维[M].重庆:西南师范大学出版社,1995.

133.张锐.群体关注对道德判断的影响[D].河北师范大学硕士学位论文,2017.

134.张文新,陈亮,纪林芹,等.童年中期身体侵害、关系侵害与儿童的情绪适应[J].心理学报,2009(5):433－443.

135.张文新,纪林芹,等.中小学生的欺负问题与干预[M].济南:山东人民出版社,2006.

136.张文新,鞠玉翠.小学生欺负问题的干预研究[J].教育研究,2008(2):95－99.

137.张文新.儿童社会性发展[M].北京:北京师范大学出版社,1999.

138.张文新.中小学生欺负/受欺负的普遍性与基本特点[J].心理学报,2002(4):387－394.

139.张学浪.农村留守儿童道德情感研究——以江苏盐城为例[D].南京理工大学博士学位论文,2012.

140.张学民,申继亮,林崇德,等.小学生选择性注意能力发展的研究[J].心理发展与教育,2008(1):19－24.

141.张野,杨丽珠.小学生人格类型及发展特点研究[J].心理科学,2007(1):205－208.

142.章依文.儿童语言障碍的早期干预[J].实用儿科临床杂志,2010(11):787－789.

143.赵冬梅,周宗奎.儿童同伴交往中的攻击行为:文化和性别特征[J].心理科学,2010(1):144－146.

144.赵冬梅,周宗奎,范翠英,等.童年期攻击行为发展的追踪研究[J].心理发展与教育,2009(4):30－36.

145.赵冬梅,周宗奎,孙晓军,等.小学儿童互选友谊的发展趋势及攻击行为的影响:3年追踪研究[J].心理学报,2008(12):1266－1274.

146.赵陵波,赖丽足,林羽中,等.校园反欺凌项目干预效果及影响因素:元分析和GRADE证据质量[J].心理科学进展,2018(12):2113－2128.

147.赵艳杰.心理学[M].北京:北京出版社,2014.

148.郑林科.父母教养方式:对子女个性成长影响的预测[J].心理科学,2009(5):1267－1269.

149.中国儿童中心.中国儿童的生存与发展:数据和分析[M].北京:中国妇女出版社,2006.

150.中国青少年网络协会,中国传媒大学调查统计研究所,《小学生网民互联网使用行为研究》课题组,等.小学生互联网使用行为调研报告[R].北京:中国传媒大学调查统计研究所,2009.

151.中小学生性格发展研究协作组,赵承福,刘明.十项变量对我国中小学生性格发展影响的研究[J].山东教育科研,1987(1):20—28.

152.周宗奎,孙晓军,赵冬梅,等.同伴关系的发展研究[J].心理发展与教育,2015(1):62—70.

153.朱海英.儿童自我概念与重要他人评价的相关研究[D].华南师范大学硕士学位论文,2002.

154.朱智佩,方黎,孙莉,等.单亲家庭小学生心理健康状况研究综述[J].中国校医,2018(9):652—654,657.

155.朱智贤.儿童发展心理学[M].北京:人民教育出版社,1993.

156.朱智贤.心理学大辞典[M].北京:北京师范大学出版社,1989.

157.朱智贤.中国儿童青少年心理发展与教育[M].北京:中国卓越出版公司,1990.

158.邹萌.教育软暴力在小学阶段的表现、归因与对策[D].东北师范大学硕士学位论文,2011.

二、英文文献

1. David R. Shaffer & Katherine Kipp. 发展心理学——儿童与青少年(第八版)[M]. 邹泓,等译.北京:中国轻工业出版社,2009.

2. Alexander, K. L. , Entwisle, D. R. , & Dauber, S. L. First-grade classroom behavior: Its short and long term consequences for school performance[J]. Child Development,1993(64).

3. Allen, J. D. Classroom management: Students' perspectives, goals, and strategies[J]. American Educational Research Journal,1986(23).

4. Ames, C. , & Archer, J. Achievement goals in the classroom: Students' learning strategies and motivation processes[J]. Journal of Educational Psychology,1988(80).

5. Belmont L, Marolla FA. Birth Order, Family Size, and Intelligence: A study of a total population of 19-year-old men born in the Netherlands is presented[J]. Science, 1973(6)

6. Berk, L. E. Relationship of elementary school children's private speech to behavioral accompaniment to task, attention, and task performance[J]. Developmental Psychology,1986(22).

7. Berndt, T. J. Friends' influence on students' adjustment to school[J]. Educational Psychologist,1999(34).

8. Borich, G. D. & Tombari, M. L. *Educational psychology: A contemporary approach*[M]. New York: Harper Collins,1995.

9. David Whitebread. *The Psychology of Teaching and Learning in the Primary School*[M]. New York and London: Routledge Falmer,2000.

10. De La Paz S. Effects of historical reasoning instruction and writing strategy

mastery in culturally and academically diverse middle school classrooms[J]. Education Psychol,2005(7).

11. Dembo M. H. *Applying educational psychology*[M]. New York：Long-man Publishing Group,1994.

12. Driscoll,M. P. *Psychology of learning for instruction*[M]. Boston：Allyn and Bacon,1994.

13. Elliott,S. N. ,&Gresham,F. M. Social skills intervention guide. Circle Pines[M]. MN：American Guidance Service,1992.

14. Emmer,E. T. &Stough,L. M. Classroom management：A critical part of educational psychology with implications for teacher education[J]. Educational Psychologist,2001(36).

15. Farrell,P. School psychology：Learning lessons from history and moving forward[J]. School Psychology International,2010(6).

16. Golumbok,S. ,&Fivusch,R. *Gender development*[M]. London：Cambridge University Press,1996.

17. Hartman,H. *Metacognition in learning and instruction：Theory,research and practice*[M]. Norwell,MA；Kluwer,2001

18. Hinde,R. *Individuals,relationships,and culture*[M]. New York：Cambridge University, 1987.

19. Hunter,L. ,&Chopra,V. Two proactive primary prevention program models that work in schools[J]. Report on Emotional and Behavioral Disorders of in Youth,2001(3).

20. Johnson,D. W. ,& Johnson,R. T. *Cooperation and competition：Theory and research*[M]. Edina,MN；Interaction,1989.

21. Karnes,F. A. ,&Marquart,R. G. *Gifted children and legal issues*[M]. Scottsdale,AZ：Gifted Psychology Press,2000.

22. Kopp,C. B. Antecedents of self-regulation：A Developmental Perspective[J]. Developmental Psychology,1982(18).

23. Mayer,R. E. *Educational psychology：A cognitive approach*[M]. New York：Harper Collins,1987.

24. Nicholls,J. G. ,&Thorkildsen,T. A. *Achievement goals and beliefs：Individual and classroom differences. Paper presented at the meeting of the Society for Experimental Social Psychology*[M]. Charlottesville：VA,1987.

25. Pederson,E. ,Faucher,T. A. ,& Eaton,W. W. A new perspective on the effects of first grade teachers on children's subsequent adult status[J]. Harvard Educational Review,1978(48).

26. Pianta, R. C. *Enhancing relationships between children and teachers* [M]. Washington, DC；American Psychological Association,1999.

27. Polderman T J,Gosso M F,Postuma D,et al. A longitudinal twin study on IQ,execu-

tive functioning, and attention problems during childhood and early adolescence[J]. Acta Neurologica Belgica, 2006(6).

28. Reynolds, C. R. , & Gutkin, T. B. *The handbook of school psychology*(3rd ed.)[M]. New York: Wiley, 1999.

29. Robert W. Blum, Anne Kelly, Marjorie Ireland. Health-risk behaviors and protective factors among adolescents with mobility impairments and learning and emotional disabilities[J]. Journal of Adolescent Health, 2001(6).

30. Sadker, M. , & Sadker, D. *Sex equity handbook for schools* [M]. New York: Longman, 1982.

31. Seifert, Kelvin & Sutton, Rosemary. *Educational Psychology*: *Second Edition* [M/OL]. Global Text Project, 2009.

32. Shores, R. , Gunter, P. , & Jack, S. Classroom management strategies: Are they setting events for coercion? [J]. Behavioral Disorders, 1993(2).

33. Slavin R. E. Educational psychology: Theory and Practice[M]. Boston: Allyn and Bacon, 1994.

34. Slavin, R. E. *Cooperative learning*: *Theory*, *research*, *and practice*(2nd ed.)[M]. Boston: Allyn & Bacon, 1995.

35. Snowman, Jack. Educational Psychology: What Do We Teach, What Should We Teach? [J]. Educational Psychology, 1997(9).

36. Stodolsky, S. S. *The subject matters*: *Classroom activity in math and social studies*[M]. Chicago: University of Chicago Press, 1988.

37. Victoria et al. Anxiety, Depression and Personality Structure[J]. Personality and Individual Difference, 1997(8).

38. Woolfolk, A. E. , Winne, P. H. & Perry, N. E. *Educational Psychology*(3rd Canadian ed.)[M]. Toronto, Canada: Pearson, 2006.

39. Woolfolk, A. E. *Educational psychology*(4th ed.)[M]. NJ: Prentice-Hall, 1990.